U0330590

大夏书系—教育新思考

北京市教育科学『十三五规划』2018年度重大课题『基础教育教学改革的「北京模式」和发展战略研究』研究成果

（课题立项编号:AMAA18001）

基础教育教学改革

『北京模式』的学校样本

李雯　钟祖荣　主编

华东师范大学出版社

本书编委

主　编　李　雯　钟祖荣

副主编　刘胡权　胡佳怡　陈　丹

　　　　　钟亚妮　刘　姣

目 录
Contents

第四部分　密云区

序　言

　　首都教育在首都发展中有着独特的地位和重要的作用。2018 年，北京市召开全市教育大会，会上，蔡奇书记对北京教育的地位有一段论述，他指出："教育贯穿于首都城市战略定位之中，是加强'四个中心'功能建设、提高'四个服务'水平的重要基础和支撑力量。教育最牵动人心，是满足人民群众美好生活新期待的重要方面，努力让每个孩子有人生出彩的机会，是广大市民群众内心的呼唤，是全社会对教育的期待。"在这段论述中，"基础"和"支撑"体现了教育的客观地位，"呼唤"和"期待"体现了人民群众的主观需求。教育是培养人才的工程，新时代首都发展需要高素质人才，其基础地位需要不断夯实和提升。

　　夯实和提升要在原有的基础上进行。首都基础教育改革发展从中华人民共和国成立以来有 70 多年历史了，自 1978 年改革开放以来也有 40 多年历史了。几十年的改革发展历史需要认真梳理和研究总结。习近平总书记说：历史是最好的教科书，也是最好的清醒剂。对首都基础教育改革发展的历史、经验、模式等进行系统的总结梳理，是我们面向未来发展需要做的一件重要工作。无论是从事教育领导和管理工作的同志，还是一线的校长、老师，对历史梳理和经验总结都是关心、关注的。2018 年北京市教育科学"十三五"规划设立了重大招标课题"基础教育教学改革的'北京模式'和发展战略研究"便缘于此。时任北京教育学院副院长的钟祖荣教授牵头申报了这一课题并立项，经过三年多的研究，项目已经完成，公开发表多篇论文，即将出版两本论著，非常有意义，值得肯定。两本论著《基础教育教学改革"北京模式"研究》和《基础教育教学改革"北京模式"的学校样本》是课题研究成果的集中体现，前者侧重学术研究和理论架构，后者呈现实践研究和学校案例。在论著出版之际，祖荣教授嘱我作序，我答应了。其原因，不仅由于我长期分管基础教育工作，在基础教育改革方面做了一些工作，而且对此问题我也有一些思考，也曾经在《首都基础教育的战略转型与模型建构》一书中做了一些总结。

我认为，近几十年基础教育不断改革，优质均衡是北京基础教育的基本特点，供给侧改革是实现改革目标（或者彰显基本特点）的重要措施，课程与教学改革、评价与招生改革是重要抓手，学生实际获得是衡量标准，也是最终目的和切实效果。北京原来城乡、区域和校际的不均衡现象都比较明显，但通过农村教育改革、薄弱初中改造、办学条件达标、名校办分校、城乡教育一体化、集团化学区制一贯制、高参小等诸多改革工程，在缩小差距、促进均衡方面产生了明显成效。通过调动优质教育资源、发挥信息化手段作用，促进了教育的供给侧改革。课程和教学是改革的主战场，教育方式和学习方式的变革是主旋律，自主、探究、合作逐渐成为常态。注重学生的综合素质评价，义务教育就近入学招生，深化考试评价改革，在考试目的、内容和方式上做了一系列改革，在促进学生全面发展、关注每个学生方面发挥了指挥棒的导向作用。以学生为中心、重视学生的实际获得，逐渐深入人心，成为普遍的教育观念，学生实现了全面而有个性的发展。在这些改革的坚实基础上，当前北京基础教育正在全面构建首都高质量教育体系，实现更高水平、更具影响力的教育现代化，培养具有家国情怀、首都气派、国际视野、创新精神的高素质人才，努力让每个孩子都享有公平而有质量的教育。

这个课题的关键是梳理总结教育教学改革的北京模式。因为模式是历史经验的凝练，也是未来发展的基因和基础。课题组调研发现，对于"北京模式"的存在状态，56.3%的校长、教师认为北京市基础教育教学改革有清晰的"北京模式"；39.1%认为有"北京模式"，但不清晰。这说明大家对什么是"北京模式"还不是十分清楚，这也说明了总结提炼十分必要。祖荣教授带领北京教育学院课题研究团队，在梳理历史发展脉络的基础上进行了提炼，提出了北京基础教育教学改革的"北京模式"，表现在六个特征上：在改革领导与方向上坚持政治方向和首都定位；在改革目标上强调综合素质与全面发展；在改革资源上注重资源统整和丰富供给；在改革策略上依靠科技支撑，力求专业科学；在推进路径上注重上下结合，侧重自上而下；在内部结构上兼顾城乡两端促进优质均衡。我认为，这个总结比较全面、得当，也契合实际。

《基础教育教学改革"北京模式"研究》不仅对北京模式进行了梳理，同时对改革的历史、改革的主要内容、改革在区县和学校层面的推进，以及未来发展的思考，都进行了研究，系统揭示了区域基础教育教学改革的规律性。《基础教育教学改革"北京模式"的学校样本》呈现了北京市海淀、东城、通州和密云等四个区24所中小学推进基础教育教学改革的个案研究，涵盖了北京市不同地区、不同学段、不同发展梯度的学校，生动展示了北京市基础教育教学改革在基层学校实践中的真实样态和真实表现。因此，这两本论著，对于基础教育领域的学者和广大中小学校长、教师来说，是开卷有益的著作。它不仅可以帮助我们了解过去的历史，理解北京基础教育改革的模式和经验，而且有助于我们展望未来的发展，思考北京基础教育改革优化的方向和要点。

当然，教育改革是一个复杂的系统工程，对北京基础教育教学改革发展的历史进程和未来发展进行系统梳理和深入总结，也绝非易事。本书难免有不够全面、周延之处，在现有研究基础上，既希望课题组不断深化研究，也希望读者补充修正。最后，我更期待的是，大家能够借鉴本书所总结的模式与经验，深化北京市基础教育教学改革，为实现中华民族伟大复兴、建设社会主义现代化强国，培养更多、更好、全面发展的有用建设者和可靠接班人。

李　奕

中共北京市委教育工委副书记、北京市教育委员会主任

第一部分　东城区

挖掘地域资源，加强课程建设，促进学生全面自主发展

——北京市东城区前门小学教育教学改革个案研究

于立宁　高山艳　闫　萍　李　燕[1]

一、学校基本情况

北京市东城区前门小学位于长安街沿线，毗邻天安门、前门等历史建筑，拥有丰厚的历史文化资源。学校的前身为建于同治七年（1868 年）的巴氏觉罗学堂，至今已有 150 余年的历史。学校现有 41 个教学班，在校学生 1583 人，教职员工 123 人，专任教师 99 人，其中具有研究生学历的 4 人，本科及以上学历达到 100%；市区级骨干教师 24 人，校级以上骨干教师 21 人，校级以上骨干教师占学校专任教师的 45%。

前门小学始终以"学生全面发展、教师专业发展、学校可持续发展"作为办学目标；秉持"求新、求严、求实"的校训；学校突出"自主教育"办学特色，打造"本真文化"。前门小学的教育教学质量始终保持在高水平，先后被评为北京市课程建设先进学校、北京市基础教育科研先进学校、北京市小学综合实践特色校、北京市冰雪运动特色学校、北京 2022 冬奥会和冬残奥会奥林匹克教育示范学校、首都文明校园。2017 年，前门小学与前门外国语中学组成特色九年一贯学校，前门小学与金台小学两所百年老校成为深度联盟校。两所学校与前门小学共享优质资源，共促学生发展。

二、学校教育教学改革的发展历程

（一）1978—1992 年：百年老校，厚积薄发

1977 年，北京市小学教育工作得到恢复和发展。1966—1996 年，前门小学在李雪萍同志担任学校党支部书记和校长职务期间，根据邓小平同志"三个面向"指导思想，

---

[1] 于立宁：北京市东城区前门小学书记、校长；高山艳：北京教育督导评估院副教授，职成教育与专项教育督导评估所所长；闫萍：北京市东城区前门小学课程室主任；李燕：北京市东城区前门小学科研主任。

提出了"抓好基础，培养能力和开发学生智力"的目标，转变应试教育理念，打破了旧的、传统的死记硬背的教学方法，激发了学生学习兴趣，调动了学生的学习积极性，使学生无论是品德方面还是学习成绩方面均有大幅度的提高，带领百年老校走入厚积薄发的新阶段。

（二）1993—2008 年：提出自主教育办学理念，推进素质教育落实

1993 年《中国教育改革和发展纲要》提出："中小学生要由'应试教育'转向全面提高国民素质的轨道，面向全体学生，全面提高学生的思想道德、文化科学、劳动技能和身体心理素质，促进学生生动活泼的发展，办出各自的特色。"时任校长钱红石以学校整体改革为动力，全方位实施素质教育。前门小学提出了"自主教育"的办学特色，以培养小学生自我教育、自我管理、自我评价的能力为目的，改革教育教学理念、教育内容、教育组织形式、教育方法等，形成了促进学生主动发展的"自主教育"办学特色。

1. 改革教育教学理念

坚持"三自我"教育目标，即学生的自我教育、自我管理和自我评价。通过"五自养成教育"合格生评选，将"三自我"教育目标具化为"学习上自觉、行为上自律、生活上自立，安全上自护，心理上自信"五个方面，并细化具体评价标准，将评选与学生的日常学习和生活相结合，帮助学生由他律到自律，逐步促进学生的自我意识、自我管理、自我评价能力。学校提出了"三主"教育原则，即"学生是学校的主人，学生是学习的主体，学生是管理的主力"，并设立"学生自我管理日"和"每日一省"时间，建立班级顾问管理体制，创办"少年干校"，培养学生自主教育意识和能力。

2. 抓住课堂教学主渠道

一是提高教师对素质教育的理解和认识，开展分层教学教改实验，分层设计课后作业，针对不同层次学生进行分层课后辅导等，做到因材施教、分类教学，促进学生主动、个性发展。二是坚持科研引领，要求各个学科采取课题研究的方式进行学法指导研究，学校成立学科课题组，由各学科主管领导负责，进行专题研究。

（三）2009 年至今：全面打造学校的"本真文化"

前门小学在传承学校历史的基础上，提出了以"自主教育"为特色，全面打造学校的"本真文化"。学校以对学生、教师、家长的"尊重"为核心价值观，以"立足科研引领、传承文化精髓、打造精品课程"为实施途径，将这所百年老校带入了跨越式发展的新阶段。学校提出"本真文化"是学校之魂，是学校的文化核心，是治校的纲领依据，是学校发展的方向。"本真"的意思是纯洁、质朴、真诚。落实本真文化，实现本真教育的根本途径是自主教育，即通过教育的影响，充分调动学生的内部机制，引导学生有效参与教育教学全过程，增强学生的自我意识，培养学生批判性思维、问

题解决能力、交流能力、合作能力和创新能力，使每一名学生都能做到自知、自律、自信、自强。为落实"自主教育"的办学理念，管理者和教师要做到"六个尊重"，即尊重每一个人的价值、尊重每一个人的权利、尊重每一个人的个性、尊重每一个人的选择、尊重每一个人的身体、尊重每一个人的心灵。

三、学校教育教学改革的核心举措

（一）立德树人，坚持"五育并举"

学校坚持"五育并举"，落实立德树人根本任务。组织了多种多样的教育活动，每年举办"勤俭节约，变废为宝"的跳蚤市场活动，培养孩子的动手能力、劳动意识和勤俭节约的品质。每年一次的学校感恩教育月中，以家庭为单位提交亲子随手拍微视频，教会学生善于发现身边的真、善、美，将孝老爱亲、诚信友善等中华民族传统美德带进家庭，促进家庭和谐。弘扬传统文化，开展积极向上、健康有益的主题教育活动，寓传统文化于活动之中，是获取育人效果的有效途径。学校先后开展了"铭记历史，传承精神；立足传统，弘扬美德""'三节三爱'见行动，文明校园我先行""传承中华文化经典，争做新时代美德少年"等主题教育活动。活动的开展本着彰显传统文化、活动贴近学生的原则实施。中秋节，泥塑玩具工艺大师吴德寅老师给孩子们深入浅出地讲中秋节习俗、规矩，培养孩子的爱国主义情怀和对优秀传统文化的热爱和自信。

（二）开发"自主教育"课程体系，培养学生核心素养

2015 年，《北京市实施教育部〈义务教育课程设置实验方案〉的课程计划（修订）》（以下简称《课程计划》）出台。新修订的课程计划突出义务教育课程的实践性、综合性、活动性取向，并提出构建开放性的教与学模式，加强学科教学内容与社会、自然的联系，让学生学习鲜活的知识和技能。《课程计划》还突出了课程的整合理念，要求探索学科内的整合、学科间的整合。《课程计划》的颁布，赋予了学校更多的课程自主权。2016 年 9 月，《中国学生发展核心素养》正式发布。核心素养以培养"全面发展的人"为核心，分为文化基础、自主发展、社会参与三个方面，综合表现为人文底蕴、科学精神、学会学习、健康生活、责任担当、实践创新六大素养。

这些国家、地区课程建设指导意见或文件的相继公布，都要求学校应积极进行学校课程的整体设计和校本课程的开发。前门小学以落实中国学生核心素养的培养为目标，关注学生的全面发展，突出促进学生成长的核心价值观；关注利用有效途径拓展学生的实践和体验空间；强调学生在参与课程学习中的实际获得，充分挖掘学校地域资源，对课程体系进行重构。学校地域资源丰富，具有历史风貌的世界遗产既可以成为学生进行研究性学习的主题，又可以成为实践活动的基地。学校的区域资源也很丰

富，依托北京市的社会实践基地和东城区的青少年学院、国际交流中心，以及前门街道办事处、天坛公园等区域资源，开发了丰富多彩的实践活动课程。

1. 构建"自主教育"课程体系

学校将国家、地方、校本三级课程进行了系统化和结构化的设计，构建了"自主教育"课程体系，体现三级课程的融通。"自主教育"课程体系涵盖三个目标领域，包括六个领域。三个目标领域包括自我认识、自主学习、自我管理。其中，自我认识指学生首先要对自己的行为、需要、兴趣产生清晰的认识。自主学习是学生在教师的指导下，独立运用分析、探索、实践、质疑、创造等方法来实现学习目标，是以学生作为主体的学习过程。自我管理是学生对自己的成长过程进行自我评价、自我反思、自我调控的过程。自我管理是促进学生主动发展和自主学习能力形成的保障。六个领域包括语言人文、科技信息、艺术审美、生命健康、道德修养、社会实践（见下表）。

前门小学"自主教育"课程体系

课程领域	课程设置			活动类
	基础类	拓展类		
		必 修	选 修	
语言人文	语文	中华优秀传统文化语文阅读课程	校园戏剧 金童报	前门课程 天坛课程 专题教育 研学游学 社会实践 ……
	英语	进阶阅读 进阶说唱	成长戏剧社	
	书法	硬笔书法	软笔书法	
科技信息	数学		设计思维	
	科学		科学探索 恐龙星球	
	信息		3D制作 儿童编程	
艺术审美	音乐	舞蹈	金童管乐 二胡社团 合唱	
	美术		小小画室	
生命健康	体育	篮球	冰雪课程——冰上课程 冰雪课程——雪上课程	
	劳动		巧手缝纫	
	心理		心理社团	
道德修养	道德与法治	少先队活动课	入队活动	
	品德与社会	礼仪活动课	毕业活动	
社会实践	青少年学院课程		金童电视台	
	蓝天博览课程		博物馆课程	

基础类课程主要包括国家课程中的各门类课程，学校着力通过国家课程校本化实施挖掘教材中的核心要素，促进学生各个学科"核心素养"的发展。社会实践领域的基础课程主要指充分利用东城区区域资源开展的青少年学院课程和蓝天博览课程。

拓展类课程主要是基于国家课程各门类课程的拓展，目的是给孩子提供更多的学用知识、发展学科关键能力的机会。其中必修课程要求全体学生参与。语文重在拓展阅读，促进学生对中国语言文字的认知，发展学生的语言能力。中华优秀传统文化课程通过形式多样的主题活动，如"神奇的中草药""二十四节气"等专题，聚焦传统文化中的优秀内容，引导学生通过听、看、说、演等多种方式了解中华传统文化，成为传统文化的传播使者。英语拓展课程从听说和阅读两个角度入手，促进学生英语语言能力和英语思维能力的发展。其中进阶阅读采用分级阅读读本进行，每个孩子都在适合自己阅读水平的基础上进行学习，利于激发自主学习兴趣、促进学生自主阅读能力的提升。进阶说唱由学校自行开发教材，选用英美国家优秀童谣，促进学生英语口语表达和语音语调的规范。

学校开设多门类的拓展类课程选修课，鼓励学生基于自己的学习兴趣进行自主选择，充分满足不同学习需求、学习水平、学习风格的孩子的需要。其中，科学探索、儿童编程、成长戏剧社等课程引进社会资源，由专业院校或者技术人员进行教学，促进了学生创新能力和探究精神的培养。

学校综合实践活动课程注重创设多种学习情境，拓展学生学习和运用的空间；强调发展学生在情境中解决实际问题的能力，开阔学生视野，促进文化理解和文化认同。如，"天坛课程"和"前门课程"便是基于学校优越的地理位置和环境资源开发而成，以多学科联动的实践活动方式促进学生在综合运用中实现课程目标。

2. 规范课程管理

一是加强顶层设计。学校建立了"成立课程开发部门—形成课程开发团队—组成课程评议委员会—完善课程制度—挖掘课程资源"的课程开发组织流程。成立了开发和管理学校课程的专门机构——课程室，课程室由两名主任负责，主要职责是进行教师培训，进行学校整体课程建设方案的撰写，提出课程管理制度，审议具体的课程纲要，评价、管理学校各门类课程的推进。二是规范课程开发流程。课程开发按照"完善课程目标—论证课程结构—整合内容—推进课程实施—评价"的步骤实施。学校邀请市区级领导和专家组成指导团队，形成研究和指导的机制，从目标的制定、资源的开发、内容的整合、实施过程等进行全方位指导。三是评价主体多元化。学校邀请家长代表、社区代表、市区专家、各个课程负责人组成课程评议委员会，每年对学校课程进行评价和审议，根据审议的情况对课程内容进行及时调整，对不适应、不符合学生需求的课程进行删除和更替。四是加强课程档案管理。通过课程档案的方式规范课程开发、实施、评价的流程。学校要求每个课程都要在学期末提交课程档案，包括课程纲要、实施过程资料、活动图片、相关教学设计和反思等。

（三）充分利用地域文化资源，开发特色校本课程

2006年，北京市教委启动了基础教育课程改革试验工程，旨在通过课程改革促进学校个性化办学特色的形成。东城区的"文化·传承2030"工程提出将逐步实现东城区每个学校均有一门及以上的优秀传统文化教育校本课程，均有一支优秀传统文化教育的专兼职教师队伍，均有一个及以上的优秀传统文化教育特色社团等"优秀传统文化教育'六个一'"。前门小学地处长安街的延长线，学校周边的天安门、前门大街、三里河、草厂胡同都具有丰厚的京味文化。这一地域不但老字号云集，而且作为首都核心商圈迎接着世界各地的游客，是京味文化走向世界的舞台，也是外国人了解中国文化的一个重要场所。这些得天独厚的资源，是前门小学打造传统文化特色的根基和宝藏。

一是以"传承文化精髓，品味文化内涵"为目标，打造前门小学特色课程体系。学校的"前门课程""天坛课程"以综合实践活动探究的方式，引导学生在亲身参与中体悟和感受传统文化的魅力。前门课程分为"寻·访前门"和"魅力前门"两个系列。"寻·访前门"系列课程通过带领学生走进前门大街，走进街巷，使学生感受胡同文化；走进老字号，参观、感受老字号的精湛工艺和魅力，使学生置身于真实的环境中，于一砖一瓦、一丝一缕中感受传统文化的魅力。"魅力前门"系列课程，在前期"寻·访前门"课程基础上，引导学生围绕"创新"这一关键词，提出自己的研究小课题，展开研究性学习，或者基于某一项目设计实施方案。

二是以戏剧教育为载体，传承传统文化。学校以戏剧教育为载体，融入中华优秀传统文化的元素，充分发挥师生的自主性，创作并演绎出最本真的原创作品，用中华优秀传统文化滋身养性，和谐师生关系，促进学生良好品格的形成。在学校的戏剧节中，孩子们演绎了《李时珍》等经典剧目，通过戏剧表演的形式体验、感受、表达。学校还编写了《传统文化》校本教材。这套教材内容涉及学习传承、技艺传承、传统体育传承和文化的认识与探究四个方面。研究京剧脸谱、研究二十四节气、研究中草药，学生在实践中品味传统文化的内涵。

三是伴随北京－张家口冬奥会申办成功，开发了冬奥滑雪课程。学校成为北京市首批冰雪运动特色学校，打造了一个现代化的冬奥乐园。这里有历届冬奥会的介绍，还保存有珍贵的冬奥会火炬和吉祥物；这里展示了前门小学进行奥林匹克教育的活动历程，机器人美美可以通过语音来介绍整个冬奥乐园；这里是学生学习了解冬奥知识、开展主题活动的园地。紧邻东二楼还有一台模拟滑雪机，前门小学是北京市为数不多的拥有滑雪机的学校，孩子们利用体育课和活动时间，不出校门就能体验和学习滑雪。

（四）丰富课程实施方式，提高课程实施实效性

1. 有效教学，促进国家课程校本化实施

国家课程的校本化实施重在加强有效教学，突出教学效果。具体的做法是加强备课设计，强调落实，关注反馈和课堂改进。通过专家引领和教师的课堂教学实践积累，总结出如下操作流程：全面、准确、深入的备课—清晰的问题设计—多样化的活动设计—多样的评价设计。

2. 课程整合，促进跨学科综合能力培养

前门小学采用多学科、跨学科、超学科等整合方式，为学生的探究学习提供可能，促进学生提出问题、制订方案、合作解决问题等自主学习能力的提升。一是开展多学科主题整合，整合的立足点在于各学科知识的逻辑体系，各学科在主题任务范围内寻找各自领域的知识。主题任务只是一个索引，通过指定具体的范围或者提供素材，使学生达到对各学科知识的融会贯通和综合运用。如，"前门课程"中"中国茶"主题课程，要求学生了解中国茶的种类、特征、历史发展，谈谈自己喜欢的中国茶，为中国茶走向世界舞台进行宣传设计，促使学生对语文、数学、英语、科学、劳动、信息、品德与社会、道德与法治等学科知识进行整合，将学生的生活经验和学科知识的学习有机结合起来。二是超学科主题的整合方式。主题设计不再确定相关概念的学科归属，主题的作用更加突出和集中：整个课程的目标就是在探讨中心主题。主题任务的选择与学生的生活经验和社会现实变得更加紧密。如，"天坛课程"中"为什么天坛公园将一大片草坪改为了种树？这后面到底有怎样的思考？"这一问题的提出来自于一组学生的观察。基于问题，孩子们首先提出了答案的假设：更利于环保、更利于降低温度、更利于人们的休闲活动。然后分成三个不同的小组去探究。探究过程中，积极调动自己的生活经验和已有的相关知识，最终通过科学测量、观察统计、调查分析等方法得出结论：树叶的面积比草大，可以吸附更多的灰尘，这是进行改变的根本原因。

（五）打造以"学生学习为中心"的课堂，培养学生学习兴趣和习惯

一是注重学生学习兴趣的培养，使学生爱上学习。前门小学的各科课堂教学活动一直围绕着"让学生爱上学习"展开。教师是课堂教学的设计师、合作者、辅导员，教师要充分了解学生的学习准备，创造性地设计学习过程，当学生学习遇到困难时及时指导和辅导，真正做到把学习的主动权、学习的时间和空间还给学生。如，英语学科坚持在教学中启发学生思维，引导学生主动探究，通过多种阅读模式促进学生自主阅读能力的提升；数学学科坚持以学生为中心，教师整体把握教学内容，细化学习目标，将学习目标转化为可观察、可评价的学生学习行为，实现"评、学、教"一体化设计。综合实践活动课程引导学生观察、体验、总结，发现和解决生活中的问题。

二是关注教与学的过程。始终关注学生学习过程中的学习积极性、专注度、思维参与度，教师及时调整学习策略，从教学环节的细节入手，加强指导，促进学生学会学习，学会思考。如，英语学科要求每位教师精心设计导入环节，每一节课的导入都要做到激活已知、渗透未知。数学学科基于大单元的设计，从内容到教学过程设计都体现了对学生能力的培养。语文学科识字教学，引导学生从具体直观的图片入手，将音、形、意进行结合。艺术类的学科倡导学生的体验参与，创编歌曲、创意绘画，无不促进了学生自主学习能力的提高。

三是尊重学生的特性，差异化教学。教师充分尊重学生的特性，立足于学生差异，通过有效分层活动的设计，使每个层次的学生都能爱学、学好。

（六）改革评价理念，注重学生形成性评价

一是教学设计中体现形成性评价的设计，在具体的教学环节中，标注每个环节达成哪一个目标，通过何种方式可评可测。

二是课堂学生评价主要关注学生每节课的学习情况，重点关注学生认真倾听、善于思考、大胆提问、积极讨论、乐于合作等方面的表现，每月完成一次。通过形成性评价的方式，促进学生自主学习能力的提升。评价采取自评、互评、师评等多种方式进行（见下表）。

前门小学学生课堂学习形成性评价表

评价内容	评价要点	自评	互评	师评
学习态度	认真上好每一节课			
	做好资料积累和分析			
	主动提出自己的设想			
	乐于合作，听取同学的意见和观点			
学习能力	获取信息途径方法多样			
	善于倾听，尊重他人的想法			
	独立思考，自主学习能力强			
	能运用已有知识解决问题			
	积极实践，发挥个性特长			
学习结果	成果多，形式丰富			
	资料收集充分			
	汇报交流积极			
	展示效果良好			
总评				

三是采取形成性评价学习档案的方式帮助每个学生记录自己的学习过程。各个学科都设计和使用学生自主学习评价手册，在手册中，学生描述自己学习的起点，提出学期改进目标，选择校本课程，记录课程表现，描画形成性学习过程，最后呈现学习作品。这样的方式，记录了学生的学习收获，帮助学生发现、反思、改进，真正促进了学生自主学习能力的提升，通过评价促进学生积极学习情感的形成。

（七）健全教师管理制度，提升教师专业化水平

一是健全教师管理制度。在"依法治校"原则的指引下，学校以《中小学教师职业道德规范》《中华人民共和国教师法》等为依据，制定了学校的各项制度，包括《前门小学规范化管理制度》《前门小学干部行为规范》《前门小学教师师德星级标准》《前门小学教师形象礼仪要求》等。

二是分层分类培养。针对学校教师团队的特点，实施分层培养、互助提高的计划。首先，充分发挥骨干教师的引领作用。学校每一名骨干教师都带有1~2名徒弟，师徒要制订出提高的计划。其次，加大对青年教师的培养力度。对近些年陆续引进的各学科年轻教师，除了安排师父带徒弟，还积极为青年教师提供培训、学习、展示的舞台，如每学年举办一次"小荷杯"教学竞赛，目的在于督促青年人进步，发现各学科的好苗子。据不完全统计，近五年来有二十多人次的青年教师参与了市区专项培训，同时有多位教师获得各级赛课活动的一、二等奖。

三是在活动中锤炼本领、凝聚人心。开展丰富多彩、形式多样的教师团队活动一直是前门小学的传统，围绕不同的主题，学校每个学期都会组织不同的教育教学研讨活动、团队拓展活动等。学校请专家走进来，让教师参与其中。

四是建立个体评价和团体评价相结合的科学的教师评价体系。学校一直给全体教师营造竞争上岗、创新争优的氛围。在学校的绩效工资方案中，评价等级向"师德高、观念新、业务精、能力强、身心健"的教师倾斜，向一线教师倾斜，向班主任倾斜。每个学期评选"前门之星"，通过树立典型，倡导全体教师爱岗敬业，扎实奉献，形成了和谐向上的良性竞争氛围。学校采取年级组评价制度，每个月的月评价由教学、教育、总务、行政、信息等部门给年级组的每位老师打分，同时把打分的结果加在一起，体现年级组本月工作业绩。通过此种个体和集体结合的评价方式，真实、客观地反映教师的个体表现，又促进了年级组集体的凝聚力。每个组的老师都紧密地团结在一起，以自己小组的荣誉为努力的方向，形成了学校发展的合力。

（八）科研引领，促进教育教学和师生成长

学校注重科研引领，改进科研管理方式，鼓励全员参与、全学科覆盖，学校课程建设领域、学科教学领域、实践活动等多个领域均以小课题研究的方式开展研究，将

自主教育理念落到研究目标的厘清、研究计划的制订和研究的实施等各个领域。鼓励教师积极参与国家级、市级专家组织的项目，鼓励教师们成为科研骨干力量，都能认领和申报体现学校办学特色的课题，每一个科研团队目标定位是新在理念、巧在设计、赢在实践、成在持续，打造"狮子团队"。如，学校参与了北京市"基于发展性评价的学生成长规律与育人策略研究"项目，课题获得的数据帮助分析学校在教育、教学中的优势与不足，根据这些数据，学校进行教育与教学策略计划的制订，使这些计划的制订更遵循学生成长规律。学校召开以"关注情绪和自我发展、关注人际交往"市级研究项目推进会，呈现了特色心理小课、学科研究课、社团课程共计 16 节；学校就课题研究的学习思考，以"懂孩子 搭平台 创环境 让孩子健康快乐成长"为题进行了汇报。

（九）创设家校共育环境，融亲情共同成长

一是注重现代信息技术支撑的家校沟通平台建设。在学校信息办公室技术支持下，转变传统沟通模式，创建了前门小学家委会网络平台。学校借助平台开展"我为减负献一策"的大讨论。家长委员们各抒己见，学校既听到了他们的期望、对学校的心声，也听到了他们为落实减负提出的一些可参照的建议。

二是建立家长志愿服务团，开设家长志愿服务课程。志愿者服务团由那些关心教育，有服务热情，有特长的家长志愿开设。每年的第一学期先广而告之招募，然后组织他们进行学习，上好活动的第一课。目前，学校已有道德讲堂、消防、民防课程、班级英语社团等十几个志愿服务课程。

三是开展主题活动，如固化亲子主题活动，家长参与班级文化建设等，让亲情融入学校教育之中。

四是根据家长的需求，构建三级家庭教育课程体系。面向全体家长，分年级开设一级通识培训课程；面对不同需求的家长，开设二级沙龙课程；针对特需生家长，开设三级父母效能课程。帮助家长树立科学的家庭教育观念，提升家庭教育水平。

四、学校教育教学改革的主要成效

（一）学校的教育品牌和特色已经形成并落地实施

面对新时代教育发展形势，学校始终坚持"自主教育，本真文化"的办学特色，全面深化教育教学改革，对于学校的育人目标、办学目标、课程目标、学习方式进行整体建构，形成了以本真文化为理念，以自主教育为途径，以课程建设、环境建设、队伍建设为抓手的特色教育品牌，促进了学校综合能力的提升，得到了学生、家长和社会的广泛认可。

（二）基于课题研究的教学变革促进了教学质量提升

各学科课题促进了教师对课程、教材和学生的深度理解，使教师创新了教学方法，激发了学生学习的积极性和主动性，提升了学生思维水平，促进了教育教学质量的提升和学生的长远发展。

（三）学生的自主学习和自主教育能力得到发展

得益于学校开展的课程改革和各学科的课堂实践改进，前门小学的学生有了更多的自主学习的空间。数学学科开展的"让数学课好玩儿起来"的活动，让学生在拼一拼、摆一摆、插一插的过程中感受棱、面、点的形成过程，帮助学生在解决长方体的相关问题中逐步掌握知识的本质，进而发展空间想象力。在语文的字源识字课题中，学生自己创编识字歌谣、自己创编有关于汉字故事的剧本。在英语阅读课题中，学生在老师的指导下改编英语故事，创编英语戏剧。在科学课中，学生自选小课题进行研究。在美术课中，学生进行创意绘画。在主题活动课程中，学生探访前门的胡同，测量长度、绘制地图等。学生主动参与、自主规划、自我评价和反思，自主学习能力得到了发展。

（四）学生的综合素养得以提升

前门小学自主教育课程体系促进了学生综合素养的提升。学生学业水平一直保持东城区前列。在历年的"红领巾读书活动""'新星杯'英语词汇大赛""阳光体育田径运动会""青少年创客大赛""东城区学生艺术节""北京市英语戏剧汇演"等各级各类市区比赛中，前门小学参与人数和获奖人数均位居前列。

（五）教师的职业幸福感和专业水平不断提升

一是学校的本真文化也落实到对教师的管理和评价中，那些默默奉献的教师被看见，那些帮助学生、师德高尚的教师被表扬，那些家里有困难、独自坚持的教师被关心。这一系列的做法让前门小学的教师们把学校当作自己的家，把同事和学生当成自己的家人，由此产生的幸福感激励了教师们继续扎根、继续奋斗。二是学校鼓励教师参与课程开发的全过程，鼓励教师根据自己的特长提出自己要开发的课程设想，如目标的设计、教学活动的组织、教学资源的选择等，都由教师自己来完成。学校帮助教师邀请专家共同进行开发和课程论证，帮助教师最终形成完善的校本课程。教师课程开发的能力、课堂教学水平都有了很大的提高。三是通过主持和参与课题研究，教师们加深了对新理念的认识，提高了科学研究能力、教学的科学性和创新意识。

（六）学校的影响力不断提升

2015 年，学校课程被评为北京市基础教育课程建设优秀成果。2016 年，学校在"中国文化小大使"的全国评选活动中获得"中华文化传承及推广活动先进单位"的称号。同年，学校还被评为北京市教科研先进校。2017 年 11 月，学校被北京市教委评为北京市冰雪运动特色学校、国际奥委会冬季奥运会的官员访问学校。2018 年 3 月，学校被首都精神文明建设委员会评为首都文明校园。2019 年 12 月，学校在第九届"书香燕京——北京市中小学阅读指导活动"中被评为组织先进单位。同时，依托学校校本课程而组建的学校合唱团、舞蹈团、管乐团、田径队、篮球队、演讲社、戏剧社在东城区和北京市的各项比赛中频频获奖。学校的教育品牌影响力在东城区和北京市逐年提升。

"和·合"融通，资源带探索让每一个生命绽放光彩

——北京市东城区灯市口小学教育教学改革个案研究

滕亚杰 刘 姣 宋燕晖 孙 彤 刘红联 林 政[1]

一、学校基本情况

北京市东城区灯市口小学地处首都功能核心区，紧邻中国儿童艺术剧院（以下简称"中国儿艺"）、商务印书馆、北京人民艺术剧院等教育文化场所。学校前身为始建于 1864 年的育英学校（男校），距今已有近 160 年的历史，是东城区近现代教育史上历史最长的现代学制小学，在近代教育史及东城区教育改革上具有重要地位。

学校最初定名为"男蒙馆"，1900 年更名为"私立育英学校"，设小学、初中和高中部。学校在京城享有盛名，是当时官商子弟首选的学校。学校首任校长李如松是民国著名运动员、短跑名将，时任北京大学校长的蒋梦麟先生为学校题写校训"致知力行"，胡适先生曾任学校校董。1952 年，育英学校回归国有，小学部更名为"灯市口小学"。1996 年至 2007 年间，灯市口小学先后合并了东四西大街小学、王府井小学、大甜水井小学、礼士小学等八所小学。2012 年，学校成为首批北京市"百年学校"。2014 年，灯市口小学作为龙头校，携手北池子小学、东高房小学成立灯市口小学优质教育资源带。目前，学校共有灯市口、北池子、礼士和东高房四个校区，51 个教学班，在校生 1800 余名，教职工近 200 名，形成了"一个中心、多翼发展"的教育网络布局。

灯市口小学优质教育资源带以"让每一个生命绽放光彩"为办学理念，旨在"生生绽放，师师发展，校校精彩"，形成了实现学生"全面发展、自主发展、个性发展"三维发展的育人目标及民主、精细的管理文化。资源带实行一体化管理，通过文化融合、统一招生、统筹师资、教育教学及活动等助推区域义务教育均衡发展。资源带拥有音乐、美术、科技、书法、舞蹈、图书、心理、劳技等专业教室，为学生提供了高

[1] 滕亚杰：北京市东城区灯市口小学党支部书记、校长；刘姣：北京市西城区教育研修学院；宋燕晖：北京市东城区灯市口小学副校长；孙彤：北京市东城区灯市口小学教学主任；刘红联：北京市东城区灯市口小学德育副校长；林政：北京市东城区灯市口小学副主任。

品质学习环境，为教师教学和教研创造了优质工作环境。资源带以艺术、体育、科技特色见长，拥有金帆合唱团、金帆话剧团、金帆书画院美术分院、火焰篮球队、东城区星光机器人社团、育星曲艺团、京剧社等尖端特色团队，在教育、教学、科研、信息及体育、艺术、科技等方面获得过诸多荣誉。

二、学校教育教学改革的发展历程

（一）2013年9月—2014年3月：厚植文化底蕴，彰显生命光彩

2012年，灯市口小学以其悠久的历史和始终贯彻现代教育模式的文化传统名列北京市遴选的第一批百年老校。当时，灯市口小学一校两址，礼士胡同低年级部校区供1—2年级学生就读；灯市口本部紧邻繁华的王府井大街北侧，为中高年级部，供3—6年级学生就读。学校以"让每一个生命绽放光彩"为办学理念，积极推进素质教育。学校提出坚持"生本、自主、开放、创造"地开展教育教学，促师生内涵发展。学校在德育方面坚持"育人为本，全面发展"，在教学方面坚持"生本教学，综合创新"。学校将体育、美育、科技教育相融合，发展开放的学校基础性课程管理结构，先后开设了包括艺术类金帆艺术团、体育类火焰俱乐部篮球队、科技类机器人项目等三大基地。

灯市口小学被授予全国信息技术实验学校、北京市教育科研先进校、中国青少年素质教育研究实践基地、首都文明单位等荣誉称号，获得由世界卫生组织授予的健康促进学校金奖，获得由教育部与北京市政府联合授予的奥林匹克教育示范学校。

（二）2014年3月—2014年9月：发挥辐射作用，成立优质教育资源带

2014年3月，灯市口小学优质教育资源带成立，成为北京市东城区第一个揭牌的优质教育资源带。作为首批教育优质资源带的龙头学校，资源带通过各校区教师共同备课教研和举办运动会、合唱节、学生书画展等，实现了学校活动各校区师生和家长共同参与，让每一位教师、学生和家长共享教育改革带来的成果。学校召开校区联动校务会，研究制定资源带建设的总体方案和运行管理方法。四个校区在学校统一管理下运行，新学年新生全部是灯市口小学学籍，学生上课校区及教师人事进行了重新安排、统筹与调动。学生按年级进行整体的校区流转，同时，全校近200名教职工中的110名教师跨校教学，轮岗交流率近60%。

（三）2014年9月至今：协同聚力，探索资源带一体化管理新格局

自2014年9月起，资源带实行以校务委员会下的校区负责制为主要途径的一

体化管理。灯市口小学优质教育资源带校长作为三校法人，由两委任命，负责规划资源带发展，统筹管理整个资源带。资源带校务委员会由资源带校长、书记及各校区校长组成，共同商讨资源带各项人事、财务及重大决定等重大事务。各校区校长负责本校区日常管理，包括校区的教育、教学、安全和其他具体事务，鼓励特色办学，实现校校精彩。这种管理方式如同重大事项"集体备课"、日常运行"独立上课"一样。

资源带以灯市口小学百年育英文化为基础，结合各校的发展现状，确立了传承创新育英文化的思路。在育英学校文化倡导"民主、平等、自由、博爱、科学、进步""有教无类、因材施教、全面发展、不拘一格、为用而学、东西合璧"等的基础上，资源带融合三所百年老校的文化基因，明确了"让每一个生命绽放光彩"的办学理念，即"生生绽放，师师发展，校校精彩"，努力实现和谐生长、合作发展的"和·合之家"共同愿景，四校区凝聚力量携手发展。

三、灯市口小学推进教育教学改革的主要举措

站在资源带发展的新起点，灯市口小学坚持立德树人，厚植爱国情怀，努力实现"让生命闪光，为中华添彩"的育人目标。资源带围绕"品牌 形象"建设的核心词，定位"点亮"行动特色文化，以"更高标准""更高质量""更高自觉"为原则，以提升教育教学质量为重要任务，推动品牌文化建设，深化课程改革，细化教学管理，更新评价方式，加强师资队伍建设，使每一位师生绽放生命光彩。

（一）理念引领：让每一个生命绽放光彩

1. 育人为本，系统梳理办学理念

培养什么样的人？赋予孩子怎样的素质？这是每一位教育工作者必须回应的根本性问题。2019 年，灯市口小学系统梳理指向未来的办学理念体系，将育人目标升级为"让生命闪光，为中华添彩"。

- 特色方向："点亮"行动
- 办学理念：让每一个生命绽放光彩
- 学校校训：明德、致知、力行
- 学校校风：成大器，内外兼修
- 学校教风：育英才，中西合璧
- 学校学风：法贤者，上下求索
- 育人目标：让生命闪光，为中华添彩
- 学校精神：敬业乐群，自强不息

灯市口小学的育人目标，既是对每一个生命个体的成就，也是对国家和民族的教育使命的践行。当每一个都成为最好的自己，整个民族和国家也自然兴盛。"让生命闪光"即成就自我、彰显个性。灯市口小学秉承"让每一个生命绽放光彩"的办学理念，为每一个学生的成长提供平台；激发每一个人内在的潜能，让每一个人都找到绽放自己的舞台。"为中华添彩"即达济天下、回馈国家。教育是国之大计，是民族振兴、社会进步的重要基石。灯市口小学自1864年建校至今，一直与国家民族的发展联系在一起。150多年的峥嵘岁月见证了国家从落后到焕发新生到走向富强的历史过程。如今，学校每年为优质中学输送大批学有特长的优秀毕业生。历届校友人才辈出，享誉艺术、科技、体育等领域。

2. 美美与共，营造"和·合"育人氛围

灯市口小学优质教育资源带的建立不能简单地将几所学校"合并"，如何盘活优质教育资源以满足周边学生的入学需求，真正打造"家门口的好学校"？学校紧紧围绕"优质"与"资源"两个重点开拓发展，重新梳理三所学校现有资源，取长补短，在原有教育亮点的基础上，创建新品牌，保持高位发展。灯市口小学优质教育资源带自身就汇集并继承来自三所学校深厚而鲜明的文化特色以及丰富的文化资源，资源带以包容的态度，接纳融合各校文化特色与资源，进一步扩大优质教育品牌的规模。在文化建设中，资源带确立了"保留特色传统，寻找共性内容，赋予新的内涵，生成共生文化"的思路，营造"凝聚在一起，融合为一体"的观念，打造"和谐生长、合作发展"的"和·合之家"。因此，资源带以"育英文化"作为文化建设的基础，以"尊重"为内核，以关注生命成长为本源，吸收各校区特点，深化了"让每一个生命绽放光彩"的办学理念。通过校园文化、课程建设等途径，让四个校区的发展特色更加凸显。这些年，资源带获得了学生的喜爱、家长的满意、社会的认可。

北池子校区位于故宫东侧雍正八年（1730年）敕建的祭祀云神之庙——凝和庙。校园内红墙明瓦，竹影棠风，古朴气息扑面而来。校区图书馆、活动教室、书法教室等也打造成了古香古色的庙宇风格。走在校内，颜柳欧赵各家作品，楷隶行草不同书体、拓片、石刻……构成了校区"凝和润人 兴泽昭彩"的办学主旨。

东高房校区以"绿色家园 美好生活"为办学主旨。校区素有"北京市绿色环保学校"的称号。资源带成立后，"以废换绿"活动也带动了各校区参与，使更多的学生关注环保，践行低碳生活。校区彰显环保理念，营造出绿色校园、美好生活的宜人氛围：随处可见学生的环保创意作品，评选"环保小卫士"，设立学生志愿岗，利用班会课开展环保宣传教育，编辑、出版环保校本课"生态道德"系列教材，并开设主题式综合实践课，成立了"一张纸小队""绿色生活小队"等社团；校区开设了中国鼓、行进打击乐、手风琴、男子舞蹈等课程与社团，并定期举办"花汇演"，提升学生艺术艺术修养，塑造志趣高洁、积极向上、善于欣赏、富于想象的内心世界。

礼士胡同富有浓郁的北京文化气息，清朝大学士刘墉的故宅就坐落其中。优雅静谧的礼士校区便位于这条历史厚重的胡同深处。结合"博文约礼 京韵传承"的校区特色，校区借助门墩、鱼缸、山石、花窗等北京庭院元素，打造京味文化景观。将孔子的教育规训"博文约礼"刻于山石之上，时时暗示学生要有广博的知识，要能约束自己的行为，遵守礼仪，寓礼仪文化教育于物质文化建设之中，为学生营造了浓厚的文化氛围，提升了校区品质。

灯市口校区沿承"老育英学校"中西合璧的发展特色，以培养"具有世界眼光的中国人"为目标，构建起"生本、自主、开放、创造"的教育形态，搭建丰富的课程和活动平台，让每个孩子的潜力都得到发展。建校百年来，学校在艺术、体育、科技方面始终保持佳绩，在资源带各校区起着示范引领作用。不论是机器人、高尔夫球、马林巴琴、水墨故事、中国结、非遗彩蛋等特色课程，还是金帆合唱团、小小马兰戏剧社、育星相声社、京剧社、火焰篮球队、田径、武术、旗舞等特色社团，都兼具中西方特色的学习内容，鼓励学生自主发展。校区环境优美，专业教室齐备，彰显"中西合璧 综合发展"的特色。

（二）课程助力：融通资源，构建"育·英"课程体系

课程是学校发展的生命力。学生的培养目标要靠课程去体现，靠课堂去实现。

1. 明确课程建设总目标

在"让每一个生命绽放光彩"的办学理念下，学校提出课程文化和课堂文化的主题词，即生本、自主、开放、创造，促进学生"全面发展、学有所长"，促进教师"整体优化、教有特色，促内涵发展与特色形成""使每位师生绽放生命光彩，实现人与学校的和谐、可持续发展，办北京市优质教育品牌"的发展目标。

在学生层面，学校提出了让学生"全面发展、自主发展、个性发展"的育人目标。这一育人目标分为三个维度：全面发展体现了基础教育的学段特点；自主发展是发挥学生的主体意识，培养学生具备自我学习、自我管理、自我发展、自我塑造的能力；个性发展则是从学生的个体特征出发，希望培养不同的人。这三个维度从不同的层面出发培养学生，是对学生生命的尊重，也是使学生绽放光彩的依托。在教师层面，通过校本课程的研发，开展教师"1+N"培养模式，即教师要上好自己的专业课，同时还要有能力上好校本课程或带好一支学生社团，并能开发综合实践课程。学校注重培养教师的课程观念、研究意识、课程开发与创新的能力，提高教师的综合素养，促进教师的专业成长，锻造研究型教师团队。在学校层面，通过"育·英"课程的研发，凸显学校"让每一个生命绽放光彩"的办学理念。在课程开发、建设与实施中，将"让

每一个生命绽放光彩"的理念具体化、有形化，促进学生、教师、学校的全面、持续发展。

2. 构建"育·英"课程体系

资源带在课程设计上凸显了培养"全面发展的人"。为了实现让学生全面发展、自主发展、个性发展的三维目标，资源带构建了多元课程体系——"育·英"课程。"育·英"课程体系包含三个层面（基础性、丰富性和发展性）和六大板块（语言与人文、科技与信息、艺术与审美、身心与健康、生活与技能、道德与成长）（见下图）。其中，"育"代表第一层面的课程，以基础性课程为主，满足学生全面发展。而"英"则代表第二、第三层面的课程，分别是丰富性课程和发展性课程。在课程建设中，学校尊重每个学生性格、认知、兴趣等方面的差异，并在此基础上因材施教，帮助每一个学生挖掘自身潜力，使其学有所得、学有所长。同时，搭建综合实践平台，提升学生综合素养和实践能力。几年来，资源带的课程建设形成了自身的优势和特色。

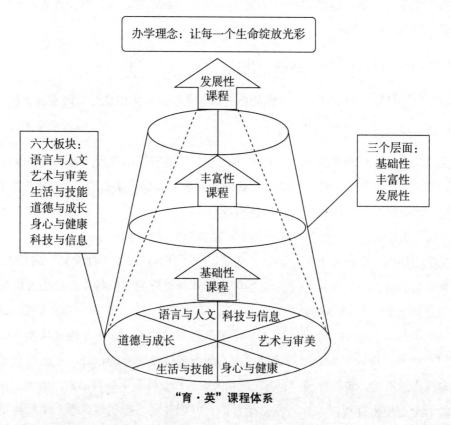

"育·英"课程体系

第一层面的课程是基础性课程。灯市口小学的基础性课程对国家、地方课程进行了完善，包括书法、主题式阅读、体育必修（比如武术、游泳等）。在基础课程的设置与实施中，也融入了校本化的东西，使国家课程及地方课程的外延得到了拓展与延伸。

第二层面的课程是丰富性课程，即校本自主课程。开设丰富性课程的目的是增强学生对课程的选择权，以满足学生的发展需求和个性化学习的需求，为学生打造立体化的学习空间。资源带成立前各校区课程建设参差不齐，成立后真正实现了课程资源共享。资源带统一开设了六大类、60余门自主课程，每周用一个半天，实行走班制，打破年级、班级界限，以校区为单位，各校区学生根据自己的兴趣和潜能，自主选择课程进行系统学习。丰富性课程丰富了学习形式和内容，激发了学生自主成长的意识。

第三层面的课程是发展性课程。为落实课程计划中"10%综合实践"的要求，小学以主题式综合实践课程为主，每周用一个半天来实施。通过整合社会资源，利用博物馆、北京数字学校、中国儿艺等资源单位开发主题式综合实践课程（下表），学生采用探究学习、体验学习、小组合作、动手实践等方式进行自主学习。

主题式综合实践课程

年　级	主　题
1	二十四节气中的老北京习俗
2	传统节日
3	生态道德教育 引进课程：环保小创客
4	行走北京传承文化——匠心老字号 引进课程：小学生汽车文化筑梦课堂 走近国粹——我是小戏迷
5	行走北京传承文化——畅游京杭大运河 引进课程：神奇的 DNA、STEAM 课程
6	行走北京传承文化——舌尖上的北京 引进课程：中医文化

课程建设中，学校通过请进来、走出去，倡导"生活就是教育，社会就是课堂"，把社会变成学生的课堂，让学生参与大量社会实践的课程。这些课程为学生提供了走出校门的机会，拓宽了学生的视野，激发了学生自主成长的意识，学生更加自主、大气。例如，学校与中国儿艺结成伙伴，全面开设戏剧课程，推出表演、台词、形体、英语戏剧、剧本欣赏等一系列课程。每学年专业教师为学校提供 2000 余课时的课。学校以在中国儿艺公演大型音乐剧《马兰花》为切入点，营造学校戏剧文化氛围，让全校学生在活动中共享戏剧教育资源。

学校结合中华传统文化，开设了"传统节日"主题式综合实践课程，将艺术教育、书法教学、自然、人文知识等融入其中，采用探究学习、体验学习等方式进行自主学习，引导孩子感受祖国传统文化的博大精深。以"冬至"主题为例，孩子们围绕"冬至文化"进行起源、地方习俗、祭祀文化、饮食和礼仪等方面的学习。"知冬至"，通过绘制思维导图，自我探究冬至节气的饮食、习俗等内容；"感冬至"，学习中华传统文化礼仪；"绘冬至"，根据自己的创意绘制冬至景色；"吟冬至"，通过举办诗歌会，大家读诗、背诗、作诗、写诗（书法）等主题活动来了解中国节气蕴含的传统文化意义；"品冬至"，通过包饺子来进行主题课程展示活动。

3. 建立课程管理跨界机制

从学校课程管理框架看，学校课程建设涉及每一位教师。为此，学校着力打破专业边界、场地边界和角色边界。

学校主张教师"1+N"培养模式，资源带的老师除教授国家课程外，还要为学生提供一门自主课程或社团活动，比如，主题式阅读课、动漫画、3D打印、京剧、茶艺、摄影等，以促教师综合多元发展。此外，除了资源带老师开设课程，学校还聘请专业人士为学生提供诸如编织、游泳、吉他、马林巴、电子鼓等课程，让学生的课程更加丰富。有些课程在校内无法开展，学校就组织学生集体到校外去上课，比如高尔夫、走进博物馆课、专为6年级学生开设的人生规划课程等。学校还与中国儿艺、北京人民艺术剧院结成合作伙伴，推出戏剧特色课程、国际交流类的短期修学课程，让社会成为学生的课堂，这使得资源带上各校区的所有学生能够真正打开眼界。另外，学校设立了学生"自主日"，将每周三定为学生"自主日"，鼓励学生课余时间学会自己安排，进行自我管理、自主发展。每到这一天，学生可以按照自己的意愿进行自我安排，真正激发学生的内动力，这也是学校倡导"生本、自主、开放、创造"的课堂文化的体现。

为了给学校课程建设提供组织保障，学校成立学校课程建设领导小组。校长任组长，负责"育·英"课程全面管理与指导；教学处负责国家、地方课程的落实及校本课程的开发等具体工作；校区校长负责校本课程的开发审批与可行性论证；学科组为课程落实和开发的研究小组。教师、学生、家长是课程落实和开发的主体。此外，学校有组织地落实校本课程。研发领导小组的成员每学期都深入每个校区各个课程研究开发小组，检查国家课程和地方课程的落实情况，指导校本课程的开发与构建。教学处从资源摸查、课程设置、师资选择到课表安排、课时落实，全程参加设计并负主要责任。学校还组织教师之间听课观摩等多种形式的交流，以此检验课程效益；定期对学生、家长进行调研，了解学生对学校课程的喜爱程度，为评价、研究已有课程提供参考依据，把握学校课程建设的基本方向。

（三）开放课堂：以生为本增进学生获得

教师的发展成就了学生的发展，师生的共同发展又成就了学校的跨越式发展。几年来，教师们对"让每一个生命绽放光彩"的办学理念及"以美育心""以体育德""以科技育科学精神""以优秀传统文化育民族精神"等各校区特色文化高度认同，资源带携手前行。课程与课堂真正搬到了社会实践的大舞台上，教师们的视野更加开阔，课堂也更加开放。

"行走式"课堂逐渐增多，综合实践类课程及活动越来越丰富。以美育为例，开展戏剧节、合唱节让每一个孩子登上专业的舞台，举办书画展使孩子们的书画作品进入专业展览，合唱专场、音乐剧专场、京剧专场、曲艺专场、诗歌朗诵会以及个人专场等活动在学校开展得如火如荼，每个月都有精彩呈现。

教师们把"生本"的教育理念带入课堂，让学生在快乐状态下主动学习，让课堂充满活力和灵动。如美术课上，学生讲述作品的创作意图，从对自己作品的关注到点评他人的作品，通过作品创编故事将作品延续，甚至反思自己作品的不足，交流老师作品的再生点。教师成为学生学习的指引者和服务者。教师们还将戏剧元素融入语文、英语、美术、音乐课堂中，形成多学科联动，学生们在主动参与的表演中掌握知识，增强记忆，取得很好的教学效果。语文课《七律长征》中，孩子们化身为不怕困难的小红军，文章中不容易理解的词句在孩子们的表演中栩栩如生，生动感人。美术课上，老师将制作皮影和皮影戏结合起来，孩子们在动脑动手和表演中学到了美术知识，也了解了与美术相关的艺术形式。

（四）五育融通：德智体美劳贯穿教育全过程

学校坚持德智体美劳"五育并举"，坚持开展"九个我"主题教育活动，以丰富多彩的活动为教育渠道，以体验教育为基本途径，践行和培育社会主义核心价值观，切实加强思想道德建设，提高文化自信，培养良好习惯，磨炼意志品质，培养学生的创新精神和实践能力。学生在体验活动中，修身立德、笃学明德、以体育德、以美汇德、勤俭养德。

学校将爱国主义精神贯穿于学校教育的全过程，通过课堂浸润、经典阅读、主题教育、实践活动等途径，培养学生的社会主义核心价值观，引导学生坚定理想信念，厚植家国情怀，强化学生的优良道德品质和责任担当。例如，学校根据不同年级开展特色升旗仪式，涵养爱国之情、锻造爱国之志、砥砺报国之行。此外，学校打造体育教育特色，创新防近控肥、营养饮食、体育锻炼等方面的教育教学活动，科学有效地提升学生身心健康水平；丰富心理健康教育活动形式，通过"心灵之声"广播、社团、活动、"5·25"心理健康节等途径，引导学生保持健康积极的心理状态。通过各种途径如国旗下讲话呼吁、校园环境建言、班级论坛讨论等让学生成为学校的小主人，让学生在丰富多彩的活动中增强自主意识，在兴趣的推动下增强创新意识，提升创造力。

学校努力践行"真社会即真课堂"的理念，搭建各种平台让每一名师生绽放。这几年，学校多次举办艺术节、体育节、运动会、篮球节、科技节、传统文化节等活动，打造艺术、体育、科技等各类社团69个，学生在艺术、体育、科技等各个领域获奖3757人次。

（五）"1+N"模式：多途径助力教师专业发展

为了促进教师多元发展，资源带建立了"1+N"教师培养模式。"1"是指把本职工作做好，"N"则是根据特长开设校本课程、社团活动等。比如，长笛、二胡、篆刻、京剧、茶艺、彩塑、版画、烘焙、3D打印、无人机、三维创意等都是由校内教师开设。此外，学校利用戏剧教育优势成立的教师"力行"戏剧社，公演了话剧《雷雨》，让教师从讲台走上了舞台，也帮助教师更好地从舞台走上讲台，培养全面发展的学生。

资源带教师发展研修同步实施，以轮岗交流、联合教研为主要途径促进三校师资队伍均衡发展。资源带的学生流转带动教师流转，资源带打破了校际界限，实施统一招生和大年级组制，干部教师实行统筹安排，部分教师在不同校区间"跑校上课"。灯市口小学作为龙头校，主动承担教师培训基地的任务，注重促进各校区教师层面的交流。除此之外，资源带还有一批不辞辛苦的"跑校飞人"，他们要兼顾不同校区的课程，专注于不同校区的特色项目发展之中。目前，任课教师及干部的轮岗交流率达八成以上。

资源带成立至今，不同校区的老师每周都有多次跨校教研，每学期各校区教师进行学科联合教研共百余次，包括"育英杯"教学大赛、示范课展示、跨校区听课、研讨等，共同提升教学水平。此外，资源带还邀请学科专家、优秀教师进校做培训、听课、评课，并且带领教师外出参加全国及北京市教学研讨等。资源带与北京教育学院联合开展了促进教师素养提升的培训项目，与北京师范大学开展了骨干教师培训项目，参与了"教育家成长工程"。特别是对北池子和东高房校区的老师而言，同一学科的交流对象大大增加。目前，资源带创立了六个名师工作室，包括两个特级教师工作室、三个市级骨干教师工作室和一个特色教师工作室。

（六）评价改革：多元评价提升学生综合素养

为了更好地提高学生综合素质，充分发挥评价的促进发展功能，使评价的过程成为促进教育教学发展与提高的过程，灯市口小学积极推进评价改革，全面推进素质教育。一是开展学业评价方式研究，组织基于学科素养的语文、数学、英语学科学业展示活动。结合校区特色开展学业展示活动，依据教学要求，以学生应知应会的知识点与形成的能力点作为展示活动考察的内容进行命题，设计真实的问题情境，让学生在真实的情境中解决问题、完成任务；教师记录学生的表现，并给予评价。二是3—6年级期末学业评价由学科知识与能力测试、学科综合性学习与实践、学科拓展与跨学科综合实践活动三部分组成。三是非考试学科依据课程标准制定了学科考试评价标准。四是主题式综合实践课程的开展，采用探究、体验等学习方式开展学科整合联动活动，促进学生的发展。

低年级学业展示让孩子们在轻松的氛围中自信的迎接考试。资源带积极探索低年级学业展示活动，结合各校区的特色文化建设，使学业展示具有生活化的情境创设、驱动式的问题解决、交流式的多元评价特点，情境与内容紧贴在一起，在情境下完成任务，体现了基于核心素养的学生学业展示活动。学业展示与日常教学紧密相关，积极开展日常教学的研究，不断改进教学，努力探索学科素养培育背景下教与学方式的变革。

多元评价促进了学生的发展。评价目标多元化通过课堂教学分层设计、学生作业自主选择、特长展示，促进每一个学生个性发展。评价主体多元化通过建立学生自主日，设置学生成长档案袋，记录学生的成长，促进每一个学生自我发展。评价内容多元化结合学科特点及测评内容，将动口、动手与动脑结合起来，科学地评价学生的综合能力和综合素质，促使学生全面、健康发展。

四、学校教育教学改革实践的主要成效

（一）丰富的活动沉淀了学生的艺术素养

资源带定期组织合唱节、戏剧节、书画展、体育节、科技节等大型活动，运用学科联动的方式，让每一个学生在活动中找到自己的角色。此外，资源带还举办了趣味运动会、篮球赛季、跳绳比赛等丰富多彩的活动。通过给学生提供机会、搭设多样的舞台，开阔他们的眼界，培养他们的艺术修养、科技素养，提升综合实践能力。

几年来，学校办学成绩斐然。2018年，学校被评为金帆合唱团、金帆话剧团、金帆书画院美术分院，实现了"三帆"齐聚。学校京剧、曲艺、打击乐等多个艺术社团百花齐放，成就了艺术教育在办学历史上的新高度。其中，戏剧教育在全国起示范引领作用。

（二）一体化管理让师生绽放光彩

从2014年成立至今，灯市口小学优质教育资源带推出了一系列促进一体化建设的有效举措，使各校区实现了文化的交融，以及教师、课程等优质教育资源的整合与均衡。校园里，每个孩子都能快乐、积极地成长，绽放属于他们自己的光彩。每位教师都能在自己的岗位上感受职业的幸福。资源带真正成为令家长放心、社会满意的"老百姓家门口的好学校"。

（三）资源带模式下学校办学成效显著

灯市口小学优质教育资源带先后获得世界卫生组织授予的健康促进学校（金奖）、全国和谐校园、中国青少年素质教育研究实验基地、首都文明单位、北京市中小学文化建设示范校、北京市基础教育课程建设先进单位、北京市学生金帆艺术团承办校、北京市中小学艺术教育特色学校、北京市体育传统项目学校、东城区素质教育窗口校、东城区中小学艺术教育示范学校、东城区中小学戏剧教育特色学校等国家、市、区级荣誉及称号。

五、灯市口小学推进教育教学改革的主要经验

（一）文化交融，凝心聚力谋发展

以资源带发展共同愿景为奋斗目标，做好整体文化建设。以民主、精细为管理工作主旨，以两支队伍建设为抓手，德育重品格、出特色，课程重开放、创体系，课堂重生本、育创造，以体育为基础，以艺术为特色，以科技为羽翼，以家校为助力，以后勤为保障，运用科学方法，打造品牌，彰显文化，团结协作，使校区特色发展不断清晰，形成了各自的特色办学主旨。

（二）完善课程体系，践行育人目标

灯市口小学优质教育资源带系统构建了包含基础性、丰富性、发展性三个层面的课程体系，覆盖了"德·彩""文·彩""健·彩""美·彩""创·彩""劳·彩""综·彩"的"光彩"课程体系，涵盖了非遗、北京文化、生态道德、冬奥、北京中轴线等综合实践类的课程。学校定期组织体育节、合唱节、戏剧节、书画展、科技节、读书节、古诗词大赛、京剧展演、体育专场等活动，为学生的全面发展、自主发展、个性发展提供了机会与平台。

（三）实施人才建设，整体优化教师队伍

实施人才队伍建设工程是学校工作的重中之重。为此，学校将"提高干部执行力，提高教师竞争力"作为建设思路，开展团队以及专业技能培训，促使干部教师队伍能力提升、结构优化，加强团队精神培养，使资源带的全体教职员工能正确认识并处理好个人与团队的关系，形成积极向上、团结奋进的团队。

展望未来，品牌建设上台阶。未来，灯市口小学优质教育资源带将继续通过"一体化管理"运行机制，推动各校区高标准、高效能的运行，让每个校区都精彩，给老百姓提供优质、均衡的教育。

与时代同频，系统变革成就学府型学校

——北京市广渠门中学教育教学改革个案研究

李志伟　李慧慧　刘　姣[1]

一、学校基本情况

北京市广渠门中学始建于 1954 年，前身为北京市女子第 15 中学，是"华夏第一班——宏志班"的发源地，现为北京市示范性普通高中，也是北京市广渠门中学教育集团的龙头校。目前，广渠门中学拥有 140 余个教学班，共计 5000 余名学生，在办学空间上形成了以"校本部"为主体，"小学部、初三学部、高三学部、龙潭学部"多元发展的"一校五址"办学新格局。

广渠门中学始终坚持"关注教师幸福感受，构建学校和谐文化，提高学生满意程度，完善校园生态系统"，在传承生命教育的基础上进一步明确"创建学府型学校，促进生命优质成长"的办学理念，致力于培育"宏志、博学、睿思、笃行"的广中学子。正确的办学方向、良好的校风学风保证了学校教育教学成绩连续 20 余年实现跨越式增长，强大的教育加工力、强劲的发展态势让学校赢得了广泛的社会赞誉。近年来，学校先后被评为全国先进基层党组织、全国文明单位、全国教育系统先进单位、全国精神文明建设工作先进单位、全国三八红旗集体、第一届全国文明校园、第四届全国未成年人思想道德建设工作先进单位、北京市思想政治工作先进单位、全国国防教育示范校、北京市平安校园、北京市首批党建示范点、北京市党员电教示范点等，成为学校良性发展的光辉印证。

二、学校推进教育教学改革的发展历程

回望几十年的发展历程，广渠门中学着眼于教育改革实际问题，依循"理念更新—课程重构—建立体系—形成模式—实践应用"的研究思路，形成了推进学校教育

---

[1] 李志伟：北京市广渠门中学校长；李慧慧：北京市广渠门中学教科研主任；刘姣：北京市西城区教育研修学院。

教学改革的探索路径。

（一）1990—2002 年：开展创业教育实践，首创"宏志班"，探索学校办学特色

20 世纪 90 年代中期，时任校长李金海关注到贫困地区学生受教育问题。在北京市、区领导和社会各界人士的关心支持下，广渠门中学在全国率先创立"宏志班"，为家庭经济困难、品学兼优的学生免费提供高中教育。宏志精神教育成为广渠门中学的办学特色，它引领了全国"宏志教育"的发展，成为中国基础教育促进教育公平的典范和品牌。

（二）2002—2009 年：明确生命教育理念，再造组织架构，打造学校教育品牌

北京市推出 21 世纪基础教育课程改革实施方案，广渠门中学将"以人为本"作为主线，梳理并提出"坚持以人为本，全面育人，办有特色，实现学校可持续发展"的办学思想。2007 年，北京教育学院启动"北京市第一期名校长工作室"，期间，时任校长吴甡深化总结办学经验，探求教育本质，逐步将教育信仰凝练为"生命影响生命"。

2004 年新校舍投入使用，办学条件得到明显改善。同年，《北京市实施教育部〈义务教育课程设置实验方案〉的课程计划（试行）》发布。为落实办学理念、深入推进课程改革，广渠门中学利用申办高中示范学校的契机，大刀阔斧地推进内部组织机构改革：撤销原有的总务处、德育处、教务处，设立资源部、学生部、课程部，每个部下设三个中心。新的"三部九中心"架构突出了教育的服务功能，强化了以学生为中心的教育管理思想。学校治理结构的重构，让学校办学水平和影响力踏上了新的台阶。这一阶段，学校也被评为北京市示范性普通高中，并先后获得全国精神文明建设工作先进单位、首都精神文明单位标兵、北京市教育科研先进校等荣誉称号。广渠门中学至此成为具有影响力和示范性的品牌学校。

（三）2009—2014 年：探索多元办学，辐射优质资源，深化课程教学改革

为促进义务教育均衡，东城区于 2014 年在北京市内率先启动学区制综合改革。按照区教委部署，北京市广渠门中学与北京市东城区花市小学一贯制整合，与龙潭中学深度联盟初中部一体化办学。2013 年，为响应北京市城乡一体化建设号召，广渠门中学率先承担城乡一体化项目，牵手北京市房山区石楼中学，发挥了优质资源的辐射带动作用；2015 年，为落实京津冀一体化战略，广渠门中学又对口张家口市康保县，结成帮扶联盟，实现了一校对一县的合作发展。这些探索为基础教育多元办学和协同发

展模式的形成和推广提供了宝贵经验。

2011 年，作为北京市综合教育改革实验区的东城区创新培养方式，鼓励一批示范校与高校科研院所合作开发开设选修课，共同研究培养模式。借此契机，广渠门中学与北京市五所高校建立合作关系，开设大学选修课程、"翱翔论坛""翱翔课程"等，为满足学生个性需求打开实践之门，也为一个中学对多所高校的人才培养模式提供了宝贵的探索经验。2014 年，广渠门中学借助课题"生态化整体与课程体系建设实践研究"，开展基础教育阶段统筹课程资源、调整课程结构的改革尝试。

（四）2015 年至今：率先集团化办学，打通育人全链条，营造教育发展新生态

以优化供给侧改革为突破口的北京市教育领域综合改革拉开大幕，广渠门中学积极参与供给侧改革。2015 年，学校联合北京市第九十六中学、龙潭中学、崇文门中学、花市小学组建北京市广渠门中学教育集团，成为东城区第一批成立的教育集团，形成了"一小四中"的发展格局。在广渠门中学品牌、标准、资源、管理、课程等多方面优势引领下，教育集团增值成效明显。

此后，集团化办学的规模逐步扩大，先后有 15 所中小学、1 所幼儿园加入。如今的广渠门中学教育集团已经形成了在办学空间上以"校本部"为主体，"小学部、初三学部、高三学部、龙潭学部"多元发展的"一校五址"办学新格局。教育集团自成立以来，积极探索集团化办学模式下均衡发展与优质发展的实现途径，集团教学质量整体大幅提升，学生获得感增强，家长满意度显著提高，为助推教育优质均衡发展提供了案例典范。

三、学校推进教育教学改革实践要解决的核心问题及基本思路

（一）实现向学府型学校的发展转型，打造学校教育新样态

经过 20 余年的高质量跨越式发展，广渠门中学迎来了从高原向高峰攀爬的新时期。在深化基础教育综合改革、全面提升初高中教育质量的背景下，如何打造学校教育服务新样态，如何更新和升级课程体系以更好地满足生命成长的需求成为学校改革发展中亟待解决的核心问题。社会对学校发展的高期待需要学校教师的教研水平打破"齐而不尖"，走向学术性研究型的专业发展之路，需要学校突破"学段衔接""长链条人才培养""拔尖创新人才培养"等人才培养瓶颈，从而实现面向未来的发展转型。

在李志伟校长的带领下，学校进一步明确了建设学府型学校的办学方向，提升办学思维，丰富学校底蕴，全方位、立体式地增强全校师生的文化自觉和理性自觉，从理论层面和顶层设计上支撑学府型学校的形成；基于顶层设计，构建核心素养提升的

整体育人课程体系，打造学府型课程体系，探索符合学校文化传统和师生发展需求的学府型学校课程建设理论；着力构建教师发展的支持系统和学生成长的服务系统，并将着力培养学生的核心素养作为实现两大系统构建的重要路径，从而实现促进学生核心素养及实现学校可持续发展的双重目的。

（二）推进教育教学改革，实现学校可持续的高质量发展

广渠门中学以课程体系建设为核心，以学术型教师队伍建设为抓手，系统开展实践探索基于未来发展、教师、学生现实需求的育人方式变革，促进学校优质特色发展。借助有特色、有实效的教育改革，实现学校的可持续发展，为基础教育教学的改革和发展提供有益经验。

通过学府课程理论构建，研究人本主义等教育理论以及核心素养、生命教育、学府型教育理念等实践理论，使学校发展能够基于教育理论的宏观指导，符合教育规律；通过学府课程目标体系与内容体系建设，研究目标体系、课程内容的整体建设以及创新探索，明确课程建设的目标，并探索基于核心素养培养的学府课程建设的里路；通过学府课程管理体系建设，研究"五部十四中心"的管理组织框架、项目式管理制度以及课程资源管理，进一步优化课程管理系统，为课程建设提供有效服务和必要支撑；通过学府课程保障体系建设，研究以提升学生核心素养为主导的课堂文化，以及探索教师发展共同体建设，促进课程的开发与实施，实现学校可持续发展；通过学府课程评价体系建设，研究依托作业、考试、核心素养评价量表、听评课等制度建设的多元评价方式，形成学府型学校课程评价新路径。

四、广渠门中学推进教育教学改革主要举措及主要成效

（一）构建"三阶六翼"学府课程体系

广渠门中学课程建设的目标是将教育视为"栽培生命"的过程，将核心素养作为学府课程建设的课程价值方向，努力打造富有开放性的课程化体系，让学校成为适合每个生命成长、发展和完善的学府生态园。

1. 指向核心素养，明确学府课程目标体系

学府型学校确立育人目标为培育"宏志、博学、睿思、笃行"的广中学子。宏志，意为志向高远、意志坚定、品德高尚、精神高贵；博学，意为视野宽广、底蕴深厚、博学多才、基础扎实；睿思，意为勤于思考、睿智聪敏、思维活跃、勇于创新；笃行，意为行为规范、品行方正、勤勉致学、知行合一。学校把相对宏观的核心素养转化为具体的、可行的、贯穿各学段的、体现在各学科的课程实践，最终使每一位学生获益。

学府课程建设的顶层设计中遵循育人为本、人才强校、统筹规划、合作开放的基

本原则。学校通过课程目标体系的建设和落实，达成学府型学校的建设目标，即以全面提升学生核心素养为导向，通过与教育改革进程、学校发展要求以及师生发展需求相适切的学府课程建设，着力解决学校发展过程中遇到的人才培养瓶颈；同时，通过增强办学的自主性和创造性，提供更为丰富、更具选择性的课程资源，加强课程管理与保障体系建设，最终满足集团内各成员校间、各类学生的需要，普遍提高所有学生的实际获得感，并培养出一批具有研究意识和研究能力的尖端学生；推动教师队伍建设，涌现一批研究型、专家型的教师；实现学校的可持续发展，达到地方百姓对教育的高期待。

2. 更新课程理念，形成学府课程内容体系

为了将育人目标转化为具体可行的、贯穿学段的、落实到学科的课程实践，学校基于学生的共同基础和多元发展需求，系统构建"三阶六翼"课程体系。纵向上，学校依据国家课程标准、学生核心素养的要求以及学校的育人目标，设置学府奠基课程、学府广博课程和学府卓越课程。其中，奠基课程为必修课程，面向整体学生，内容上以国家课程为核心，旨在夯实学生基础知识；广博课程为选修性学科拓展类课程，面向各学段学有余力的学生，旨在满足学生的个性化需要和兴趣的培养延展；卓越课程为自主精修类课程，面向学有专长或专业发展倾向明确的学生，旨在结合长远规划满足学生的特需学习要求。横向上，学校以高质量校本化和分层分类有序推进的方式实施国家课程。按学习领域设置语言与文学、数学与逻辑、实践与创新、艺术与健康、人文与社会、科学与技术等六大系列课程，共 20 个课程群（见下图）。近年来，学校所开设的校本课程已达百余门。

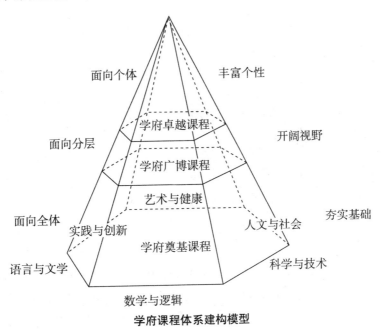

学府课程体系建构模型

学府奠基课程阶段，针对六大领域的主要学科，打破传统班级授课制度，采用分层走班的方式，使兼顾基础和水平成为可能，真正实现了因材施教，增强了不同层次学生的实际获得。学府广博课程阶段，发挥研究性学习课程的作用，实现学生以选题研究的方式将兴趣特长与生涯规划结合起来。学府卓越课程阶段，全面实行导师制，为在某个领域有特长或能力突出的尖端学生配备本校该领域的尖端导师或者充分利于学术委员会的特级教师资源以及与学校有合作的大学、科研院所的优势师资资源，根据学生个性化的特色和需求定制课程，为学生的卓越发展奠基。

（二）形成以质量为核心的课程管理体系

1. 搭建"五部十四中心"架构

广渠门中学较早地进行了管理组织架构探索。2004年，学校通过资源重组、优化调整，形成了"三部九中心"组织框架，强化了以学生为中心的教育管理思想。近年来，学校根据发展实际新成立了发展规划部、安保部，将管理组织框架升级为"五部十四中心"（见下图），进一步突出资源的拓展意识和新时期学校快速发展的新需求。

以发展规划部为例，发展规划部下设对外交流中心、教师发展中心、教育宣传中心，对外交流中心以国际化的视野，强调校内外、国内外资源的拓展、延伸。大量高端大学资源、专家资源的开发与利用，构成了学府课程建设的丰富性。教师发展中心以提升教师的专业发展水平为核心，分阶段、多路径提供教师发展培训课程与资源，增强课程建设的学术性。教育宣传中心捕捉并及时总结课程建设以及学校发展过程中的过程性、阶段性成果，实现成果的固化以及优质教育资源的辐射。

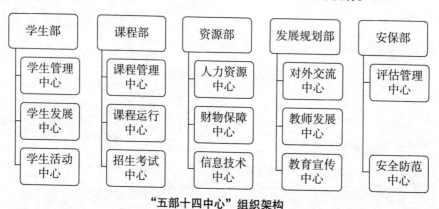

"五部十四中心"组织架构

2. 推行项目式管理制度

为顺应课程改革，广渠门中学成立项目管理中心，指导各学科教研组从课程建设、课堂教学改革、学科教师队伍建设三方面推进教研组文化建设，形成学府型学校的学科教学特色。

各项目组以学科课程文化建设为中心，以学科教学改革项目为抓手，以课堂教学实际为支点，深入开展教学研究。系列研究活动定期确定学科教研专题，组织专题研讨，每学期推出优质专题研究，参加学校的学术期会，有计划、有目的、系统地推进项目的推进，形成学府型学校的学术教研氛围。同时，项目组深入集体备课活动，构建以项目为抓手的集体备课的科学模式，形成以个人初备为基础、集体研讨为核心、个人反思为提升、独立施教为立脚点、教后反思为凝练的备课流程。在备课过程中，关注问题的解决，就学生学习中出现的问题、教师在教学中发现的问题、教师在备课中产生的问题以及资源的开发、利用等问题进行研讨，形成共识，拿出解决方案，及时加以解决。以项目研究为抓手，以问题解决为核心，让教师在日常教学中主动反思，积极讨论，凝练出研究成果；学校通过举办学术期会、教育影响力的评选，固化教学成果，形成学校教学校本资源库，为教师专业学术发展提供平台，激发教师的教学研究兴趣，形成浓厚的研究氛围。

3. 优化课程资源管理

学校从"服务升级"的视域中首推菜单式服务，最大化地发挥集团化办学的资源效用，增强优质课程、优秀教师等资源的辐射共享力度，从而尽可能地增加最广大学生的获得感。

在课程资源的常规管理方面，坚持部门统筹、精准服务、提高质量、协同创新、个性化培养、彰显特色的原则，为课程建设提供服务。比如，指导学科教材的整合、编写；完善升级调课制度及课堂巡查制度；更大时间、空间上开放图书馆、实验室；系统实时关注学生的成长需求，课程资源共享，实时进行信息化与课程实践的结合，向每一位学生提供个性化服务。利用信息化构建以开放与共享为基本目标的智能化课程服务体系，提高数字化服务的水平。

在课程资源库的建设与管理方面，学校推动信息技术与教育教学深度融合，逐步建设成为以云计算、物联网技术为依托的课程管理平台，打造成高效、智能、幸福的数字化课程管理体系。同时，逐渐建设起了完备的课程资源库，包括教育政策与法规资源库、网络与影视课程资源库、校内课程资源库（包括走班制选课系统、智能排课系统、教学计划管理系统、学校微信门户等）、游学课程资源库、校友与家长课程资源库等。

外部课程资源的管理上，主要借助发展规划部，将不同时间、空间下的资源进行拓展、延伸，为我所用。横向上打通家、校与社会资源的界限，纵向上实现大、中、小、幼课程资源的有效衔接，增强课程资源供给的丰富性、开放性，以教育共享观念实现集团内成员校之间乃至地域之间的课程资源共享。

4. 涵养生态课堂文化

构建课堂文化，涵养场域生态，是落实立德树人根本任务的关键。广渠门中学积淀学府型"生态"课堂文化内涵，逐渐形成富有广中特色的"涵德、慧智、开放、融和"的课堂文化。推动课程建设和课堂文化融合发展，坚持教学质量和效率兼顾、教师专业成长和学生学习获得统一，形成全要素、高效益的师生深度融合发展格局。

涵德，即以立德树人为教学的根本任务，用涵养的方式将德育渗透到教学各个环节。慧智，即学校必须围绕"促进人的全面发展"，形成"五育并举"的教育全局观。教师要基于学生核心素养理解和把握学科内涵，同时能够根据学生的认知发展规律，采取灵活多样的教学手段和教学策略，调动学生作为课堂主体的积极性。开放，即师生在课堂中的开放性和创生性。教师以学习的组织者、引导者、合作者的身份，统筹教育资源，整体构建新型的课堂教育供给与服务结构。融和，即融合与共享。将育人工作贯穿教育教学全过程，真诚关注学生成长的每一个环节，同时课堂内容全面共享，师生在课堂教学中共建、共创、共生。通过实施师生融合发展战略，学校呈现出全要素、高效益的良好课堂生态。

5. 有序开展选课走班

为更好地推动选课走班管理，最大程度地落实学生的自主选择权，学校成立课程管理及选课的组织管理机构，包括学校课程管理委员会、选课走班领导小组、选课走班执行小组、选课走班指导小组。

前期准备阶段，学校通过加强对学生生涯规划的指导，引导学生提高自我认知，理性选择学考科目。同时，学校全面推进信息化建设，建立完善的选课走班电子管理平台，实现网上选课、软件排课、软件分析。针对学生班额人数减少，学校进一步探索小班化新课堂教学模式、在线学习、在线辅导等教学方式。

实施选课阶段，学校遵循在不打乱原教学行政班的前提下，根据学生的发展水平，按相关学科组合组建起不同层次的教学班级，有区别地制定教学目标，提出教学要求，设计教学内容，控制教学进度，改进教学方法，促使每个学生在最适合自己的环境中求得基础性学力、发展性学力、创造性学力的最佳发展。

后期管理阶段，全面实行导师制与班主任制并轨。学校保留行政班，行政班班主任不仅要抓好行政班的各项管理工作，还要加强和教学班班主任及任课教师的联系和沟通，及时解决走班教学中发生的问题。任课教师是教学班的班主任，全面负责教学班的管理工作，及时向原行政班班主任反馈学生情况。导师与学生建立相对固定而长久的联系，为学生形成符合个人特点的、合理的课程学习计划提供指导和帮助，经常关注学生的学业进展情况，积极创造一种温暖、真诚和开放的师生关系。

（三）探索评价体系改革

广渠门中学从建设与学府课程体系相适切的特色评价体系，以及着眼于学生核心素养提升的评价两个路径开展了相关实践并初显成效。

一是建立学校治理大数据决策系统。坚持定期的评教评学制度，统筹学校教育教学数据建设，汇聚各类数据。利用评教评学大数据，建立以学生问题和需求为导向的管理模式，为学生提供学业指导和帮助，监控教学质量，驱动课程教学效能的提升。

二是健全随机性学情调查制度。开展以学（学生、学习）为本的教育质量研究，以实现质量治理。建立健全的综合素质评价机制，进一步完善综合素质评价评分细则；充分利用信息化的技术手段，形成完整的综合素质评价档案，便于高一级学校参考；建立一个完整的诚信体系，以便更好地进行学生的综合素质评价；建立和完善监督机制，保证对每一位学生的综合素质评价公开、公平、公正。

三是探索管办评分离评价机制。学校健全和完善多元化评价体系，构建以年级组长为第三方专业教育服务机构，采用现代化评价方法和手段，规范开展教育评价。完善教育发展状况和教育质量监测评估机制，完善教育评估监测报告发布制度，建立健全公示、公告、约谈、奖惩、限期整改和复查制度，健全问责机制。学校引进外部教学评价机构，也进一步拓宽了课程评价思路，开放了课程评价方式，从而使对学校教学工作的评价更加客观、科学。

（四）打造教师学习共同体

提升教师的教育教学核心素养，是推进课程体系创新构建，实现整体育人的育人目标的重要支撑与有力保障。基于此，学校着力打造教师学习共同体，助力教师专业成长，建设学术型教师队伍。

1. 提高教师培训实效

坚持"靶向培训"，即根据被培训对象的实际需求制定培训任务，以保证培训的实际获得。依托已有的培训项目，如集团青年教师培训从板书设计、教学目标的设定等培训，夯实新入职教师的专业基础；教育力提升工作室指向青年教师德育领导力的提升，为班主任队伍储备后续力量；青年联合会联合学校研究生团队培养未来学校学术研究的领军人物；发挥学术委员会的作用，让骨干教师发挥自身辐射作用的同时，促进其专业能力的自我修炼和提升。此外，学校还引进外部培训项目，拓宽教师们的知识视野，支持教师的专业精修，形成自己的专业特长，开创多维度立体化的教师专业成长促进模式。

坚持"因势定训"，即提供与发展目标相适应的培训课程，强化教师梯队建设。如青年教师"合格"培训工程、骨干教师"升格"培养工程，做好小学与初中、初中与高中教师队伍的衔接与搭建工作；借助网络平台支持教师贡献智慧、分享智慧、提升智慧；统筹整合集团优质教育资源，打造集团教师资源"超市"，扩大资源共享的广度与深度。聚焦"践行师德，学会教学，学会育人，学会发展"，以"高素质稳基础，专业化强核心，创新型谋发展"作为开展教师队伍建设的三个基本维度，逐渐形成一个全方位教师能力素质基本框架，帮助教师从课程实施者变为课程开发者，从教学工作者变为教学创新者，打造高素质、专业化、创新型的教师队伍。

强化教师教研成果固化意识，是促进培训有效性的保障辅助。学校一方面建立了"教育品牌影响力"评选制度，为教师学习共同体模式的建设提供方向，带来动力；另一方面借助学校集团化发展，给讲台，搭舞台，建平台，激发教师自我成长的内在驱动力。

2. 建设教师学习共同体

广渠门中学成立了集团教师专业发展中心，设计调查问卷，应用多维度统计法和组织焦点小组讨论，以行为数据为支撑，多维度教师培训为基点和着眼点，开展教师共同体模式建设。在教师教育价值观的统一认知、道德发展、精神文化、行为规范、学习愿景、专业素养等方面，形成系统的量化工具；建设项目式群主管理模式，实施新型的合作关系，形成主动发展的内在驱动机制；实施集团教师培训研究基地建设计划，建立集团中小学学科教育教学研究基地，集聚和培养专业团队，进行长期研究。同时，利用优秀青年联合会为研究生以上学历的青年教师提供学术研讨的平台，借助教工团、教育力提升工作室、学术委员会等组织，为不同层面的教师专业发展提供支持。同时，依托集团化办学、九年一贯制、盟贯带等教改项目，拓展教师成长的资源观、课程供给观及贯通培养意识，打通教师在培养链条上的知识能力结构，鼓励教师在多种教育环境中发挥作用。

教师学习共同体组织保障机制，让教师学习共同体真正成为课程改革、学生核心素养培育、教师专业发展和综合素养提升的内驱力，为学生的生命成长以及教师的专业发展提供支撑，促进学校的可持续发展。

五、学校教育教学改革实践的主要成效

（一）优质课程供给显著增加

学校优势特色学科建设成效显著，课程服务供给能力提升，课程的可选择性更加丰富，优质教育、个性教育的需求得到较好满足，学校全方位育人功能初见成效。课程开放水平进一步提高，宽领域开展课程交流与教研合作，打造多元、包容、全方位对接的学校课程开放交流平台。课堂文化内涵的梳理与建设形成了良好的"生命影

响生命"的场域文化，成为学校推进课程体系建设，实现立德树人根本任务的关键举措。

（二）课程管理机制持续优化

广渠门中学通过项目式管理和教师共同体的建立，进一步打破了学科壁垒及学段界限，教师间合作不仅开发了系列学科综合课程，一些学科形成了基于核心素养培养的十二年一贯的课程培养体系，有效推动了国家课程的校本化实施。数据资源库的建立及数字化校园的建设为学生提供了更优质和高效的校园生活，为学生在学校的成长发展提供了良好的外部环境。

（三）教师队伍成长有力

教师的数量、结构和专业化水平进一步优化，市区级骨干教师比例近40%。学校的学术研究氛围浓郁，正在实现教师群体由"职业型"向"专业型"再向"专家型"的逐步转变。教师学习共同体模式的建设，转变了教师的教育观念，提升了教师的核心素养，为促进教师梯队建设、提高教育教学水平、实现学校的可持续发展提供了保障。

（四）评价改革推进有效

学生核心素养评价研究为反思学校建设提供了数据参考。学校通过学生核心素养评价及时发现学生发展的优势和短板，为学校制定人才培养方案和计划提供了数据参考。学校和各学科教师依据学生目前的发展现状及时调整教育教学策略，并根据学生的需求为学生进行课程供给的调整，努力在最大程度上保证学生核心素养的科学培养。

（五）促进教育优质均衡发展

广渠门中学纵深推进集团化、学区制、九年一贯制、城乡一体化办学，完善教育资源配置，在尊重各成员学校自主课程特色发展的同时，持续提高辐射影响力，推进教育公平。阶段性研究成果已经在广渠门中学集团成员学校中被广泛采用。广渠门中学教育集团全面升级课程体系，着力构建了课程资源库，加快了课程资源的供给侧改革，逐年增强整体教学质量，教育质量及办学声誉逐年提升。

六、学校推进教育教学改革的特色与经验

为落实教育教学改革要求，广渠门中学在继承学校"生命教育"传统的基础上，推动建设学府型学校。

（一）构建"三阶六翼"课程体系，形成特色课堂文化

广渠门中学探索课程管理机制以及课程保障机制的创新，构建"三阶六翼"课程体系，实现"开放（面向全体开放、面向生活开放、能产生内生力的开放、教育时空的开放）、兴趣（尊重个性，生涯引导）、研究、选择、融合"的课程转型，实现课程化建设的整体效应，为学生的生命成长提供更为丰富、更具选择性的教育资源。

课堂是撬动教育内涵发展的支点，学校内涵化发展必须借助课堂教学改革和有效课堂的探索与生成来助力、给力。在教育教学的实践和创新中，把握课堂改革方向，立足课堂改革本质，不断形成富有学校特色的、先进的课堂文化。

（二）充分挖掘校内外资源，形成德育特色课程体系

为落实立德树人根本任务，学校将校内外丰富的资源转化为富有教育性、实践性、创新性、教育感、时代感的德育元素，形成系列化、开放化的德育特色课程体系；围绕促进人的现代化，培养走向未来的有德学习者，坚持以德为先，基于生活育德，着眼全面发展，构建"五育并举"、融合育人体系，深化课程育人、文化育人、活动育人、实践育人、管理育人、协同育人。

（三）打造教师学习共同体，实现核心素养真正落地

把教师队伍建设作为教育事业改革发展的重中之重，用优秀人才培养更优秀的未来人才，形成了促进教师专业精修以及跨界发展的学习共同体，着力培养了一批专家学者型教师，向"专业化、综合性、学术型"的教师转型，引导教师真正把为学、为事、为人统一起来，当好学生成长的引路人，做心怀"国之大者"的大先生，培育时代新人，让学校成为有文化、有历史、有大师、有内涵、有特色的新型学府，让学校成为核心素养真正落地的地方。

七、学校教育教学后续改革的思路和方向

（一）以问题为导向，明确教育教学后续改革的思路

学府型学校课程体系是学生核心素养发展的有效路径，但是这条路径仍需进一步优化。目前，学校课程体系下的课程分布呈现不均衡的特点，课程质量仍需提升。此外，学校在推进教育教学改革中依然存在着一些问题有待继续深入研究的部分。比如，课堂文化建设达成普遍效果还需要进一步推进实施，且缺乏对实施效果的有效评价量表；学生学科核心素养评价量表的制定还需要进一步研究学科的评价理论，制定评价量表，准确把握学生在核心素养发展过程中的状态；教师学习共同体模式的建立以及

实施效果的评价研究还有待进一步深入；利用数字化校园的优势，提升大数据资源观，为学府型学校的建设提供更为科学可靠的数据参考，提升办学决策精准度；进一步整合校内外资源，提升学校办学的创新质量等。

下一步，学校通过深入调查，依据学生不断变化和发展的实际需求调整课程供给类型和数量，并进一步整合课程内容，加强校内外的资源整合，提升课程内容质量，为学生提供更优质的课程学习体验。

（二）以目标为导向，研判学校未来可持续发展的方向

未来五年是学校把握新一轮基础教育改革的重大机遇，构建和完善学术性、前瞻性、发展性的育人创新体系，推进和保障学校高质量、内涵式、特色化发展，建成并发展学术性、研究型的学府型学校的关键时期。

面对新的历史起点，我们要以立德树人根本任务的前瞻性教育需求为导向，以从大体量向高质量发展转型的整体定位为统领，以"六新"为导向：研判新趋势，抓住新机遇，贯彻新理念，推出新举措，打造新亮点，展现新作为；建立横向上家、校、社、网融通，纵向上大、中、小、幼一体化衔接的协同创新联合体，实现"六高提升"——文化场域高品位、治理体系高效能、师生队伍高素质、课程建设高质量、资源统筹高融通、评价机制高实效。坚持对标一流，聚焦教育现代化，锚定教育高质量，用足用好自身优势，集聚高端人才，通过优化课程体系，深化宏志教育，构建让每一个生命绽放光彩的高增值性育人模式，探索一条学校面向多数民众，从优质均衡走向优质高端的高质量发展之路。

"五育并举"，实施全人教育

——北京市第二十七中学教育教学改革个案研究

李　坤　高山艳　陈京华　吴冰峰[1]

一、学校基本情况

北京市第二十七中学（以下简称"二十七中"）坐落在东华门大街智德前巷 11 号，毗邻故宫，隶属于东城区东华门学区，是一所覆盖初、高中的普通完全中学。学校建筑面积 14010 平方米，操场面积 5000 平方米。学校按照 36 个教学班的编制设计，2020 年实有 29 个教学班，其中初中 16 个，高中 13 个，学生总数 936 人。1997 年受北京市政府和北京市教委的指定，学校与外交部成为共建单位，按照规定每年接收外交部子弟入学。学校共有教职工 160 名，其中一线专任教师 121 名，硕士研究生学历 22 人，本科学历 99 人，其中特级教师 1 名，市区级骨干教师 14 名，校级骨干教师 17 名，区级名师工作室成员 4 名，区级兼职教研员 6 名。

学校有百年悠久历史，始建于 1917 年，其前身是著名教育家蔡元培先生创办的孔德学校，1952 年 9 月正式更名为"北京市第二十七中学"。学校文化底蕴深厚。孔德学校不仅是最早提倡女生剪发，实行男女同校，学生用的课本都是白话文编写的学校，还是最早使用注音字母的学校。学校培养了众多优秀人才，如世界著名核物理学家钱三强、人民表演艺术家于是之、中国工程院院士赵伊君、剧作家吴祖光、音乐家吴祖强、社会活动家陈香梅等。

学校先后获得首批国家级绿色学校、全国航空特色学校、海军招飞优质生源基地、首都文明单位、北京市艺术和体育传统项目学校、北京市金帆民乐团、北京市青少年民族民间文化艺术教育基地、北京市中小学科技教育示范校、北京市语言文字规范化示范校、首都优秀青少年军校示范校、未成年人法制教育示范校等荣誉。本次个案研究报告只针对初中学段。

---

[1] 李坤：北京市第二十七中学教科研主任；高山艳：北京教育督导评估院副教授，职成教育与专项教育督导评估所所长；陈京华：北京市第二十七中学教学副校长；吴冰峰：北京市第二十七中学教学主任。

二、学校推进改革的发展历程

改革开放以来，二十七中积极探索新课程改革，始终追求以学生为中心的教学模式，为培养德智体美劳全面发展的合格接班人而不懈努力。主要分为五个阶段。

（一）20 世纪 80 年代：积极探索教学创新

20 世纪 80 年代，二十七中在老校长蔡元培先生"五育并举"的理念下，积极进行教学创新与探索，与改革开放和社会发展相适应，为实现社会主义现代化培养合格的人才。

（二）20 世纪 90 年：积极打造精品课堂

20 世纪 90 年代，学校在刘谡、唐树德等老校长的带领下，打造优秀教师队伍，培养青年教师，培养了一大批骨干教师，促进了教学水平的提高。学校积极打造精品课堂，助力学生发展，作为普通学校，每年均有学生考入清华、北大、人大、北航等高等学府。

（三）2000—2013 年：着力提升学生综合素养

从 2000 年开始，学校的办学宗旨为把二十七中办成高质量、有特色、能使学生全面发展的、人民满意的优质校。在落实素质教育，完成基础文化课程的基础上，学校更加注重学生艺术素养、科技素养、体育素养的培养：金帆民乐团不断发展壮大，具有较高水平；航模团队在市级、国家级比赛中屡获佳绩；学校排球队、腰旗橄榄球队在北京市级比赛中均获得较好成绩。学生的综合素养得到大幅提升，得到了家长和社会的认可。

（四）2013—2018 年：积极推进有效课堂

2013—2018 年，学校在既有发展基础上积极推进有效课堂的研究，主要包括以下几部分活动。

1. 调研、研讨，总结课堂低效教学行为

课题组组织教师学习"有效课堂教学"的相关理论，通过教师访谈、研讨，学生调研，分析、总结各学科课堂教学存在的低效教学活动并提出相应的改进措施。

2. 针对无效、低效教学行为的客观存在，各学科制订研究计划

各教研组针对课堂导入环节、课堂讲授环节、课堂提问环节、学生活动环节、信息技术的运用和课后作业环节的问题进行深入研究，提出有针对性的措施；每个教研

组根据本组的具体情况，制定相应的子课题进行研究推广，提高教学效率。

3. 课题的成果总结与推广

课题组组织各个教研组进行子课题的阶段性成果展示与课题成果的汇报活动，通过教研组之间的交流与研讨，互相补充，将有共性的方法优化、加强，将互补的方法补充到本组的教学活动当中，逐步形成学校层面的通用做法，形成学校的教学特色。

（五）2019 年至今：积极推进小组合作学习

从 2019 年开始，学校积极推行小组合作学习，发挥学生主体作用。学校积极推行小组合作学习，经历了学习阶段、校内研讨阶段、个别教研组示范阶段和全校推广四个阶段。小组合作学习适合学生的现状和水平，得到了教师和学生的积极响应。

1. 成立课题组组织教师进行理论学习和实践学习

学校多次邀请专家到校为教师做讲座，充分认识小组合作学习的优势，做好理论储备；同时学校组织教师外出听课观摩，直观地看到小组合作学习与之前的分组学习活动的不同点，为后续课堂实践奠定了很好的基础。

2. 小组合作学习发挥学生主体作用

学校在以往的教学中一直重视学生活动的设计，一直坚持分组学习活动，但小组合作学习不同于以往的简单分组活动，其强调组间同质、组内异质、小组互赖、责任到人。借助合理的激励机制，小组合作学习可以更好地提高学生的参与度和组员之间的互动，充分发挥学生的主体作用。

3. 以备课组为单位进行实践研究

在理论学习和实践观摩的基础上，学校以备课组为单位进行实践研究，定期在教研组内进行研讨，立足学科进行总结，形成学科特色。

4. 以教研组为单位进行交流、研讨和经验推广

学校提供交流平台，各教研组将本组的经验进行分享，使各教研组在进一步的实践中打开思路，完善小组合作学习策略，提高学生的学习积极性，获得更好的学习体验，培养学生的核心素养。

三、学校教育教学改革的主要举措

（一）传承办学传统，坚持"五育并举"，实施全人教育

二十七中始建于 1917 年，前身是著名教育家蔡元培先生创办的孔德学校。蔡元培先生在建校初期就提出，不仅要把学校办成读书的场所，还要使它成为人格养成的

地方，因此在学校教育中"教"与"育"并重，要熔冶"思想的人""情感的人""世纪创造的人"为一炉，也就是要实行一种"人"的教育。孔德时期，蔡元培先生提出了"五育"，即军国民教育、实力主义教育、公民道德教育、世界观教育和美感教育。"五育并举"教育思想从培养健全、自由人格的教育目的出发，改革旧教育，构建现代的教育制度和教育原则，赋予了教育新的品格和意义。它强调了完全人格的教育目的。

梳理学校百年历史和蔡元培先生的教育思想，其核心是"五育并举"，就是要培养全面发展的人。经过百年的传承与发展，结合当前教育实际，学校秉承蔡元培先生的建校初衷和办学思想，提出"全人教育"的办学理念，即培养全面发展的人，有独立精神的人，有科学理性的人，有艺术品位的人，有价值追求的人。进而，学校又提出"以'全人教育'理念为指导，以'五育并举'为途径，致力于把学校办成特色鲜明的具有示范引领作用的市级优质中学"的办学目标。通过广泛征求师生意见，最终将"高雅、明德、慎思、力行"确定为学校的校训，希望学生秉持正气、高尚风雅，彰显道德、明辨是非，谨慎而行、学会思辨，学以致用、竭力而行。

（二）加强课程建设，构建"全人教育"课程体系，培养学生综合素养

1. 成立课程中心，强化课程顶层设计和管理

为更好地执行国家课程计划，加强学校课程建设，促进各级各类课程的整体推进与协调发展，学校于 2016 年 3 月成立了课程中心。课程中心由教学副校长担任主要负责人，涵盖了教学处、德育处、课外活动中心、学校团委在内的各个部门，教务处、信息中心和总务后勤提供技术支持和物质保障。课程中心将协调以上部门力量，统一规划、部署和完善学校的课程体系建设和管理工作，其职责包括以下四个方面：一是统一协调学校各部门力量，形成涵盖教学、德育、课外、团委在内的课程中心联席会议制度；二是提高学校研发与管理课程的能力，开发有利于学生发展的多样课程资源，逐步建立以校为本、校际合作、学区共享课程资源的机制，形成具有学校特色的课程体系；三是全面加强教师的新课程培训，建立以校为本的教师培训和教学研究制度，提升教师课程开发和实施能力；四是推进各级各类课程的整合，以初中课程改革为契机，挖掘教师课程开发和建设的潜力，充分发挥课程整体育人功能。

2. 构建"全人教育"课程体系，培养学生综合素养

基于"全人教育"办学理念和培养目标，提出学校的课程目标是：（1）使学生的智力和体力同时获得充分的自由和发展。使学生既具有健全的身体，又可以把掌握的科学知识应用到具体的生产力中。（2）使人的才能和兴趣可以获得充分的、多方面的发展，培养的学生兼备科学理性与独立精神。（3）使学生的道德精神和审美情趣得到

全面发展，既具备正确的价值追求，又有一定的艺术品位。基于以上课程目标，学校构建了"全人教育"课程体系（见下图）。

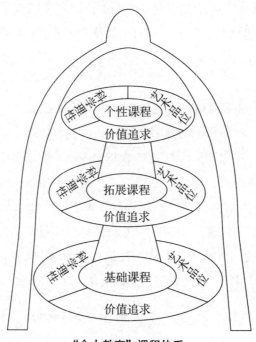

"全人教育"课程体系

"全人教育"课程体系包括基础课程、拓展课程和个性课程，每类课程根据培养目标又分为科学理性类、艺术品位类和价值追求类。

（1）基础课程：必修课程（夯实学科基础，树立独立意识）。

①科学理性：数学、物理、化学、生物、地理、通用技术、信息技术、体育与健康、科学、综合实践活动等。

②艺术品位：音乐、美术、劳动技术、舞蹈、书法、诵读、民族器乐、戏剧表演等。

③价值追求：语文、英语、历史、思想与品德、中华传统文化、语言训练、游学、心理、职业体验、国防教育、学农教育、立格教育、法制教育、安全教育、校史教育等。

（2）拓展课程：选修与必修结合（拓展知识视野，形成独立思维）。

①科学理性：理科类学段衔接、理综实验探究、航天育种栽培、3D打印、模拟飞行、科学益智、模型、智能机器人、排球专业、篮球专业、运动技巧训练、定向运动、DV摄影、Flash动画、网页设计与制作等。

②艺术品位：非物质文化遗产、艺术设计、戏剧教育、合唱、京剧、管弦乐展演、民族器乐精修、摄影精修、舞蹈精修、吟诵精修、书法精修、绘画精修等。

③价值追求：阅读、外教口语、心理精修、生涯规划、立德教育、国际交流、特

色游学等。

（3）个性课程：选修课程（发展学生特长，培养独立精神）。

①科学理性：我爱飞行、我爱海疆、机器人专业、DI创新思维、数字化实验等。

②艺术品位：舞蹈艺术与修养、民族器乐艺术与修养、书法艺术、戏剧实践与探究、健康人生、个性艺术设计、吟诵悟道、摄影艺术等。

③价值追求：英语口语实用交流、职业发展规划、立志教育等。

（三）多渠道开展艺术教育，培养学生艺术素养

一是引入优秀非遗项目，领悟国粹艺术。学校在社团课程中为学生聘请专业老师，提供学习京剧艺术的平台，引导学生在实践过程中理解传统文化的精髓。

二是引入书法教育。学校除了在课表中排进每周一节的书法课程之外，还设置了选修课程和社团课程，供学生自主选择。书法艺术的学习还延伸到美术博物馆、国家典籍博物馆的实地参观，在学校艺术节、开学典礼以及百年孔德艺术课程展示中，学生们的书法作品进行了精彩的展示。

三是引入民族器乐课程。金帆民族管弦乐团是学校的特色品牌，为了扩大乐团的辐射作用，在起始年级便开设了民族器乐课程。学校还组织其中的部分学生参与非遗——智化寺京音乐的学习活动。2016年暑假，学生参加了智化寺京音乐夏令营，与京津冀学习传统民乐的同学们一起交流。

四是发挥艺术社团教育作用。学校"是之"戏剧社团、舞蹈社团也是开展中华优秀传统文化的重要渠道。"是之"戏剧社积极排演经典剧目《茶馆》《雷雨》，创编学校历史剧目《我们的孔德》，让学生在品读剧本、创作表演的过程中感受中华优秀的传统文化。2015年12月，"是之"戏剧社的成员还参加了纪念焦菊隐诞辰120周年的公益演出，获得好评。舞蹈社团重点学习古典民族舞，如具有扇子舞特色的《武魂》、民族韵律操形式的《爱我中华》以及傣族舞《竹林深处》。舞蹈社团的成果经常通过学校艺术节、对外交流、运动会的方式面向全校师生进行展示。

五是开设中华传统技艺课程。学校在每个新学年都会组织一部分非遗大师进校园为学生们提供学习的机会。2017年9月就有毛猴、泥人、草编、烙画、剪纸、扎燕风筝等十几位大师面向全体高一年级学生授课，学生再依据自己的兴趣和能力自主选课，学校最终将其中的五门传统技艺引入校本课程。

（四）扎实实施学科实践活动课程，培养学生综合实践能力

2015年《课程计划》和2016年《北京市教育委员会关于开展初中综合社会实践活动的通知》相继发布，初中年级增加了开放性科学实践活动课和综合社会实践活动课。学校根据市、区教委颁布的《课程计划》和《北京市深化考试招生制度改革实施

方案》，组建了两个学科教师团队进行课程改革。

一是充分利用市区级课程资源。学校围绕开放性科学实践活动课，先后组织教师、学生和家长三类人群的培训，充分做好开课前的准备工作。团体预约和自主选课相结合，学校通过团体预约，做到资源单位送课到校；学生通过北京市开放性科学实践活动网上选课平台，在家自主完成网络自主选课。目前，学校选学的市区级此类课程有"油水混溶不再难"（北京市中医科技开发公司送课）、"乐享科学——力学体验"（北京市常青藤青少年素质培养发展中心送课）和"百变几何"（北京交通大学送课）。

二是引进课程资源。为了锻炼学生实操能力，课程中心借助外部专家团队力量引入了 ELSS（Experience——经验、Life——生活、Subject——科目、Synthesize——综合）课程，以数学实验、数学及相关学科活动为载体，内容密切联系实际生活，让学生实际感受和体验知识的形成过程，培养其发现问题、分析问题和解决问题的能力、综合思维能力以及创新和创造能力。

三是开发系列综合社会实践活动课。具体包括：（1）认同中华文化——笔墨纸砚的教学实践活动，典籍博物馆参观；（2）增强国防意识——国防体验营一日活动；（3）加强国家认识——地理填图竞赛，世界公园实践活动；（4）感知悠久历史——传统节日和二十七中校史；（5）言行文明有礼——初一学生立格教育；（6）学做合法公民——迈好中学第一步年级活动；（7）树立远大理想——科技与未来主题班会；（8）积极调节情绪——诚信考试，充满自信。

四是学校根据学科特点，在不同的成长阶段分层实施学科实践活动课程。组织不同年级学生参观各类博物馆，每个学年多达十余次。如，为加强对青少年的爱国主义教育，学校组织初一年级学生通过走进卢沟桥抗日战争纪念馆，开展以"纪念中国抗日战争胜利暨世界反法西斯战胜胜利"为主题的教育活动；初二年级的学生已经对中国古代史有了初步的了解，学校根据历史学科课程安排，组织他们参观国家博物馆中"古代中国"的展览。学生在参观中更容易理解相关文物反映的时代特征，更容易与自己在课内所学知识进行结合，更易于感受民族文化的精髓，增强民族自豪感。为提高学生对野生动物的保护意识，2017 年 12 月 15 日，学校组织初二年级学生到国家动物博物馆参观学习。老师们充分利用这次展览机会由浅入深地引导学生学习和了解动物学知识。在濒危动物展厅里，老师带领学生郑重宣誓绝不捕杀野生保护动物。

（五）开展跨学科教学，培养学生综合能力

《课程计划》第二条提出："要关注课程的整体育人功能以及学科内、学科间的联系与整合，加强综合实践活动课程的开发与实施，大力培育和践行社会主义核心价值观。"学校重视跨学科教学的实施，同时加强课程的实践性。

学校开发的"红楼游学"课程是开展跨学科教学的典型代表。"红楼游学"课程是结合高中语文课名著阅读内容开发设置的系列游学课程。课程以古典名著《红楼梦》阅读为核心，以语文学科为主，结合历史、生物，以及美术等学科开发的综合性游学课程，旨在提升学生文学修养，继承中华传统文化，促进学生核心素养提升。"红楼游学"课程分为两个层级。高一年级结合课文内容，开展"品读经典探寻红楼　走进大观园"活动，注重文学的现实体验，以大观园实景促学生更生动、更深入地理解名著。美术学科则侧重中国古典建筑欣赏，对重要情节的发生地的建筑进行讲解，例如，曲径通幽的山石、宝钗扑蝶的亭等。高二年级结合作者生平，深入理解，开展"'都云作者痴，我解其中味'红楼行走"阅读活动。走进北京西山黄叶村曹雪芹纪念馆，通过对作者相关资料的学习了解，从更深层面理解《红楼梦》。同时结合历史学科，了解相关年代史料背景；结合生物学科，对红楼中植物进行有趣的探究。两个层级的游学课程，以红楼主题融合了不同学科。依据学生特点，学校设计了不同难度的主题，形成了有梯度的课程。"红楼游学"课程自实施以来，已经成为本校高中比较成熟的游学课程之一，有效促进了学生对名著的学习。

（六）推进有效课堂教学改革，减轻学生负担

早在2013年9月，学校就提出开展全面而系统的"有效课堂教学模式"课题研究。在保证目前较为稳定和高质量的教学水平的同时，力求通过提升40分钟课堂教学效益的途径在学生综合素质和学校教育教学工作上有所突破。课题组通过文献梳理、问卷调查、经验总结和行动研究等方法，找出了学校课堂教学中比较普遍存在的无效和低效的教学现象，针对以上无效、低效的教学现象，各学科制订了研究计划，确定了各自的研究方向。

语文——在实践过程中推进"有效课堂教学"研究；

数学——分层教学的研究；

英语——英语课堂中有效教学模式的探究与尝试；

物理——四种课型如何有效开展实验教学；

化学——情景化、多样化、常态化地推进"有效课堂教学"研究；

生物——合理设计学生活动，指导学生有效学习；

历史——提高历史教学有效性的探索、实践及成果汇报；

地理——如何提高地图教学的有效性；

政治——提高课堂教学实效，长度、广度、深度有机结合；

体育——精心设计教学环节，创设和谐平等师生关系；

信息技术——结合教学中上机操作的实际问题；

通用技术——如何将重点、难点有效放大；

美术——发掘美术学科特性，精选教学形式与教学手段；

音乐——立足常态，上有效的音乐课。

开展行动研究过程中，各学科首先推出本教研组的研究课，组织教师们进行探讨与交流，根据研讨的结果再不断调整研究方案，最终制定出本学科有效课堂教学的评价标准，在新一轮的课堂实践活动中再对评价标准进行不断调整和修改。在近几年的课题实施过程中，各个学科经历了"教学实践—研讨与交流—调整研究方案—教学实践"数次大循环。课题组还有针对性地设计了课堂实效性的问卷调查，帮助及时了解听课教师和上课学生的反馈，推进后续课题研究。课题研究取得了丰硕成果，语文学科总结了有效设置教学目标和有效设计学生活动的策略；数学和生物学科在成果总结时都提到了课堂提问有效性的教学策略；物理学科总结出了提高实验课效率的实操性方法；地理学科提炼出了正确引导学生使用地图的一些具体方法，等等。课题研究找出了课堂教学中的无效现象，分析了课堂教学无效或低效的原因，提出了切实可行的提高课堂教学实效的对策。课题研究过程中，教研组内和全校范围的课题研讨活动增加，促进了教师间的交流，教师的教学反思能力不断加强，教学水平得以迅速提升，课题研究能力也得到很大提高，专业素养得到了提升；教师和学生的教与学的行为得以规范，课堂教学环节不断优化，最终促进了学校教学质量的提高。

（七）推行小组合作学习

2019—2020年，学校积极推行小组合作学习教学改革，通过学习阶段、校内研讨阶段、实践与推广三个阶段，促进了小组合作学习的有效推广。

一是学习阶段。2019年3月底，学校开始"小组合作学习"的课堂教学改革的探索。冯云校长亲自带领教学干部、骨干教师到外校进行课堂"小组合作学习"的听课交流，了解小组合作学习的具体实践。4月，学校开展形式多样的课堂"小组合作学习"研究工作，邀请学科专家开展专题讲座，更新教育理念；校长带领教学干部在校内广泛听课，了解课堂教与学的情况，课后评课，与教师沟通转变教学方式和学习方式的想法。

二是校内研讨阶段。教学处组织召开教研组长会，交流外出听课的学习感受，探讨小组合作学习的学案设计、教师问题设置、学生积极性的调动等；召开年级组长会，布置行政班分组学习准备任务，根据班级学生的实际情况进行分组，强弱搭配，按小组需求摆放桌椅，学生自主命名小组名称，选派组长和布置组员角色与分工，最后由班主任统计汇总，再与各任课教师积极沟通，做好小组学习的前期准备工作。在学校的整体布置与安排下，教研组和年级组的工作齐头并进。教研组长召开学科教师会，布置备课组开展课堂小组合作学习的具体实施方案；年级组长召开年级教师会，班主任与任课教师商定学生分组名单，教学干部积极参与非毕业年级班主任与任课教师联席会。

三是实践与推广阶段。全校非毕业年级进行了"小组合作学习"的课堂教学的初步实践，教学处组织教师开展研讨课，定期召开交流会，分享经验，针对"小组合作学习"的实施情况，分享经验，交流心得。

"小组合作学习"课堂教学改革的研究和实践探索取得了一定成效，实施了"小组合作学习"后，学生学习兴趣显著提高，竞争与合作意识增强，自主学习欲望强烈；学生学会了交流、协作，懂得了分享、担当。教师逐步改变了传统的教学观念，提高了思想认识，加强了交流合作，寻求教育教学上的创新与突破，努力实现由"教"到"导"角色的转变，让学生做到学习知识在课外，内化知识在课堂，不断提升自己的教学能力与水平。

（八）推进综合素质评价改革

2016 年 6 月，北京市教委发布《北京市深化考试招生制度改革实施方案》，对中高考改革进行了系统设计，提出完善学生综合素质评价制度。综合素质评价作为一门具有独立形态的评价体系，它不是"知识"的评价，而是"生活"的评价；它不是"总结性"的评价，而是"过程性"的评价；它不是"分科"的评价，而是"综合"的评价。

学校高度重视学生综合素质评价工作，坚持过程性评价与终结性评价相结合，以日常评价和学生的成长记录为基础，力求内容全面、客观，程序科学、规范，关注学生的全面协调发展，关注学生的特长和潜能，发挥评价促进学生发展的功能，建立科学的中学生发展性评价体系。教师摒弃了单一的总结性评价做法，增加了过程性的资料收集和整理，组织学生及时记录自己的成长历程，记录点滴收获作为之后评价数据，按周、月、半学期、一学期，分阶段、分项目地嘱咐学生记录并提交过程性资料，以保证填报质量。

家长们逐渐重视综合素质评价工作，使学生能够认真对待校内外的各科目学习，认真听讲，积极参加每一项实践活动，并认真按时完成。在年级组班主任的帮助下，家长已经能够积极参与到综合素质评价当中，按时完成任务并上传过程性资料。家长能够主动督促学生在家完成更多的实践活动。学生对综合素质评价工作有了清晰、明确的理解，也认识到了它的重要性和必要性，更加重视这项工作。无论是校内的各科目学习实践、体育锻炼还是校外的实践活动，学生都认真对待，积极与学校、机构配合，及时参与，按时完成。通过综合素质评价的有效实施，提高了学业成绩，获得了身心健康和实践知识。

（九）加强教师队伍建设，开展分层分级培训

学校开展分层分级教师培训，以"寻找我身边师德榜样"为引领，鼓舞和带动教

师向优秀学习，促进师德水平提升；以师徒结对、学科指导团、骨干教师培养、教科研带动等方式，开展教师业务提升，不断提高教师专业化水平；通过德育学科指导组、青年班主任基本功、班主任技能等方式，开展班主任培训，提高教师管理学生水平，促进教师教育教学双肩挑。

1. 两阶段七模块：积极做好新任教师培训

学校高度重视新任教师的培训工作，校领导亲自开展培训，形成由校长、书记、教学主任以及各级骨干教师组成的专业化培训团队。构建了两阶段七模块构成的新教师培训课程体系。第一阶段是岗前通识培训，主要由三个部分组成，一是校史讲座，使新任教师了解二十七中建校百年来的光辉历程和学校的人文底蕴；二是《中华人民共和国义务教育法》等教育法律法规培训；三是沟通艺术培训，通过大量实际案例，使教师掌握与学生、家长沟通的方法和艺术。第二阶段是教学专业培训，主要分成四个部分，一是基本教学技能培训，从备课、课堂教学、课后辅导、教科研、专业发展等方面对新任教师进行培训；二是微课制作技术培训，从学科知识层面、教学方法层面和技术知识层面结合丰富的实例向新教师传授微课制作技术；三是新任班主任培训，由德育副主任主讲，从角色的转变、规范管理、怎样了解学生、如何解决常规问题、如何应对突发问题等五个方面对新任教师进行指导；四是新任教师的职业规划培训。除集中培训外，学校还为每一名新任教师配备了教学经验丰富的师父，指导日常教育教学工作。随着教育教学工作的开展，学校会配合区级新任教师培训进行第三阶段的校本培训。

2. 骨干教师：成立德育指导组和学科指导团

（1）设立德育学科指导组。德育学科指导组成员包括校长、党支部书记、教育处主任、教育处副主任、"北京市'紫禁杯'班主任"获得者和年级组长。一方面通过多种形式、多种渠道，积极开展班主任技能培训，培养班主任及青年教师的基本功，切实提高学校德育工作的有效性。另一方面通过师徒方式等，师父对徒弟班主任工作进行全面关注和指导，积极指导徒弟撰写德育工作反思；作为徒弟的青年班主任，定期要为师父汇报，并做好反思。师徒结对活动是学校加强班主任教师队伍建设的重要举措之一，为新教师快速适应班主任工作，成长为德育前线的中坚力量创造了条件。

（2）设立教学学科指导组。学校设立教学学科指导组，负责对教学潜力较大的青年教师进行课堂跟踪听课、评课指导，帮助并督促青年教师确定个人成长规划。学科指导组以科研引领教学，抓住教学中的创新点，以点带面提升教学水平。具体实施办法是，第一阶段，指导教师进行固定听评课的教学互动，每半学期至少有三次听评课活动，抓好教学基本功。第二阶段，每组指导与被指导教师从学科角度找一个合适的主题，以小组合作学习的形式，由徒弟或被指导教师完成一节常态课的录制，通过课前准备、完成教学设计，再到课堂教学的实施，以及课后反思，经过指导教师的指正和反复磨合，不仅提高了被指导教师的教学水平，也为参加本年度东城区的教学设计大赛做好准备。第三阶段，被指导教师根据课堂主题进行总结，研究书写教学论文，同时利用课堂中的难点和重点制作微课。通过这三个阶段的活动，实现"1+3"的研究模式，即"一节实录课＋教学设计＋论文＋微课"，既提高了被指导教师的教学水平，也提高了科研能力。此外，面对疫情带来的教育教学方式的变革，学科指导组活动和师徒结对活动转换成以"提高网络教学实效性的研究"为主题的校本微课题研究，针对网络课堂中师生互动问题和知识点落实问题进行研究，课堂教学中以师生互动的有效性为目标进行研究，课后辅导环节则以微课辅助知识落实为专题进行研究。

3. 建立名师工作室，发挥引领和辐射作用

学校成立特级教师工作室，名师工作室由校长、教学副校长、教学主任、教科研主任、学科名师任领导小组；工作室成员包括语文、英语、历史、地理等学科名师、本学科骨干和青年教师；工作室以理论学习、专题讲座、课堂实践、外出培训等形式推动教师不断更新教育理念，积极改革课堂教学，逐渐丰富教育成果，提升教师的专业素养和能力。具体内容包括：名师指导工作室教师进行教育科学研究，承担市区级课题，有成果体现；名师指导工作室教师进行教学实践，不断提高教学能力，鼓励工作室教师承担或为其积极争取市区级公开课；名师工作室每学期定期召开工作总结会，总结经验、制订计划、发挥辐射作用。

四、学校教育教学改革的主要成效

在国家和北京市、区教育教学改革政策推动下，学校经过一系列改革，建成了完整的课程体系，有力支撑"全人教育"，初步完成教师梯队建设，保障高质量完成教学任务，保持金帆民乐团、模拟飞行社团、"是之"戏剧社等团体的高质量运动，学校中考成绩多年保持优秀。

（一）基于百年办学传统打造办学文化体系

学校办学充分体现了传承和创新，即学校充分挖掘百年老校的办学传统，寻找办学传承，将蔡元培先生的"思想自由""兼容并包"和"五育并举"思想在新时代加以继承和发展，提出了"全人教育"办学理念，在这一办学理念的指导下，教育、教学，以及各项管理达到制度化、规范化、特色化。

（二）学校的影响力和辐射能力逐步加强

将学生社团活动规范纳入课程后，发展更具优势和特点。一些课外小组已经成为

学校极具品牌效应的精品课程，比如，学校的模拟飞行课程，不仅课程本身具有独特性，而且已经开始产生辐射作用——学校承接了全国模拟飞行大赛活动，成为北京市首家海军招飞优质生源基地，对学校的品牌效应有着积极的作用。

（三）教师在研究和实践中获得专业成长

采用行动研究模式，在学校课程中心、教学处等部门牵头下，教研组和教师深度参与下，学校的有效课堂教学和小组合作教学改革扎实推进，取得显著成效，形成了各具学科特点的有效课堂教学模式。小组合作学习在学校得到广泛应用，培养了学生的学习兴趣，提升了学生的学习积极性。教师参与行动研究的过程中，教学水平和科研能力得到很大提升。

"艺术+"：构建新时代美术特色中学育人模式

——中央工艺美术学院附属中学教育教学改革个案研究

王泽旭　刘　姣　刘　硕[1]

一、学校基本情况

中央工艺美术学院附属中学（以下简称"工美附中"）地处北京市东城区，是北京市唯一一所集初中、高中、职高于一体的公立美术特色完全中学。学校成立于1964年，占地面积10117.36平方米，现有教职工203人，在校学生1104人。工美附中是清华大学美术学院、中央戏剧学院、北京电影学院等知名艺术高校的生源基地实验学院，是教育部认定的国家级高中特色发展试验项目学校，是北京市教委批准的北京市"1+3"培养试验项目学校和北京市中小学手拉手对口支持项目优质资源输出学校。

工美附中秉承"惟道是从"的核心理念，"用心做管理，用情做教育"，努力创设适合学生发展的美术特色学校，把培养具有民族情怀和国际视野的美术特色创新人才作为学校的育人目标。学校着力创设"艺术+"教育品牌，用"艺术+"的教育培养"艺术家"，将美育与德育有机融合，用艺术的魅力滋养心灵，为学生成长引路导航。

二、学校教育教学改革的发展历程：励精图治五十余载，圆梦丹青育新人

工美附中前身是北京市第197中学，1983年确定美术特色发展目标。1984年，北京市第197中学与北京市包装协会联合创办了装潢美术职业高中，开启了两校一址、职高与普高并存的办学模式。1989年，学校与中央工艺美术学院联合办学，更名为"中央工艺美术学院附属中学"，成为一所美术特色、普职合设的完全中学，在初、高中学段均招收美术专业特长生。2000年，北京市包装职业学校更名为"北京市美术职业学校"，随着学校发展的需求，于2010年再次更名为"北京市国际美术学校"。

---

[1] 王泽旭：中央工艺美术学院附属中学校长；刘姣：北京市西城区教育研修学院；刘硕：中央工艺美术学院附属中学教科研主任。

（一）2003—2007 年：找准目标定位，全力发展美术特色

2003 年，工美附中提出"立足北京，辐射全国，走向世界"的办学目标，为学校系统发展美术特色找准定位，开启了学校文化建设研究、编写美术教材、构建美术特色课程体系等实践探索。面对国内没有美术特色高中美术教材的现实问题，2007 年在王泽旭校长的带领下，学校美术教师结合多年教学及课程建设实践，编写了"美术特色学校高中美术系列教材"，并于 2011 年和 2015 年对教材进行两次修订、补充和再版发行。再版后的教材先后两次获得北京市教育教学成果政府奖，促进了学校美术特色的深入发展。

（二）2008—2010 年：奥林匹克教育助力学校特色发展

迎接 2008 年第二十九届奥运会之际，工美附中充分发挥美术优势，同学们用手中的画笔为历届奥运冠军"以画立传"，完成了《奥运冠军画传》的中国卷和世界卷。2008 年 8 月 24 日，国际奥委会主席萨马兰奇先生到访学校，并为学校提笔留言"我与中国人民的友谊地久天长！"，这成为工美附中发展史上最重要的日子。

以北京市首批"奥林匹克教育示范学校"为契机，工美附中加快了国际化发展进程，与美国、英国、加拿大、新加坡、马来西亚等国家众多知名美术高校签署了友好合作协议，开创了"中学校长一封推荐函，学生免试升入国外大学"的先河。

（三）2011—2014 年：特色发展项目引领学校纵深发展

2007 年秋季北京市高中实施新课程计划，为学校特色发展带来了空间。经过几年实践，2011 年学校整合资源形成"798""315"课程体系，突出了课程的整体性构建，增加了课程的选择性。2012 年 9 月，学校在东城区率先推行"差异走班教学"，提出"小班级、大年级"的管理理念。新入学的高中学生打破了以往以行政班为单位的课程教学模式，每个学生可以选择适合自己的"课程套餐"订制课表，学生获得了课程的选择权。此外，在课堂教学上，学校倡导"工美五步教学法"和思维导图辅助教学，培养学生的思维能力。

凭借多年的改革实践经验，学校先后被认定为北京市教科院"高中特色发展试验项目"的北京市和国家级试验项目学校。学校在特色发展方面不断厘清思路、创新举措、勇于实践，逐步形成了较为成熟的"适合美术特色学生发展"的教育风格与教育体系。在此基础上，学校将办学目标提升为"创办国际化、现代化美术特色学校"。

（四）2014 年至今：新高考改革背景下学校内涵发展

"十三五"期间，北京市教育正处于改革的深水区，学校办学的规模与布局发生调整，形成职普相互融通、学段衔接贯通、教育集团等发展新局面。新高考改革背景下，如何在原有基础上继续走上新台阶是学校面临的新挑战。学校秉承"惟道是从"的核

心理念，发挥文化管理的优势，持续深化课程改革，在构建新的学习制度等方面开展系统的探索与实践。

三、学校推进教育教学改革实践要解决的核心问题

新高考背景下，学校面临诸多挑战：师资数量不足，特别是高中物理、化学和生物学科师资严重匮乏、教师跨年级教学人数增加、教师工作量不均衡、教学空间不够；新高考改革中如何做好学生学业水平考试的教学计划又能兼顾学生美术专业的特长发展；为适应学校生源结构变化和高考的选择性，学校如何丰富课程供给；在已有的差异走班基础上增加选科走班，学生管理如何调整。这些既是学校在新形势下需要重新思考的问题，也是学校寻求进一步发展的契机。

学校必须在"学考"与"选考"的教学安排、课程设置、课时设定、师资配备、空间需求、综合素质评价实施、学校管理等方面进行整体思考和构架，对学校改革是极大的挑战。

四、学校教育教学改革的基本思路

深化教育领域综合改革的大背景下，王泽旭校长为学校定下了"积极探索、稳步推进"的改革基调，提出应提高学生的综合素质而不仅仅着眼于成绩，让学校教育教学改革持续推深做实。

（一）聚焦教师发展

教育教学改革的关键在于课程改革，课程改革的关键在于教与学方式的变革，教与学方式变革的关键在于教师专业发展。一方面，学校广泛汲取资源，引导教师用现代的教育理念武装自己的思维，让教师不再是课改的"旁观者"，而是积极的"实践者"。另一方面，学校着力为教师搭建多样化发展的平台，层次多元的学习型组织让每位教师找到适合自己的发展空间。

（二）聚焦学生发展

学生是学习的主人，课程改革的一切实践都应聚焦学生发展。工美附中是北京市第一批全面实施走班制教学的学校之一。通过为学生量身定制"学习套餐"，给予学生充分的自主权和选择权。在美术教学上，学校以"工作室"形式构建对接国内外高校的选修课程，学生可以根据意向学校和未来发展方向选择适合自己的课程。

（三）聚焦学校发展

学校的课程改革以学校文化体系的建设为基础。自 2006 年起，学校开始凝练学校

文化理念体系，"惟道是从"核心理念的确立有效推动了课程改革进程，"政通人和"的行政行为文化提升了学校的管理品质，"见素抱朴"的教学行为文化提升了课程改革的品质。学校将"形神兼备，术道兼修"作为课程改革的引领，倡导师生在教书、求学上既要懂得具体的方法，又要追寻教育、学习的规律。

经过六年的课程改革实践，学校进入了特色发展成熟期。学校聚焦育人目标，将原有课程体系完善、细化为"五大主题""36门特色课程"。学校也深刻认识到，育人目标的实现，取决于适合学生发展的特色课程体系的建设，"无课程不特色，无特色不课程"。

（四）聚焦教材研发

课程改革的进程推进了教法的改变、课程体系的建设，也带动了学校教材的研发。多年来，工美附中坚持以美术特色为依托，促进学校的内涵提升和特色发展。"十三五"期间，学校通过探索美术人才多样化培养模式，加快课程改革，推动国际交流，编写、出版美术专业教材，打造首都、国内乃至国际一流美术教育品牌学校，为北京市文化创意产业培养优秀的美术专业人才后备军。

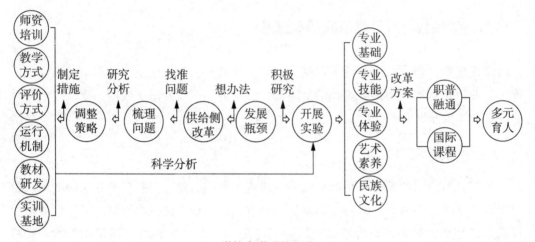

学校办学改革思路

五、学校推进教育教学改革的主要举措

（一）惟道是从：用"艺术＋"的教育培养艺术家

在王泽旭校长的带领下，全校师生卷入思考，学校出台文化管理SIS系统，提出"惟道是从"的核心理念，形成了"道法自然"的理念文化、"且思且行"的行为文化、"形神兼备"的视听文化和"见素抱朴"的环境文化。依托办学特色，学校将多种艺术形式融入学生活动、教学形式、家庭教育等办学的全过程，"五育并举"，用"艺术＋"的教育培养艺术家。

美育中凸显"艺术＋"教育。美育以艺术教育为主要载体，提升学生的审美能力，形成学生的核心素养，培育正确的价值观，外化为高尚的行为。"艺术＋"教育品牌充分发挥美育的育人功能，以艺术的魅力滋养学生心灵，以美育人，使学生具有美的理想、美的情操、美的品格和美的素养。

德育中凸显"艺术＋"教育。学校创新德育的形式和内容，将多种艺术形式融入德育工作。一是育人理念凸显"艺术＋"教育。"学画先学做人，画品亦如人品"这一育人理念强调了学生品德、行为习惯的培养是美术学习的基础，彰显了美术特色职业学校的特点和"艺术＋"教育品牌的特色。二是主题教育凸显"艺术＋"教育。学校每年开展法治宣传、健康教育、艺术参观等主题教育活动，让主题教育打上艺术烙印，感召学生心灵。三是学生社团凸显"艺术＋"教育。学校开展了合唱、京剧、舞蹈、朗诵、书法、茶艺、动漫、戏剧等社团活动，使学生陶冶情操，拓宽视野。四是家庭教育凸显"艺术＋"教育。学校开设家长大讲堂，引导家长通过志愿服务等多种形式陪伴学生的艺术学习和青春成长，致力于家庭教育艺术化。

智育中凸显"艺术＋"教育。学校在智育中凸显"艺术＋"教育，让艺术元素融入课程资源、教学方法、教材编写中。一是课程改革与"艺术＋"教育相结合。学校聚焦教学变革，形成了五步教学法；凝练八种国际通用的思维导图模型，将学科学习、艺术绘画、德育体验融于一体，鼓励学生开展小组合作，用绘画的形式展现思维轨迹与研究成果，深受学生喜爱。二是课程开发与"艺术＋"教育相结合。学校开发了金石传拓、创意脸谱、书法、敦煌艺术等非遗课程，开展古建筑写生、北京清末民初西洋风格建筑探究、微电影拍摄、花卉写生、毕业设计作品展等课程活动。三是课堂教学与"艺术＋"教育相结合。老师们在文化课教学中巧妙地融入艺术元素，创新教学方式，如在地理课程教学中融入艺术元素，创意绘画地图。四是教材编写与"艺术＋"教育相结合。学校自主研发的美术专业教材既体现了最新的国内美术职业教育趋势，又融入了德育教育的内容，激励学生追求艺术梦想。

体育中凸显"艺术＋"教育。学校以打造"艺术＋"教育为媒介，开展丰富多彩的艺术特色体育活动。一是奥运教育凸显"艺术＋"教育。2005年以来，学校开展艺术特色模拟奥运会、编撰《奥运冠军画传》等活动，成绩斐然。2018年，学校开启冬奥教育活动，组织学生设计冬奥会吉祥物，让学生在创意绘画中传承奥运精神。二是运动竞技凸显"艺术＋"教育。学校开展如功夫扇、八卦拳、武术、舞狮等艺术性体育运动，并在运动会中融入艺术元素。三是劳动教育中凸显"艺术＋"教育。学校开展种植、中草药写生等，学生绘制完成《中国中草药绘本集锦》。此外，学校还开设了服装设计、3D打印、木工工艺等多种劳动课程，让学生在劳动中感受艺术魅力。

（二）育人为本：系统构建丰富的课程供给体系

1. 构建高中课程体系，增加课程选择性

作为美术特色中学，工美附中在课程建设上彰显艺术特色，形成了由艺术课程、学科渗透课程、项目课程组成的美育课程群。学校开设的多门艺术课，既包括音乐、美术这类国家课程，也涵盖校本课程中的动漫设计、设计素描、创意速写等美术专业课程，京剧、木板水印、金石传拓等非遗课程以及影视、舞蹈、戏剧等其他艺术课程。"798""315"课程体系突出了课程的整体性构建，增加了课程的选择性。课程体系及学分分配可见下表。

工美附中高中课程体系及学分分配（2011 年版）

课程级别	课程类别	课程性质	课程主题	课程内容								学分分配
国家课程	必修	必选	国家课程 8个领域	语言与文学	数学	人文与社会	科学	技术	艺术（音乐）	体育与健康	综合实践活动	98+22
				20学分	10学分	20学分	3学分	8学分	3学分	11学分	23学分	
			美术课程 3个替代	素描		色彩			速写			18
				6学分		6学分			6学分			
地方课程	自选	地方课程		安全应急与人民防空		环境与可持续发展		预防毒品、预防艾滋病		健康教育		
校本课程	选修	必选	德育课程 7个主题	民族与爱国教育	情感与养成教育	法制与安全教育	科技与艺术教育		心理与健康教育	环境与可持续发展教育	国际理解教育	2
				0.3学分	0.2学分	0.3学分	0.3学分		0.3学分	0.3学分	0.3学分	
			研究性学习 5个方面	人文类	北京文化	科学类	IFO探究	艺术类	美术	经济类	中国商人	军事类	孙子兵法	15
					哲学		地球探秘		音乐与舞蹈		股票		军事策略	
					国学		心理健康		戏剧		华尔街		二战史	
					美学		生命科学		时尚设计		理财		现代装备	
				10年级9学分，11年级6学分								
			对接高校课程 9个对接	广告设计	美术史论	中国画、书法	动漫设计	影视制作	设计素描	设计色彩	创意速写	造型	
				11年级0.5学分，12年级0.5学分								
		自选	学科拓展课程	《论语》选读	新闻写作	文学	古代汉语	英文写作	托福	时政分析	生活物理	纳米技术	现代生物技术	4
			社团活动	校园电视台	诗社	戏剧社	学生通讯社	合唱团	民乐团	管乐团	舞蹈队	礼仪队	篮球队	
				10年级0.5学分，11年级0.5学分								
个性课程	自修	自选	特色 1个习惯	培养学生自主、合作、探究的学习习惯								

与普通高中相比，学校学生要在三年内用大量的时间学习美术课程，因此学校协调文化与专业学习，做好学考安排，结合校情、学情进行整体规划。学校在教学运行模式上构建教育新常态，采取分层和分类走班并行，对高考科目和合格性考试科目进行差异走班教学，对于学生选考科目进行分类走班，尊重学生差异的同时又尊重学生的选择权。

2. 研发美术课程体系，突显学校美术特色

为进一步打造和提升美术特色品牌，学校研发的美术专业教学模块体系分为专业基础、专业技能、专业体验、艺术素养、民族文化五大主题。其中，"专业基础"包含素描、色彩、速写等基础绘画模块，旨在培养学生扎实的绘画功底和创新能力；"专业技能"和"专业体验"为学生继续深造和就业打好基础；"艺术素养"从多维度提升学生的艺术修养；"民族文化"让学生感受到中华优秀传统文化的魅力。五大主题相互支撑、相互补充，形成一个丰富的美术专业教学模块网络，为学生的终身发展服务。

为凸显"培养具有民族情怀和国际视野的美术创新人才"育人目标，学校以文化创意产业为学生发展输出方向，研发了美术特色高中美术课程体系，为学生提供五大主题、36门特色课程。结合特色课程实施经验与新艺考政策，学校进一步明确学生生涯发展，细化美术课程及其专业发展方向，深化打造美术专业核心课程，不断丰富和完善美术专业课程体系。

3. 推进特色课程建设，创新教学活动

学校特别注重在教与学的形式中融入艺术元素，开展学科渗透美育的教学活动，如演课本剧、画思维导图、唱英文歌、制作视频等，彰显艺术办学特色。工美附中开设了"我爱北京"系列课程，涉及北京水系、老北京胡同、写意故宫、西洋风格建筑等主题，让学生站在多学科视角，参加项目学习，完成跨学科"任务单"，感受多种学科之美（见下页图）。

4. 整合开发衔接课程，满足多样化生源需求

学校的"1+3"试验项目，学生免中考直接升入学校高中。对此，教师们为学生量身定制了从"1"到"3"的初高衔接课程。学校将部分初三课程与高中基础性课程相融合，开发主题课程。如将初中的《道德与法治》与高中《思想政治》整合为"老北京的礼仪文化""中国在国际上如何发挥作用""关注我们的消费观"等项目学习课题。2017年北京市教委在学校召开了全市"1+3"试验项目评估现场会，政治学科项目学习展示得到与会嘉宾的充分肯定。

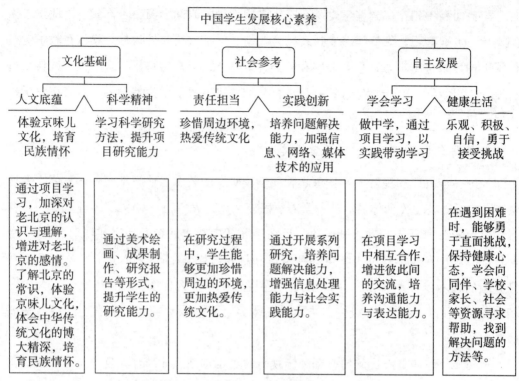

"我爱北京"校本课程落实中国学生发展核心素养目标分解图

5. 注重文化内涵，补充人文素养类课程

实施"文化·传承2030工程"，加强中华传统文化的教育。学校鼓励教师在课程开发与实施中融入优秀传统文化元素，增加学生的民族情怀和艺术素养。如综合开发基于故宫博物院的文化元素"灵感故宫服装设计课程"和"写意故宫创意表达课程"，让学生通过探究和感悟传统文化的内涵，再用画笔描绘自己对中国元素的理解、传承，培养学生的民族情怀。"写意故宫创意表达课程"作品集获得了北京中学生培育和践行社会主义核心价值观主题教育活动的创新奖。

学校克服空间狭小的困难，充分利用校内图书馆、木工坊、文昌书院、碑刻长廊开展书法篆刻、金石传拓、古代建筑营造课程的研习，帮助学生体验蕴含中华优秀创统文化的艺术。每年春秋季，学校安排学生户外写生，其中故宫博物院、奥林匹克森林公园、红螺寺、北京自来水博物馆等已成为学校学生户外写生基地，学生或走进地方资源，或置身北京胡同，用绘画的形式描绘北京地域内的文化元素、北京人生活的民居和自然环境等，用视觉艺术的形式呈现北京生活。

（三）教学改进：从"我告诉你"到"你告诉我"

学校聚焦"教"与"学"的变革，将合作学习、项目式学习等多样化的学习方式融汇其中，打造以培养学生核心素养为导向的课堂教学。学校定期组织"聚焦教与学变革——教学方法多样化"主题沙龙，教师们结合教学实践阐述自己对课堂教学变革的理解与做法，实现了从"我告诉你"到"你告诉我"的转变。

1.加强理论研究，解决"是什么""为什么"

针对教师重实践轻理论现象，学校组织形成关于"教学方法多样化研究与实践"的文献综述，引导教师进行教学方法多样化研究。同时，聚焦教学变革，以引导教师思考"为什么要变革教学方式，为什么教学方法要多样"的问题，促进教师更新教学理念。

2.开展实践研究，解决"怎么做"

学校组织教师结合"工美教学五步法"、思维导图辅助教学、合作学习、项目式学习等，开展研究与实践，引领教师"做中学"。

一是开展课例研究，实现角色转变。学校组织教师开展"基于小组探究"的教与学方法的课例研究。教师以任务驱动为导向，精心设计问题串，通过选题、选课、设计、实践、反思、总结等环节，引导学生开展小组合作学习（如下图）。教师通过指导学生承担不同的角色，实现教学转变。

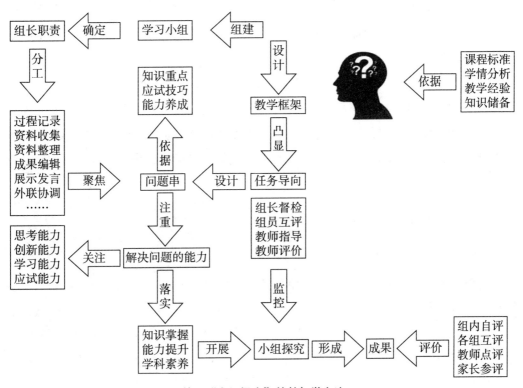

基于"小组探究"的教与学方法

二是开展课题研究，突出学科特点。学校引导不同学科教师开展适合本学科教与学方法的研究。例如"运用流程图提升初中生数学运算能力的实验研究"是思维导图辅助教学深入学科开展研究的全新探索。

三是开展项目学习，促进学科融合。例如，"我爱北京"校本课程采用项目式学习方式，整合地方课程、美术、历史、地理、政治、物理等多学科资源。教师们以研究共同体的形式，自主开发课程内容，编写任务单，设计成果形式；学生们走进老北京胡同、查阅文献、撰写报告、绘制图画、制作文创产品等，基于真实问题开展实践研究，自主能力显著提升。

在"教"的变革上，工美附中形成了教学五步法：以"讲授启发"营造学习情境，以"任务导向"明确学习目标，以"合作探究"完成学习任务，以"思维交流"展示学习成果，以"巩固拓展"提高学习效果。在"学"的变革上，学校培养学生"自主、合作、探究"的学习方式，并组织学生参与"项目学习"，让学生在项目研究中解决实际问题。

3. 开拓校企与国际资源

学校积极推动校企合作，为学生搭建广阔的社会实践平台，培养学生的学科实践能力。学校与北京市珐琅厂、中学时事报、日产汽车等企事业单位合作，组织学生参与景泰蓝图样设计、报纸插图设计、汽车设计等实践活动，校企合作为学生未来职业发展奠定了坚实基础。

注重与国外高校的合作，推动国际交流活动。学校已与纽约电影学院、旧金山艺术大学、拉萨尔学院等20余所艺术高校建立合作关系。近些年，学校不断创新人才培养模式，继续加强与国际高校的合作，引入国际优质课程资源，学生在中学阶段即可对接国际高校课程，促进学生能够更快地适应国外高校学习，顺利进入文化创意产业工作。

（四）培养团队：多举措助力教师专业成长

1. 主题式系列校本培训

十余年来，学校每年以明确的主题持续开展系列校本培训（如下页图），从"更新观念、转变角色"开始介入新课程改革，引导教师"变课时为学时""变课堂为学堂""变教师为导师""变讲坛为论坛""变讲台为舞台""变知识的讲授为问题的解决"，教师们经历了认识课改、了解课改、接受课改，而后实践课改的过程。教师校本培训是学校课程改革顺利推进的保障，也是学校课程改革一道亮丽的风景。

2020—2021年
培优强基、一生一策

2019—2020年
夯实基础、聚焦考研

2018—2019年
学科融合、全面育人

2017—2018年
STEAM教学法

2016—2017年
核心素养、专业成长

2015—2016年
项目学习、任务导向

2014—2015年
高效课堂、特色发展

2013—2014年
合作学习、小组探究

2012—2013年
五步教学、思维导图

2011—2012年
自主选课、差异走班

2010—2011年
理解学科、理解教学

2009—2010年
破冰之旅、聚焦课改

2008—2009年
聪明之师、智慧之师

2007—2008年
更新观念、转变角色

工美附中 2007—2021 年校本培训历程

2. 开展学科教师培训

2018 年起，学校利用周末和假期时间，多次组织不同学科教师走进北大，开展学科素养和文化素养提升的教师培训。语文学科教师培训侧重教学方法多样化和教师学科素养积累；美术学科则围绕北美艺术教学标准展开培训；语文、历史和地理教师则通过聆听北大知名学者对中华优秀传统文化中国学经典、诗词歌赋、珍贵书画的阐释，帮助教师从不同的视角更加深刻地认识和理解国学内涵，促进教师提升文化素养，让教师置身于顶尖级学府聆听和感受浓厚的文化与学术氛围，领略北大独特的人文气息。

3. 开展针对青年教师的职业素养培训

学校为青年教师制定了职业素养培训方案，围绕学科素养、教学能力、课堂实践、科研方法、课程开发等内容开展培训，采取专家指导、学区拜师、小组研修、外出考察等形式，帮助教师快速提高教学水平。学校鼓励教师根据教师个人专长，以团队的形式开展课程开发和课题研究，取得良好效果。"十三五"期间，学校每年都有青年教师在综合实践课程开发活动中获得市区级乃至国家级别一等奖。

4.细化教研分组

为了提高美术专业教学的科学性、系统性、针对性，学校将美术组细化为五大教研组："造型基础"组以清央造型为龙头开展课程研究；"设计基础"组关注清央设计的考查重点以及对学生的能力要求，在夯实造型基础的前提下，开发平构、色构、精微素描、创意思维、超写实技法等课程；"视觉艺术"组以国际班教学为依托，并承担部分设计基础课程；"综合基础"组重点要研究清央之外的校考和联考，特别是关注北京电影学院、中国传媒大学等校的考试方向；"初中美术"组主要承担初中美术和青少院课程的教学、研修工作。通过将美术学科细化教研组，教师们在美术教学工作中聚焦重点，破解难点，使教学质量得到进一步提升。

5.培养高水平的教师队伍

学校通过"师徒结对""名师工作室""公开课展示""工美教育论坛""教师基本功比赛"等活动，提升教师的专业素养。特别是，学校为教师提供了到企业中实践学习的机会，让教师与时俱进，了解文化创意产业的最新发展趋势，促进学校美术特色发展，实现办国际化、现代化美术特色学校。

（五）创新探索：打造多样化人才培养模式

工美附中在过去几年继续实施高中班、职普融通班、国际班多轨并行的人才培养模式，承担了北京市"1+3"人才培养试验项目，促进美术专业人才的多样化发展。

高中班、职普融通班实现了工美附中（高中校）与北京市国际美术学校（职高校）在美术人才培养上的相互融通：课程融通，职业学校的学生可以通过"走班教学"选修高中课程；教材融通，职业学校的学生可以学习高中教材；师资融通，职业学校的学生可以跟随高中教师学习学科知识；管理融通，两校学生根据学段，按年级统一管理，开展教育教学活动。

国际班为学生提供了更多元的上升选择。在课程设置上更加注重对学生美术专业能力、外语能力和电脑技术方面的培养，开设了素描、色彩、设计基础、动画、插画、微电影等专业课程，以及数学、语文、英语、历史等文化课程，培养学生的专业能力和综合素养。

"1+3"试验项目依托学校美术特色优势，坚持精选生源、精准定位、精心培养的原则，着力为清华美院、中央美院等国内一流艺术院校培养优质后备生源。

六、学校教育教学改革实践的主要成效

多年来，学校将艺术元素融入文化建设、课改理念、教育形式、学生活动、家校

共育中，已形成"艺术+"教育品牌，拓宽了办学空间，丰富了教育策略，创新了人才培养模式，提高了学校的社会美誉度和影响力。

（一）凝练丰硕学校文化成果

近几年，学校形成了众多优秀文化成果。《中医药绘本集锦》《有情有艺作文集》《社会主义核心价值观图形建言作品集》《漫语》等一系列文化手册，集中展现了艺术气息浓郁的学校文化成果。此外，学校每年都要修订《教师手册》和《学生德育手册》，两本手册设计精美，融入了学生艺术学习成果，传承了学校文化的精髓，以文化管理切实促进学校的持续发展。学校的文化建设成果被授予"北京市中小学学校文化建设示范校"荣誉称号，并被媒体评为"京城校园文化领军中学"。

（二）促进学生全面发展

"艺术+"教育品牌已成为学生生命的亮色，提升学生综合素养。学校开展"工美新闻人物""出彩工美人""弟子规德育剧展演""工美教育哲学演讲"等系列德育活动，为学生打好生命底色。学校每年推出体育艺术节、动漫节、戏剧节等主题节日活动，开展弟子规德育剧、经典诵读、电影配音等艺术实践活动，举办微电影、舞蹈、木工工艺、机器人等社团活动，使学生在实践活动中挖掘潜能，陶冶情操；推广"关爱学生的150种方法"，倡导教师"关爱每位学生，服务每个家庭"，助力工美学子的健康成长；弘扬中医药、金石传拓、书法、篆刻等中华传统文化，厚植爱国情怀，增强学生的文化底蕴；创建"工美劳动基地"，设定"工美劳动日"，在实践中培养学生的劳动意识和劳动能力。

学生们练就了过硬的本领，在国内外比赛、活动中多次斩获佳绩。如2015年学生绘制的《带着画笔进故宫》作品集在亚太可持续发展教育第三次专家会议上受到专家好评；2017年学生在紫金国际中学生短片电影展中荣获最佳编剧奖，作品获最佳动画奖；2018年校舞蹈团在"舞动中国"全国排舞锦标赛中学女子组特等奖；2019年学生获得全国青少年儿童"小金鱼"漫画大展金奖、中巴青少年"一带一路"绘画比赛一等奖。

（三）凸显美术办学特色

学校发挥艺术教育优势，凸显美术办学特色。作为美术特色中学，学校已成为东城区青少年教育学院美术创意教学基地，为东城区中小学生提供专业的美术课程。此外，学校参加北京市城乡一体化建设项目，为房山区长沟中学、通州区张家湾中学输送优质艺术教育资源；2015年、2016年承担"1+3"等综合改革试验项目，教改项目成果凸显。

三套校本教材的编写和出版，在社会上引起强烈反响，凸显了学校美术教育的育人成果。学校策划的 40 集美育教学视频，已被文化和旅游部全国公共文化发展中心收录至"大众美育馆"项目，为广大群众提供公共数字文化服务；与高等教育出版社合作录制的《和工美学素描》《和工美学色彩》大型慕课 60 集，作为艺术特色资源，深受美术爱好者欢迎。

（四）提升社会美誉度

工美附中现已形成"艺术＋"教育品牌，提升了学校的社会美誉度和影响力。学校被清华大学美术学院、中国传媒大学、北京电影学院、中央戏剧学院、美国旧金山艺术大学等国内外知名艺术学府认定为生源基地，被认定为市级冬奥教育示范学校、北京市中小学人工智能教育与应用实验校、北京市教育信息化融合应用示范基地、北京市 1+3 培养试验项目学校、北京市中小学手拉手对口支持项目优质资源输出校等。"艺术＋教育"被北京市教委认定为"一校一品"德育品牌。学校办学品质持续提升，受到学生和家长的高度认可，打造了享誉国内外的美术特色教育优质品牌。

七、学校教育教学改革的特色与经验

（一）彰显美术特色，构建育人模式

作为联合国教科文组织中国可持续发展教育项目实验学校，工美附中依托可持续发展教育，开展育人模式的研究。学校梳理影响美术特长生可持续发展主要因素，将可持续发展教育贯穿于人才培养的全过程，通过彰显生本取向、优化课程建设、丰富体验活动、营造校园环境等一系列举措，形成校本美术特色育人模式。

工美附中美术特色中学可持续发展教育育人模式由围绕"一个中心"、关注"两类因素"、实施"四种策略"组成（见下页图）。"一个中心"，即以美术特长生的可持续发展为中心，强调以可持续发展为目标。"两类因素"，即影响美术特长生可持续发展的内部、外部两类主要因素，内因主要由学生的身心健康、学习动机、文化基础、关键能力组成，外因主要由家庭、学校、社会组成。"四种策略"包括以彰显生本为取向、以优化课程为核心、以丰富体验为拓展和以营造环境为手段的四种教育策略。以彰显生本为取向，已成为学校办学的重要指导思想，在理念、管理、教学、德育等多方面得以体现；以优化课程为核心，通过完善美术特色课程体系、变革教与学的方式、编写美术特色教材等举措，有力地推进了学校的课程建设；以丰富体验为拓展，着重开发多类别学生体验活动，如学科体验活动、专业体验活动、德育体验活动、综合实践活动。以营造环境为手段，主要通过校园景观设计、场馆教室建设和校园环境布置，为校园营造浓郁的人文气息。

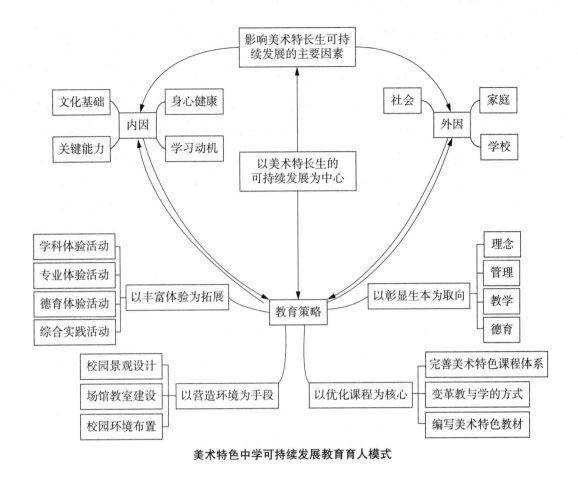

美术特色中学可持续发展教育育人模式

美术特色中学可持续发展教育育人模式，从教育改革任务和学生的发展需求出发，发挥了影响美术特长生可持续发展的主要因素的积极作用，形成了系统的实施策略，成为美术特色中学人才培养的有效途径。

（二）深化课堂改革，提升教学质量

学校不断聚焦教与学的变革，将"工美教学五步法"升级为"工美教学五元素"，更新理念，丰富内涵，完成了由师本课堂向生本课堂的转变。学校还倡导在课堂上运用"合作学习"的方式开展教学，培养学生团队合作和竞争意识，强调合作动机和个人责任，通过探究合作来大面积提高学生的课堂参与度。

学校聚焦教学质量提升，规范教学环节和流程。以"强基培优 提升质量"为核心，向管理要质量，用思政引领形成合力；向课堂要质量，指出教师授课是关键；向教科研要质量，引导教师格局要大、站位要高，要研究并遵循教学规律。学校始终秉持着以学生发展为中心的原则，不断深化教学改革，打造高质量课堂，将"工美教学五元素"的内涵不断扩展、延伸，并在课堂上用精、用深、用实，形成民主、创新、求真的工美特色教学新模式，赋予学生以自主学习能力、与人合作能力、自主决策能力、收集处理信息能力、解决实际问题能力。

（三）优化课程设置，丰富课程供给

以新高考、新艺考、学业水平考试的要求为课程建设背景，2017年开始，学校在课程改革已有成果的基础上，以"培养具有民族情怀和国际视野的美术特色创新人才"为课程建设目标，充分结合办学特色，不断优化学校的课程设置，充分发挥课程在学校育人中的核心作用，促进课程教学与高考综合改革的有机衔接，努力构建充满活力的普通高中特色课程体系，将优秀传统文化和革命传统教育融入课程，并为不同发展方向的学生提供有选择的课程，以促进美术特长生全面而有个性的发展。

在保障现行课程安排相对稳定的前提下，学校对课程设置进行必要调整，对课程进行整体构建。高中阶段，在课程设置上体现基础课与拓展课并重，尊重学生选择、尊重学生差异化，聚焦学生综合素养的提升和美术专业职业生涯的规划的特点，初步形成"14+3+（$N1+N2+\cdots+NX$）"的美术特色高中课程体系，即14门国家基础课程+3门美术特色基础课程+$X \cdot N$拓展课（也就是校考核心课程，即$N1+N2+\cdots+NX$），其中，X代表校考校变量，N代表不同院校不同专业的考试科目变量。此外，德育特色课程实现了全科育人、全员育人、全程育人，职普融通课程提高了学生的综合素养，艺术素养课程培养了学生的艺术素养，"1+3"培养试验课程满足了学生的个性化成长。

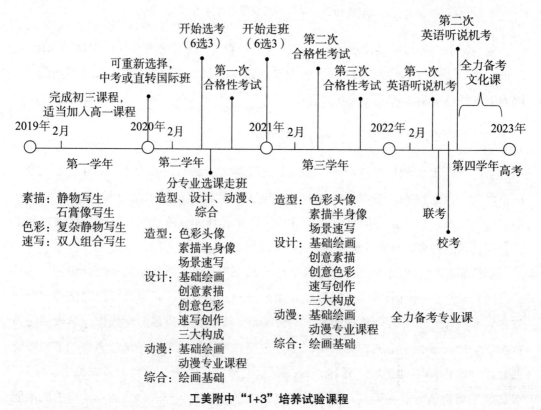

工美附中"1+3"培养试验课程

八、学校教育教学后续改革的思路和方向

（一）继续加强三大体系建设

学校的文化体系、课程体系以及人工智能保障体系是学校赖以生存和发展的有机土壤，文化体系是学校的生命基础，课程体系是学校的生命支柱，而人工智能保障体系则是一个学校能够适应新变化、能够可持续发展的关键。未来，学校将以三大体系为基础，继续深化新课程改革，扩展学校文化体系的内涵，坚持"五育并举"，全面育人；打造更为立体化的课程体系，依据学生发展的需要，设置更为丰富的、个性化的学科课程；继续开发人工智能保障体系，在信息时代，运用新的技术、新的方式，让教师能够获取更多元化的教学资源，让学生能够更加高效的学习，打造熠熠生辉的创新性课堂，稳步提升教学质量。

（二）积极探索教学管理新机制

学校将积极创新教学组织形式和运行机制，依据具体的学生情况，来创设适应时代发展、符合师生需求的教学管理机制，依据新高考和学业水平考试要求，保障学生学习方式的多样性，全面推进素质教育，加强教学组织管理、教学评价管理、教师资源配置，以科研为引领，开展教学设施设备优化利用研究和创新人才培养模式研究，促进学生全面而有个性的发展，推动学校多样化、特色化发展。

（三）加强学科教师课程建设能力指导

学校会进一步抓好新教材校本研修，健全校本教研制度，创新教师培训方式，重点提升教师新课程实施、学生发展指导和走班教学管理能力。指引教师积极探索学科核心素养在课堂落地的路径和方法。为实现教师的学科教学具有文化意义、思维意义、价值意义，学校逐步提高教师的课程建设能力，鼓励教师积极研究云课程、慕课、互联网背景下与教育新形态匹配的课堂形式，在学法上进行创新，开展基于项目的研究学习、基于探究的合作式学习、基于思考的深度体验式学习、基于实证的融合式学习以及突破校园的无边界学习。

（四）探索"互联网＋教育"新模式

"互联网＋"时代，教学主体、教学资源与教学媒介等要素在不断地变革与发展，创新信息化条件下的人才培养模式，是工美附中线上课程探索的一项新任务。迈向"教育4.0"需要实现学习内容与学习体验的关键转变。学校将借助北京东城智慧教育示范区建设的契机，基于"互联网＋现代治理／精准教学"思维，借助课题"互联网＋

背景下 STEAM 教育学科融合促优质教育资源共享的实践研究"，聚焦教法与学法的变革，探索未来学校教育教学新模式，积极探索"互联网+"教育发展新形态，探索云计算、大数据、人工智能等新技术环境下中学段学科融合的课程建设、新课堂教学模式、教研模式、评价机制、资源共享模式等的研究，继续发挥美术特色办学优势，坚持"艺术+"教育品牌的建设，不断创新德育的形式和内容，努力实现用"艺术+"的教育培养艺术家。

传承百年办学传统，扎实开展素质教育

——北京市第二十五中学教育教学改革个案研究

贾春杨　高山艳　齐　兵　崔　伟　蔡　鑫[1]

一、学校情况分析

（一）学校概况

北京市第二十五中学位于北京市东城区灯市口大街 55 号，是东城区人民政府举办的完全中学，学制初中三年、高中三年。截至 2020 年 9 月，学校共有 31 个教学班，高中 13 个班，初中 17 个班，中加项目 1 个班。学生 1023 人，教职工 163 人，专任教师 140 人，其中，高级教师 53 人，一级教师 53 人；市级骨干教师 1 人，区级学科带头人 3 人，区级骨干教师 5 人。学校占地面积 15416 平方米，总建筑面积 16348 平方米。校园古朴典雅，令人流连忘返，被北京市政府命名为"花园式学校"。学校图书馆藏书15 万册，被命名为东城区图书馆分馆，拥有古籍室、图书定位查询系统。

（二）学校办学历史

学校拥有百年悠久办学历史，由美国基督教公理会于 1864 年创办，名为"男蒙馆"，是北京最早引进西方科学和现代教育的学校。1902 年，更名为"育英学校"。1952 年，更名为"北京市第二十五中学"。学校秉持了知行文化的办学传统。早在 20世纪初，学校即确立以"致知力行"为校训。2009 年，学校将"让每一个学生都有成就感"确立为办学理念。

学校关注人的全面发展，被誉为中国素质教育之先驱。早在育英学校时期，课程表中就开设了数学、物理、化学、天文、地理、生物、英语等科目。在课外选修课中，开设了建筑、美术、书法、戏剧等科目。旅行团、社会调查团、中西音乐社、歌舞团、

---

[1]　贾春杨：北京市第二十五中学校长；高山艳：北京教育督导评估院副教授，职成教育与专项教育督导评估所所长；齐兵：北京市第二十五中学工会主席；崔伟：北京市第二十五中学教学副校长；蔡鑫：北京市第二十五中学高中部主任。

国剧团、新剧团等学生课外社团非常活跃。

中华人民共和国成立后，学校继承了育英学校素质教育的办学传统，在贯彻党的教育方针、全面提高教育质量方面，都取得了显著的成效，成为当时北京最好的十所中学之一。20世纪五六十年代，学生在德、智、体、美、劳诸方面均得到健康发展。学校中有各种社团和课外小组，如合唱团、管弦乐队、篮球队、航模、摩托车、跳伞、航海等，都取得了很好的成绩。学校开设丰富课程及社团的文化一直延续至今。

"文化大革命"时期，学校遭到严重破坏。1978—1988年，学校得以恢复和发展。1978年，学校高考成绩居东城区第三。学校积极总结学校历史经验、弘扬优良传统，1988年至今，倡导"生动活泼、全面发展"的办学方针，推进素质教育。1993年，学校实行"教职工聘任合同制"。1996年，学校在北京市率先开展实行民办公助整体改制试验，促使生源质量与师资水平迅速提升。

百年学校，瓜瓞绵绵，培育出大批英才，如第九届全国政协副主席孙孚凌、原中国篮球协会主席牟作云、原中国足球协会主席年维泗、著名表演艺术家林连昆、原科技部部长徐冠华、著名歌唱家温可铮、中国曲艺家协会主席姜昆、棋圣聂卫平、著名古建筑专家马旭初等。

二、学校推进改革的发展历程

（一）以外促内，拓边固本

学校的教育教学及管理工作主要由初中部、高中部、国际部三个部门负责。2010年前后，初中部教学成绩跻身于示范校行列，被列为东城区优质初中校；中加英文高中是和北京市示范校同一平台的优质项目；高中录取分数线连年提高，高考成绩稳步提升，但由于体制回归不久，作为"左膀右臂"的高中部在教学质量上还是存在短板。为了提振高中教育，学校结合实际情况提出"以外促内，拓边固本"的改革。"外"是指对外交流，"内"是指高中部，"拓边"是指不断加强中加合作项目的影响力，拓展边际，"固本"则是继续提升高中部的教育教学质量，实现学生综合素质的提升，达到全面育人的效果。

当时学校在国际化教育方面一直走在时代前列，学校组织开展境内外修学教育，与国外友好校成功交流，相互学习各自国家的文化，国际化教育卓有成效。2011年，被批准成为"国家级教育体制改革试验项目：开展高中特色发展试验项目学校"。学校不仅引进外教课程，更是将国外先进的教育教学理念和资源拓展到高中部的日常教学中。最为典型的案例就是，学校在2007年就已经开始在高中部进行校本课程的选科走班，从2007年开始，进行高中新课标实践，实行学分制、开设选修课、研究性学习课、校本课程、综合社会实践活动等，为十年后的课程改革全方位实施选科走班做出了良好的探索和实践。同时外教中的导师制、学分制模式也被借鉴并一直沿用至今[1]。

（二）"知行"课程引领，全面提升高中教育教学质量

2014年，《教育部关于全面深化课程改革落实立德树人根本任务的意见》颁布，学校也于同年进行"知行"课程体系构建，课程内容和实施的创新探索，不断推动学校尤其是高中部教育教学质量的提升。

1. 试运行时期：整合校本课程

2015年，专家引领学校骨干教师着手"知行"课程体系的构建工作，初步形成由科学探索、社会探索、生涯探索、人文探索构成的课程框架。2016年，随着课程改革全面深化，初步形成四个模块的内容设计，经专家论证开始实施。首先实现"知行"课程在校本课程中的落地，将原本较为随意的校本课程按照"四个探索"的维度进行整合，全面拓展学生知识维度，得到能力的全方位提升。

2. 推广时期：打通三级课程

2017年，经过各领域专家和学校教研组专题式讨论、多学科融合、研讨修订、不断完善，"知行"课程全部形成任务单教学设计，在教学中有机开展，落实学生核心素养的培养，实现三级课程的打通。三级课程的整合、拓展、重组使课程框架更加清晰，"知行合一"课程理念更加凸显。"知行"课程在强化学校文化内涵，发展师生精神动力的基础上，优化实施路径，搭建行动支架，大幅度增加学生实践、体验、探索、创造等机会和层次，培育、开发和深度利用社会资源，突出发展学生的学习力、理解力、实践力、创造力和领导力，助力学生成长。

3. 成熟时期：推动课堂教学方式变革

"知行"课程在实施方面，努力将过去的以内容传授为主的教学转化为对话式、启发式的教学，教学中科学设计，调动学生积极性，增加学生实践、体验、探索、创造，建多元生态课堂，学最有价值知识，突出发展学生的学习力、理解力、实践力、创造力和领导力（具体框架见下页图）。"知行合一"理念深入到学校的教育教学，强化了课程文化内涵，发展深层精神动力，随着"知行"课程的深入实施，教师的教学方式有了明显的改变。"知行合一"的教育理念深入人心，涌现出一批深得学生爱戴的老师，打造出一批深受学生欢迎的课程。

---

[1] 因疫情及招生政策变化等原因，学校国际部中外合作办学项目于2019年9月开始暂停招生，最后一批学生于2020年6月顺利毕业后，该项目自然终止。

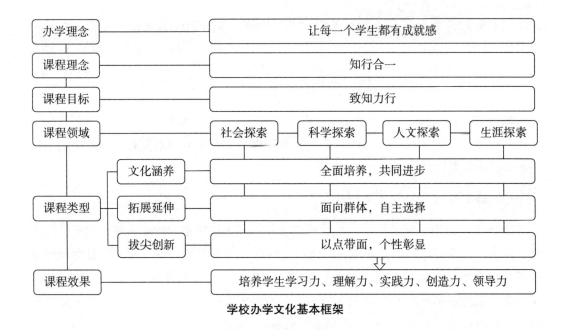

学校办学文化基本框架

三、学校推进教育教学改革的主要举措

（一）传承百年办学历史，加强学校文化建设

育英文化以"致知力行"为核心。早在 20 世纪初，学校即确立以"致知力行"为校训。先秦经典《礼记·大学》写道："致知在格物。物格而后知至"。格物致知，意思是穷究事物原理，从而获得知识。《礼记·中庸》写道："力行近乎仁。"力行的意思是努力实践。500 多年前，明代的哲学家王阳明提出"知行合一"的观点。学校认为：知行为学者之目标，致力为治学之发端，二者之关切，自不待言之而后明矣。学生生活，即为致知力行之生活，推言之，终人之一生，亦无非知行二事；举人类生活一切劳绩，亦无非知行二者也。"知行"文化继承了中国传统文化的精华，又充分体现了现代教育培养有用人才的宗旨。

2013 年至今，学校拓边固本，以外促内，深入挖掘育英文化，推进内涵式发展。经过系统梳理，构建了学校育英文化体系。学校办学理念是"让每一个学生都有成就感"。育人目标是涵育核心素养，为学生的幸福人生奠定基础，使学生成为爱党爱国、身心健康、勤学笃行、仁爱诚信且具有国际视野的优秀公民。校风是静心读书，潜心育人。办学特色是继承百年老校的文化基因，搭建知行合一的课程体系，创建和谐发展的静美校园，实现全面发展的全人教育。学校办学定位是以"致知力行"为精神内核，以知行合一、成就超越的素质教育思想为指导，培育引导求知、践行、创造、超越的校园文化，培养学生的开阔智识、理解思维、创造能力、领导素质，建设具有国际化视野、开放性思维、创新性发展的特色学校。

（二）"知行"课程体系构建

"知行合一"是育英学校暨北京市第二十五中学的文化传统与精神成长的滥觞，也是学校尊崇并一以贯之的教育理念。基于学校知行文化和课程文化发展方向，以丰富的社会大课堂及校友资源为载体，以解决学生成长最迫切、最需要的问题为着力点与发力点，整合、拓展、重组三级课程，逐渐梳理出了"知行合一"理念下体现学校特色体现的"知行"课程框架。

1. 课程目标

坚持社会主义办学方向，推动社会主义核心价值观进教材，着力培养学生高尚的道德情操、扎实的科学文化素质、健康的身心、良好的审美情趣，努力使学生在兴趣、习惯、欣赏和素养方面有不同程度的发展。在兴趣方面，使学生对"致知力行"有精神向往；习惯方面，促进学生良好思维习惯、学习习惯和探究习惯的养成；欣赏方面，大幅度提高学生"致知力行"认知水平和审美能力；素养方面，对"致知力行"人文精神和文化内涵有深入理解，具备渗透延展能力。

2. "知行"课程体系

学校构建了体现落实立德树人根本任务和未来社会的发展趋势，适应学生基础素质和核心能力及其终身发展需要的"知行"课程体系。"知行"课程体系在目标上，由学习力、理解力、实践力、创造力、领导力对接核心素养包含的必备品格和关键能力，更具体、更真实，更聚焦（见下页上图）。

课程体系体现"知行合一"，分为文化涵养课程、拓展延伸课程、拔尖创新课程三个层次，每个层次对接"知行"课程中的生涯探索、科学探索、社会探索、人文探索四个模块（见下页下图）。人文探索对接文化基础和人文底蕴，科学探索对接文化基础和科学精神，社会探索对接责任担当和实践创新，生涯探索对接自主发展和健康生活，模块更清晰，体系更完整，落点更具象。

（三）课程实施与教学方式变革

1. 加强课程宣传，创新实施国家课程，扎实实施学科实践活动课程

一是加强课程理念的宣传和课程实施研讨。通过理念引导、知识普及、环境激发、文化渗透，加深教师对"致知力行"精神的理解和内化。校领导、业务干部、学科带头人、骨干教师起表率作用，一线教师努力实践，后勤管理人员做到了解、知晓与支持。包含国家课程、学校特色课程、双课堂技术应用课程在内的共计15节课，充分落实新中高考改革的要求，探索国家级课程的创新实施，发挥信息技术在课堂中的辅助作用，展现了"致知力行，构建生态课堂；立德树人，涵育核心素养"的成果。

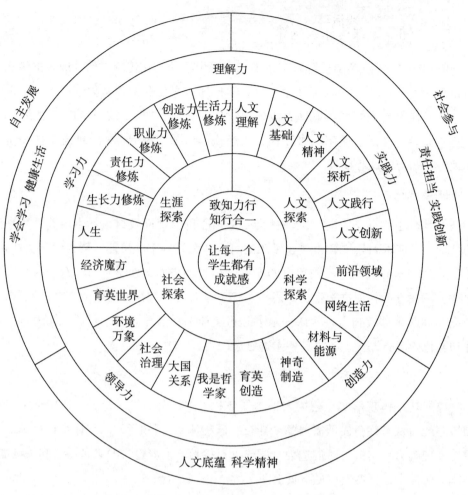

"知行"课程体系目标与核心素养对应关系

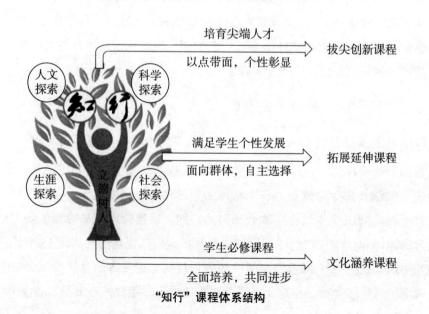

"知行"课程体系结构

二是落实学科实践活动课程，培养学生综合实践能力。学校统筹安排，创设条件，打通三级课程，结合"文化·传承2030""健康·成长2020"工程和校园传统四节，做好顶层设计，在课后服务时间开设体育、艺术、科普、阅读等30多门社团小组，充分调动校内外资源，满足学生的学习需求。如，借助塘萍读书会、育英·涵芬书院开展阅读活动，构建书香校园；举办育英大讲堂，邀请杰出校友主讲科技、历史、时事政治等主题讲座，培养学生责任担当的精神，每次开讲力争实现学区资源共享。争创徐冠华班、钱煦班，既融入科技、信息、生化的学科课程，又渗透勇于创新、谦逊睿智、百折不挠，立足民族工业发展和爱国情怀的德育教育。高中部"寻访周秦汉唐 感知华夏文明"翱翔协作体师生赴西安、安徽研学，以历史教学为主线，以文物为切入点，弘扬民族优秀文化，拓展师生的人文视野。"读万卷书，行万里路"，与古代圣贤隔空对话，从文物中洞察历史，体悟中国人的智慧。"迎'雪龙'回归，访'一大'会址，走'筑梦'之路"，以政治、物理教学为主体，听党课，学党史，跟党走；提高学生海洋意识，拓宽科技教育途径。

2. 利用信息技术转变课堂教学模式，双课堂教学效果显著

（1）积极开展"双课堂"教学模式改革探索。

学校参加了2012年教育部"基于网络的双课堂教学应用试点示范项目"子课题——"常态教学中双课堂优化学生学习过程研究"。2016年，学校成为同方知好乐教育研究院"双课堂项目示范校"，为学生构建更加广阔、开放而又可持续的新型学习环境。2017年，学校利用双课堂平台积极进行教育教学实践研究，由全国教育信息技术研究课题的子课题"基于大数据的创新学习方式实践研究"引领，以研促教，进行"互联网＋教育"变革，在语文、生物、化学、政治等多个学科广泛进行信息技术融入课堂改革。截至目前，学校教师在双课堂平台上注册的有17位、学生有906个。2017—2018学年度中，应用总量达2111人次。参与双课堂平台教学的教师跨越初、高中学段，涉及四大学科。学校教师在《中国多媒体与网络教学学报》发表10篇双课堂案例。疫情期间，多个学科应用双课堂进行线上教学，取得良好成果。

（2）疫情期间教学内容及线上线下混合式教学模式的改革。

新冠疫情给学校教学带来了挑战，也促进了教学内容和教学方式的变革。一是学校将疫情内容融入教学内容。将疫情防控与"知行"课程紧密结合，开展战"疫"背景下的生命教育、信念教育、科学教育、道德教育，各教研组将学科知识与当下的疫情相结合，创新拓展学科内容，使学生切身体会"知"与"行"的关系，学以致用的道理。二是积极探索线上线下混合教学模式。在"停课不停学"的背景下，学校充分利用人教数字教材，人教智慧教学平台、互动教学系统，清华知好乐语文双课堂平台，钉钉在线课堂等信息化教学资源和工具平台，开展线上线下的混合式教学探索。

3. 基于大数据优化"学与教"方式的研究与实践

学校开展了"基于大数据优化'学与教'方式的研究与实践"子课题"基于大数据的创新学习方式实践研究"，探索出了适合中学生的基于大数据的创新学习方式，通过新的学习方式发展学生的素养与学科素养；引发学习方式、教学方式的变革，为学校教师提供一个把技术与教学自如融合的范例，帮助教师在大数据时代下，改变教学设计的思维方式。

（四）积极推进考试评价改革

2017 年北京市课程改革正式实施，为深入贯彻落实教育部关于学生综合素质评价改革系列文件精神的要求，全面贯彻党的教育方针，落实立德树人根本任务，深入推进素质教育，学校制定了《北京市第二十五中学高中学生综合素质评价工作实施方案》。以学生的实际表现为依据，以制度建设为保障，采取多元化的评价方法，关注个体差异，强化过程评价，将评定贯穿于日常教育教学活动中，充分发挥评价的教育功能，全面反映学生的综合素质发展状况，促进学生健康发展，为高校招生录取提供重要参考。

（五）加强干部教师队伍建设

1. 加强干部教师思想政治教育和师德建设

一是加强教师思想政治素质教育。要求教师落实立德树人根本任务，热爱党的教育事业，忠诚党的教育事业，在全面实施素质教育的背景下，把握正确的教育思想，精心教书，潜心育人。二是加强师德建设。利用全体会、年级会、教研组会等多种渠道，明确新时代教师职业规范，全面深化师德师风建设，明确师德底线，增强教师的责任感、使命感，进一步规范教师的职业行为。三是提升领导干部素质水平。学校理论中心组每周进行学习，学习国际、国内形势，党的治国理念，国家的宏观政策、教育方针、行政法规等，不断提升领导干部素质水平。

2. 重视教师校本培训，提升教师专业能力

学校根据《北京市教育委员会关于加强中小学教师校本培训工作的意见》等文件要求，结合学校实际情况，广开培训渠道，不断加强教育理念、教学基本功、现代教育技术等内容培训，打造学习型团队，促进教师专业化发展，全面提高教育教学质量。

（六）科研促教，科研兴校

学校高度重视科研工作，将科研视为可持续发展的重要引擎与强大动力。一是在科研管理机制上，设立了科研处，由校级领导牵头负责。学校校级、中层领导都是学科课题组成员或主要负责人。工会主席牵头，科研领导小组负责定向；初高中部具体

指导、负责定标；各课题组组长、教研组长、备课组长等统筹协调教科研工作。二是在科研制度建设上，学校制定了《教师学术研究制度》《教学管理制度》，明确了科研工作的指导思想和根本任务、工作原则、基本思路、工作目标、保障方式和主要措施，把科研作为绩效考核的指标之一，制定《北京市第二十五中学绩效奖励激励机制实施方案》。三是教研科研紧密结合，研究内容紧扣学校课程、教学模式、教学方法改革等核心问题。学校还积极参与了人民教育出版社 2020 年重点课题"中学语文统编教材信息化教学模式"等课题研究。

（七）资源配置改革

自 2015 年以来，学校为改善教育教学环境，投入大量人力、物力来实现硬件环境的升级，为学校教育教学改革提供了帮助。

1. 建设专业教室，丰富课程种类，提高教学质量

一是建设 Pad 互动教室。学生人手一台智能终端，以提高学生学习的积极性、主动性和学习效率。二是建设三维创意教室。教室安装有专业的 3D 制作软件，配有 10 台 uptwo 和两台 upbox 专业 3D 打印机。三是建设录课室及移动录课。学校负责为全校师生录制课堂实录，帮助教师发现课堂教学中的不足。四是改造化学实验室，使化学教学能够更加激发学生的学习兴趣，近距离、直观、形象地呈现给学生，提高学生对知识的识记、理解，提高综合运用和评价能力。五是建设微生物培养实验室和植物组织培养实验室，以便促进学生运用所学知识指导实践，在实践中更深刻地理解知识，在探究中培养学生的生物学科素养。

2. 加强教育教学保障，促进教育教学效果提升

一是现代化图书馆建设。学校于 2015 年 12 月建成数字图书馆及电子阅览室，是东城区图书馆分馆。图书馆实行开架借阅，师生共享。经过升级，形成图书定位系统，达到国家图书馆水平。古籍区存有 1400 册育英图书馆流传下来的线装书，最早的一本为雍正时期的。阅览区有暗藏的投影设备，可以接待校本课学习。图书馆计划自行开设文献利用课程；每年举办读书节、创意集市，激发学生爱读书、爱创新的热情。二是教学楼拼接屏，展示学校风采，可以直观了解学校的校园风采和教师队伍建设。三是会议室及多功能厅音响。四是多功能厅 LED 显示屏及设备购置。学校配备新的显示设备、灯光和舞台。五是智能班牌。丰富了宣传素材，提升了宣传效果，学生参与制作的过程中，培养了创新能力，动手动脑能力。

四、学校教育教学改革实践的主要成效

随着教育改革的不断推进和成熟，学校"知行合一"课程理念不断深入人心，达

成共识，课程实施有效落实了学校文化精神，提升了学生可持续发展能力，促进了教师专业化成长。

（一）学生学业增值明显，高中部彰显加工能力

学校为实现立德树人根本任务，聚焦学生社会主义核心价值观的培育，依托"知行"课程打造专题活动，助推高中部实现跨越。2018届的高考学生中，近90%进入全市前50%行列。2017届毕业生，文、理科一本率全部达50%，比2016年提升30个百分点；文、理科二本率达到100%。学校教学水平和成绩均实现了质的飞跃。

（二）学生的综合素质得以提升

"知行"课程的实施落实了核心素养的培养，提升了学生的身体素质、阅读素养、艺术欣赏水平，培养了学生学习力、理解力、实践力、创造力和领导力。

如，学校承办北京市民族传统体育项目推广与展示活动，珍珠球、橄榄球、篮球等多彩特色体育课程激发了学生参与热情，提升了学生的身体素质，培养了学生健康生活习惯。"文化·传承2030"工程等显著提升了学生的审美情趣，学生获得北京市合唱比赛、国际摄影比赛一等奖，学校被评为东城区艺术教育示范校、东城区青少年民族民间文化艺术教育基地。学生在吟诵经典、绘制风筝、剪纸篆刻、书法临摹、文物鉴赏等体验中感悟文化魅力，增进国家认同，丰富文化底蕴。书法、京剧等传统文化课程提升了学生的艺术素养，科技类课程培养了学生科技创新精神。作为首批加入国家"航天育种计划"的实验校，学校开设了"航天育种"校本课程。创客社团获北京市创新大赛一等奖，"翱翔"学子屡获佳绩，多位同学登上北京翱翔论坛，科技系列活动培养了学生科学精神和创新意识。

（三）教师队伍水平得到提升

一是课程开发和教学能力得到大幅提升。大多数教师转变了课程与教学观念，聚焦核心素养的目标意识得到强化。在调动学生的积极性方面，让学生主动去体验、思考、感悟，有意识地培养学生的学法和思维能力等方面，教师们开发了系列特色课程，做了大量有益的教法探索和尝试。二是教师积极申报和参与国家、市区级课题，"语文双课堂教学""茶文化教育培养学生综合素质"等科研课题扎实推进，科研能力有了大幅提升。三是一批骨干优秀教师脱颖而出。学校有市区骨干教师15人，多人在市区级的教育教学比赛中获奖。近年来，2人获东城区中学教师教学基本功大赛特等奖，4人获首届"京教杯"青年教师说课比赛一等奖，3人获"东兴杯"教师基本功大赛一等奖。四是打造了多个优秀教研组团队。如学校体育教研组承办"北京市民族体育项目实践展示活动"并进行珍珠球等项目展示；每年开设篮球、乒乓球、健美操、游泳、

珍珠球、橄榄球等十余门形式多样的特色课程。再如，艺术教研组在中华民族优秀传统文化教育中一改碎片化教育内容、单一化教学模式的现状，开设了书法、国画、篆刻、戏剧等一系列传统文化课程。科技教师队伍专业能力不断强化。物理、生物、化学教研组积极承担北京市开放性学科实践活动，学校成为北京市的资源单位；2015 年被评为北京市航天育种基地校。科技创新方面的发展得到市区教委认可，2016 年被评为北京市科技教育示范校。

（四）课程实施发挥辐射作用

一是优质教育资源辐射社区。学校"知行"课程中的特色课程——育英大讲堂，历次都请重量级校友、专家到校开设讲座，每次开讲前，学校都会邀请社区和兄弟院校参加，共同聆听专家们的讲座，使优质教育资源辐射兄弟院校和社区。二是为学区内外学校提供优质开放性科学实践活动课程资源，促进学区内外学校发展，使更多学生受益。三是城郊互动，辐射带动郊区学校教育教学提升。如，与延庆井庄中学结为手拉手友好校，安排部分初三年级任课教师利用周末时间到井庄中学上课，承接井庄中学初三年级学生到校进行游学备考，游学学生的中考成绩突出，受到了延庆区教委的大力表彰。四是开展研讨和交流，向国内学校分享教育教学改革经验。2017 年 11 月 6 日，学校召开"知行·固本·铸魂"特色课程建设研讨会，展现"致知力行，构建生态课堂，立德树人，涵育核心素养"的成果，市区专家、领导进行了点评并给予高度认可，来自北京延庆、昌平、大兴等部分区及黑龙江、吉林、山东、重庆、安徽的教师、校家长委员会的代表近 300 人参加了活动。2014 年，湖北郧县学校领导到学校挂职学习，2015 年，学校与茶店中学校签订了《对口协作工作协议书》，将"知行"理念普惠到兄弟学校，让"育英"精神在各地生根发芽。

五、学校教育教学改革的特色与经验

（一）传承百年办学文化，坚持"致知力行"教育理念

在推动教育改革的过程中，学校强调文化传承、文化注入和文化意识渗透，目的在于建立文化自信。"致知力行"这一文化根基，一直是学校赖以生存的精神支柱。"致知力行"的校训被镌刻在北京市第二十五中学的高大影壁上，更印刻在百年育英教师的心中，培育代代学子走上求真、求知的道路。作为一个鲜活的有机体，"致知力行"强调了"知"与"行"的逻辑关系，指明了求知做人的科学方法。"知行"二字已被深深地嵌入在学校学子的骨髓中，映照着他们的生活之路与生命历程。学校在文化体系打造上始终注重文化的传承，并将办学文化贯穿于课程教学全过程。

（二）"致知力行"理念在课程和教学领域得到有效落地实施

一是传承和落实学校办学理念，构建了多维度、丰富的"知行"课程，培养了学生的文化知识、综合素养和问题解决能力。二是在实施中，"知行"理念不断深入人心，进一步深化了育英精神与课程体系的融合。教师理念不断更新，教学方法不断改进，促进教师教育教学能力提高。学校教育教学成果丰厚，学术研讨得到国家、市区领导与同行的好评，研究成果与多个省市与地区分享，"致知力行"的理念在学校建设与教育行为中产生深刻影响。

（三）充分挖掘资源，构建"学校—家庭—社会"协同育人机制

学校追求多元互动。建立"学校—家庭—社会"多主体协同共育工作体系。在学校建立育英大讲堂、育英故事会等校内实践基地，在校外设立若干知行基地。开展丰富多彩的知行艺术节、科技节、读书节、体育节、知行班组建设、知行作品大赛等系列知行创新活动。

六、学校教育教学后续改革的思路和方向

适应新时代教育高质量发展的要求，学校后续改革思路是：再经过三年的努力，把学校建设成办学思想先进、各项管理高效、课程体系完善、教师队伍精良、教研气氛浓厚、学生发展生动、办学特色鲜明、校园环境优美的北京著名、国内知名的示范性学校。

一是落实立德树人根本任务，在人才培养上下功夫。努力培养一大批全面发展又有个性特长的优秀学生。特别是下大力气达成"让每一个学生都有成就感"，具有开阔的胸襟、高远的境界的追求，不断传承育英精神。

二是进一步加强课程建设，在学校现有课程体系基础上，坚持德智体美劳"五育并举"，努力开发一批优质实用且富有本地区、本学校特色的校本课程。

三是发挥评价指挥棒作用，努力探索深化新时代教育评价改革的方式方法，助推学校教育教学质量提升。

四是进一步加强师资队伍建设，努力造就一批严谨治学、热心教改、教学有特色、市区有较大影响的研究型教师。

五是持续推进教育教学方式的变革，不断更新理念，采取"互联网+"的思维模式，丰富师生教育教学方式，提升教育教学质量。

第二部分　海淀区

整体建构　问题导向　资源整合

——北京市海淀区双榆树第一小学教育教学改革个案研究

丁凤良[1]

一、学校的基本情况

北京市海淀区双榆树第一小学（以下简称"双榆树一小"）是北京市首批义务教育学校管理达标学校，海淀区新优质学校。学校秉承"成就不一样的你"的办学理念，以"成长靠自己"为校训，努力创办一所面向未来的、人民满意的优质学校。

学校地处中关村国家自主创新示范区核心区。学校始建于1981年，现有39个教学班，近1400名学生。学校在编在岗教职工75名，研究生学历16人，约占教职工总人数的21%；特级教师1名，高级教师9名，市级骨干教师2名，区级以上学科带头人和骨干教师18名，区级以上骨干教师、学科带头人占教职工总人数的24%。

学校的学生培养目标简单概括为"一六六一"，具体为：一个目标——为培养具有"民族灵魂、家国情怀、世界眼光"的中国人，着好人生底色；六种品格——诚信、仁爱、勤奋、坚毅、明智、创新；六项学习基本技能——听、说、问、论、诵、书；一项特长——体育、科技和艺术特长，学生自主选择一项作为发展重点，学校为其提供支持与帮助。

学校借助矩阵式管理理念，搭建"三线六中心"管理架构。学校深化"育·树"教育实践，既要育心，还要树人，具体包括若水德育、阳光课程和生态教学三个支点。在整体把握系统思考、问题导向变革实践、资源整合追求卓越的基础上，学校已经初步形成了管理、教师和学生三方面的文化：管理文化即尊重、欣赏、发现，教师文化即研究、担当、协作，学生文化即自信、儒雅、乐观。

---

[1]　丁凤良：北京市海淀区民族小学（中国教育科学研究院附属小学）书记、校长，北京市海淀区双榆树第一小学原校长。

二、学校改革的基本历程

学校自 1981 年建校以来，经历了三个阶段：标准化阶段（1981—2015 年）、特色化阶段（2015—2018 年）、准品牌化阶段（2018 年至今）。

（一）标准化阶段

学校在标准化阶段历时最长，这一阶段主要根据国家的教育方针和北京市政府的培养目标，建成标准化学校。为了保证教育发展的均衡化，保证教育教学的质量，学校自 2010 年先后对教学设施进行改造，对师资队伍进行打造。比如，2010 年加固学校主教学楼，暑期组织教师备课及个人职业规划交流，对教师进行培训；2011 年迎接国家基础教育质量监测、迎接海淀区素质教育综合督导工作；2013 年，改造建成各种专业教室，丰富学生的校园生活。自此，开启了学校发展的新篇章，努力建成标准化学校。

（二）特色化阶段

2015 年 6 月，丁凤良校长任学校书记、校长，到 2018 年，先后提出学校的办学理念、学习型组织文化，具体经历了从"育·树"教育的名称确立，到若水德育、阳光课程、生态教学三个支点的研究深化；从学校五年规划的制定落实，到学校章程的审议通过；从矩阵管理架构的搭建，到年级视导机制的建立；从海淀区新优质学校的首批当选，到北京市义务教育达标的首批通过；从海淀区年度考核优秀学校的首批获准，到海淀区党组织领导下的校长负责制试点学校的首批提名……实现了学校的特色化发展。

（三）准品牌化阶段

自 2018 年至今，学校处于打造品牌的阶段，在特色发展的过程中逐步提高社会声誉，赢得家长和社会大众的认可，提升教育教学质量，努力形成自己的品牌。

三、学校改革的政策背景与核心问题

（一）政策背景

首先，宏观层面的政策背景是我国基础教育改革与发展的顶层设计。2015 年 10 月，党的十八大报告明确指出："着力提高教育质量……均衡发展九年义务教育均衡"，这也促使并标志着义务教育阶段的学校发展进入了新的历史阶段。2017 年 10 月，党的十九大报告明确指出：办好人民满意的教育，推进教育公平，努力让每个孩子都能享有公平而有质量的教育。如何体现公平，如何才能让人民满意，如何使老百姓家门口的学校成为优质学校，是义务教育阶段学校教育工作者必须要面对和思考的问题。

其次，中观层面的政策背景是北京市海淀区教育改革预防发展的顶层设计。主要包括两个方面：一是海淀区"十三五"时期教育改革和发展规划通过并颁布。2016年，《海淀区"十三五"时期教育改革和发展规划》经海淀区第191次区政府常务会议和9月1日区委教育改革与发展规划领导小组第三次全体会议审议通过。该规划主要包括谋划海淀教育发展新蓝图、建设高水平均衡化教育强区、深化教育领域综合改革和全面保障规划实施四个章节。二是海淀区"新优质学校建设工程"推进并实施：海淀区教委启动"新优质学校建设工程"项目。学校通过评审并进入到该项目开展创建工作。

（二）核心问题

面对新时代新需要和深化教育综合改革的形势和要求，学校紧扣"三个问题"来引领实践。

一是历史性的发展机遇摆在那里，学校如何更好地贯彻落实国家、市、区相关政策和精神，紧紧抓住难得的发展机遇，顺势而为、借力发展是学校必须要思考的问题。

二是如何在大校、名校和整体教育质量和水平处于高地的中关村地区立足和生存，如何提升学校教育教学质量，缩小差距，争取到生存和发展的空间是学校必须思考的问题。

三是学校家长的内心很矛盾：一方面因对口直升中关村中学而欣喜，另一方面又因为担心学校生源质量和教学质量而犹豫。如何通过自身的改革与创新提升学校教育质量，打消家长心中的忐忑和疑虑是学校必须思考的问题。

面对以上背景、趋势和问题，学校只有一条路——迎头赶上，积极回应百姓对优质教育的需求，深化学校教育改革，不断提升教育教学质量，主动实践紧抓机遇，主动变化应对挑战。学校将实践聚焦于"育·树"教育，"成就不一样的你"。

四、学校推进改革的基本思路

面对以上背景、问题和成果，学校综合做出抉择：紧抓历史性的发展机遇，迎头赶上，积极回应百姓对优质教育的需求，深化学校教育改革与创新，积极提升品质，不断追求卓越。

学校层面领导力反映学校作为一个有机体进行改革与创新的内在要素及运行状态。它由四个要素构成：目标与价值系统、育人模式系统、制度与管理系统、办学资源系统。[1] 其内在机制结构见下页图。

---

[1] 裴娣娜.变革性实践与中国基础教育的未来发展 [M].北京：教育科学出版社，2015.

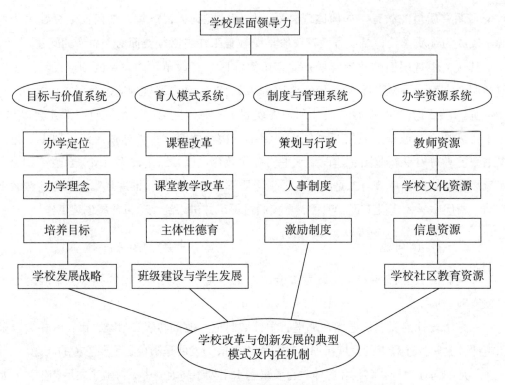

"学校改革与创新发展"需要的学校层面领导力内在机制结构

双榆树一小以"教育改革与创新发展"课题研究为引领，深化学校办学实践。学校教育改革与创新发展实践分为四个系统，即目标与价值系统、育人模式系统、制度管理系统和办学资源与条件系统。具体见下图。

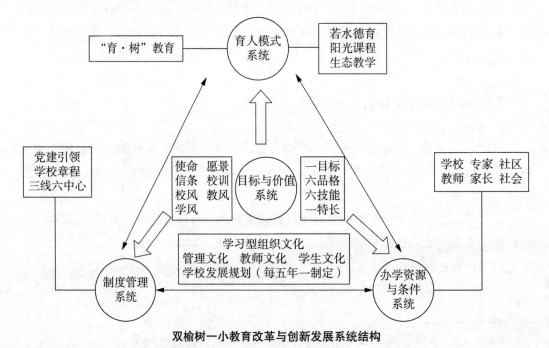

双榆树一小教育改革与创新发展系统结构

五、学校实施改革的主要举措

学校教育改革与创新发展实践研究的基本思路包括思想方法、关键要素和育人支点三个层面。

（一）思想方法

1."整体建构"是学校教育改革与创新发展实践的重要思想

要尊重每一名学生，接纳每一名学生，培养每一名学生，发展每一名学生。学生主体观是学校存在的价值所在，也是学校发展的核心所在。整体建构紧紧围绕学生主体观进行构建，尤其要强调目标与价值系统的先导性作用，其他系统也要紧紧围绕目标与价值系统来建构。整体建构可以分阶段来推进和落实，其是一个渐进过程，需要不断积淀、丰富和完善。整体建构的过程需要实践与总结、反思相结合，这个过程可以缩短，但是不能跨越。整体建构的灵魂是结构化，将整体建构的经验成果结构化是厘清学校教育创新实践的捷径。整体建构结构化所产生的化学反应会成为学校持续发展的不竭动力。整体建构强调的是上位引领，也就是说，强调顶层设计的重要。学校教育改革与创新实践需要学校的领路人、班长以及班子成员、组长直至教师依次理解学校的办学理念并付诸行动和实践。

2."问题导向"是学校教育改革与创新发展实践的重要方法

所谓问题导向，就是将学校教育改革与创新实践中最需要解决的问题排列出来，优先解决排在最前边的问题。在学校教育改革与创新实践过程中，主要面对以下问题。第一，办学理念创新，强化学校核心价值观念的梳理和提炼。第二，管理变革创新，强化面向未来现代化学校运行的机制、制度创新。第三，课程建设创新，要基于学校培养目标进行课程建设创新研究。第四，课堂教学创新，重点关注教与学方式的变革创新，转变低效的、不适合学生学习、成长的教学方式。第五，育人方式创新，要紧紧围绕社会主义核心价值观进行育人，重点从中华优秀传统文化教育切入，培养优良品格和良好习惯。第六，教师发展创新，要紧紧围绕有效促进教师专业发展的机制进行创新，提升教师专业素养和专业化水平，尤其要以提升教师研究能力为抓手。第七，信息技术创新，运用信息化手段改进教育、教学、管理的方式，提升教育教学质量和水平，提升管理的效率和品质。第八，后勤服务创新，要立足于服务学生发展、教师发展、学校发展，整合、优化资源供给，保障机制高效、平稳、有序运行。问题导向基于问题解决不是一成不变的，需要结合学校发展阶段和实际状况进行调整，也会存在并行共进的局面。尤其，学校要结合教育行政主管部门的政策导向及时做出调整，要结合家长的需求、学生的需要、教师的期待及时做出回应和改进。

3. "资源整合"是学校教育改革与创新发展实践的重要支撑

资源对于学校教育改革与创新实践来说包括多个方面，从对象来讲，包括教师、家长、学生；从范围来讲，包括社区、社会、网络；从形式来讲，包括知识、渠道、信息等。资源可以助力学校方方面面的发展和提升，比较常态的是提升课程的品质，丰富课堂教学资源，拓展培育学生的方式和途径等。整合是学校通过教育改革与创新实践，进而整体提升学校办学品质的唯一出路。整合需要先做到有资源，进而筛选资源，然后将适合学校且有价值的资源用于学校管理、教育教学、教师培训、信息化建设、后勤服务等。资源整合的指向确定且唯一，那就是培育和发展学生。不排除资源整合后直接用于与学校教育改革与创新实践有关的具体部门、项目的实施过程，或者直接作用于教师的专业发展，但是其最终指向的受益者必须是学生。

（二）关键要素

1. 学校"领导力"是学校教育改革与创新发展实践的重要引领

领导力指学校根据办学定位和培养目标，调动教育资源进行学校改革与创新，提升学校品质力的能力。领导力概念的提出，旨在聚集优质教育资源，推进学校育人模式系统的改革，深化学校教育创新的实践探索，形成学校品牌文化及提升学校的办学竞争力，实现学校的高品质发展。

目标与价值系统决定着学校改革和创新的方向，决定着学校的长远发展，是基础性前提。面对多元文化与多元价值取向的现实环境，只有确立学生主体的发展观，才能实现学校教育从知识论向价值论的根本转变，重新认识教育的本质。育人模式系统主要包括德育引领、课程开发、课堂教学这三个带有原点性的基本要素，从根本上决定了学校改革和创新发展的质量与水平，是培育各类优秀人才的基础。制度与管理系统是学校改革和发展的前提、支撑和保障，制度的施行体现着学校领导力，集中表现为教师队伍的能力提升与优化组合，以及主体的培育和生成。办学资源系统包括人和物质两个层面以及校内、校外两个范围，特别是以开放、整合的思路对优质教育资源的开发，有利于提升学校的办学水平。通过四个系统以及系统之间的优化组合，学校不断调整机体内部结构，扩大机体的自组织功能，成为一个自我革新、自我生长的有机体，一个具有强大适应能力的教育生态有机系统，以期实现提高教育质量、增长教育效益的目标。

2. 教师"专业力"是学校教育改革与创新发展实践的重要保障

专业力是专业能力的简称。学校教育工作者的专业力体现在以下方面：一是教师必须具备教育教学所需要的能力才能胜任教师职业，即具有教师资格，同时对教师职业特点、价值和意义有清晰的认识和理解，愿意为教师职业担当责任，愿意为教育事业贡献力量，具有教育理想和情怀；二是教师进入学校教育教学岗位后表现出的专业素养，即水平；三是教师自职业生涯开始对自身职业进行管理规划的能力。例如，学科教师需要专业的学科教学能力，班主任必须具备专业的班级管理能力，学校管理者需要专业的教育管理能力等。每个职业以及其岗位的特殊性需要相关人员具备专业能力，这个专业能力既可以通过专业院校学习，也可以在每个职业（岗位）的实践中学习。作为义务教育工作者的教师专业力，第一，教师要有爱的能力，教师要爱学生，没有爱就没有教育；第二，教师要有科学、合理设计教学活动的能力；第三，教师要有课程资源开发的能力，要有选择能激发学生学习兴趣的教育教学内容的能力；第四，教师要有建设性评价学生，督促激励其主动学习发展的能力；第五，教师要有与学生及其家长、同伴有效、顺畅沟通的能力；第六，教师要有科研意识，要能够做与教育主题有关的提升教育教学质量小课题研究的能力。

3. 学生"学习力"是学校教育改革与创新发展实践的重要指向

学习力是学生的生长力，是人的生成、生长和发展。"三层六要素"为学习力的要素结构：第一层由知识与经验、策略与反思、意志与进取组成人的基本素质；第二层是实践与活动、协作与交往，是实现人的发展两个基本路径；第三层是批判与创新，为人发展的最高境界。这是一个新开拓的领域，首次构建了学生自主学习生成发展的模型，是从人自身发展的角度，对人的发展应具有的基本要素和个性化发展的内在机制的刻画，寻求实现学生个性差异发展的基本路径，将导致教育观念和行为的根本转换。

（三）育人支点

1. "若水德育"是学校教育改革与创新发展实践的重要目标

"培养什么人，是教育的首要问题。"这是教育工作的根本任务，也是教育现代化的方向目标。培养德智体美劳全面发展的社会主义建设者和接班人，归根结底就是立德树人。操作层面三个支点中，"若水德育"位于首位，以培养"中国心"为目标，努力使学生成为"君子风范、雅量高致、健康向善"的人，成为勇尝试、善合作、乐分享的人，成为自信、儒雅、乐观的人。"若水德育"指向"育格树人"，以培育优秀"品格"为载体，聚焦三个关键词——善良友善、感恩宽容、专注有序，树宽和友善之人。

2. "阳光课程"是学校教育改革与创新发展实践的重要核心

"阳光课程"以"整体教育观"为引领，在坚持"五育并举"的基础上，增加创新和综合能力素养维度，意在努力做到四个平衡，即专业与通识的平衡、个体与群体的平衡、人格与学养的平衡、身心与思想的平衡。学校阳光课程建设秉承以下思路进行构建：一是准确把握三级课程关系，严格落实国家课程，确保国家课程不折不扣地执行和实施；二是加强对学校校本课程的领导，根据国家对课程的要求，严格执行备案批准方能面向学生授课的要求；三是要源于学校教师专业背景和学生需求设置校本课程，保障校本课程的质量和品质。

3."生态教学"是学校教育改革与创新发展实践的重要阵地

课堂教学是学生学习与发展的基本平台，是学生生存与发展的重要方式，是实现学生发展的主渠道。课堂教学改革是一种变革性实践，其着力点在于：一是教学内容体现知识的整合，联系生活实际，注意挖掘人文内涵；二是学生学习活动设计合理，形成多样化的学习方式，关注学生学习过程中的创造性思维品质培养；三是发展性教学策略的实施。有效教学主要表现在学生主动参与的有效度、合作学习与探讨的实效性、学生自主选择及差异发展以及合理使用现代教育技术手段，以课堂教学质量提升学生的学习力，促进学生主动、富有个性地学习，并孕育教学特色的形成。

学校教育的改革与创新，不仅是对工具化教育的片面追求、人的发展目标偏离及主体缺位的积极矫正，而且是对迷茫纷繁的教育理论、观念所做的有力价值澄清。学校教育改革与创新发展实践研究所得出三个方面、九个要点的成果（如下图），意义在于帮助学校打开促进自身敏锐地抓住时代挑战而形成学校改革和创新发展的视域，促使学校教育进行"结构性"调整而实现功能、形态上的根本性转变。

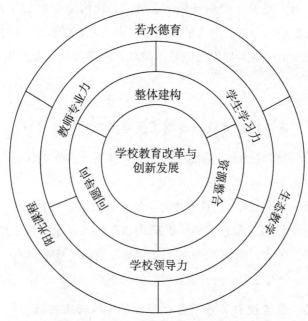

双榆树一小教育改革与创新发展结构图谱

六、学校改革的主要成效

（一）学校自身办学质量得到大幅提升

这些年来，学校成为中国"新样态"联盟首批实验学校、"中国好老师行动计划"

基地校、全国家校社共育联盟学校、"中国写作学会中小学习作教学研究"实验学校、中国阅读研究院"绘本阅读"课题研究实验学校、中国科学院科普博览示范基地、新世纪小学数学华应龙"化错教育"研究中心联盟学校，全国青少年校园足球特色学校，北京市文明校园、北京市首批义务教育学校管理达标学校、北京市高校支持中小学英语教学改革项目学校、北京教科院基础教育研究所实验学校、京城百校联盟校、北京市百校阅读联盟校、北京市校园足球特色学校等，海淀区新优质学校、海淀区德育管理先进校、海淀区武术传统校、海淀区校园足球实验校、海淀区中小学冰雪运动试验校、海淀区科普示范基地校、海淀区科技示范校、海淀区艺术示范校；获全国中小学生武术比赛团体冠军、京韵古诗《满江红》获"国戏杯"一等奖。

（二）学校在教育对口支援与帮扶中做出突出贡献

学校还将优质资源输出到其他省、市、地区，帮扶共进。资源输出帮扶共进，源自于我们对此项工作的定位：一是定位于培养锻炼学校干部教师队伍。教师外出讲课讲座是难得的锻炼学习机会。二是加强学生与其他区域学生的交流，增进学生对祖国其他区域情况的了解。三是学校在彼此交流中互通有无、互相借鉴，最终达到并实现共同进步。

学校还依托北京师范大学"中国好老师"公益行动，开展教育帮扶工作。学校先后与陕西省靖边县东坑镇第二小学、黑龙江省绥化市育才小学、黑龙江省绥化市明县滨泉凤亭小学、黑龙江省绥化市明水县第一小学、黑龙江省绥化市青冈县人民小学、黑龙江省绥化市青冈县实验小学、黑龙江省绥化市兰西县第五小学、北京市延庆区旧县小学、内蒙古赤峰市敖汉旗新惠第二小学和内蒙古赤峰市敖汉旗四道湾子中心小学签订帮扶协议。另外，学校多次承接其他省市干部教师到校跟岗交流学习活动。

七、改革的特色、模式和主要经验

学校深化办学实践，基于教育改革与创新发展的四个系统，提炼出双榆树一小教育改革与创新发展系统结构图，即学校教育教学改革的模式特色，提炼这些模式生成与发展的基本经验，我们应坚持以理念更新为前提，以课程建设为抓手，以教学改革为根本，以资源整合为依托，以教师成长为基石，积极探索教育教学改革的经验。

（一）坚持将理念更新作为前提

学校借鉴裴娣娜教授《学校改革与创新发展的典型模式及内在机制研究》成果中的四要素，构建适合学校的四个系统。如，梳理出学校的办学使命——成就不一样的你，愿景——育才沃土、树人乐园，信条——顺木之天、以致其性，途径——内涵发展、开放发展、生态发展，校训——成长靠自己，校风——平等、尊重、共进，教风——育心树行，学风——勇尝试、善合作、乐分享等。

（二）坚持将课程建设作为抓手

课程建设是教育的主要抓手，全面培养学生必须构建全新的课程体系。"育·树"阳光课程紧紧围绕"一六六一"学生培养目标的达成来落实，由基础课程、拓展课程和实践课程三个部分组成。基础课程包括国家课程、地方课程和校本课程，拓展课程包括精品自选课程和普及自选课程，实践课程包括主题整合课程、活动实践课程和研学实践课程。"育·树"阳光课程主要包括五大门类：道德与修养、人文与社会、科学与创新、艺术与审美、体育与健康。五大门类课程主要通过学科教学、主题教育、社团活动、节日体验、项目实践、研学拓展、假日外延等方式供学生学习参与、研究分享、展示汇报，进而激发学生兴趣，培养学生特长，积淀核心素养，发展关键能力。

（三）坚持将教学改革作为根本

学校"育·树"生态教学，聚焦学生关键能力培养，主要包括六个方面的能力：独立思考、合作探究、信息筛选、分享交流、迁移运用、质疑反思。"育·树"生态教学强调要实现三个转变，即变教师讲授式教学为启发式教学、变关注教师的教为关注学生的学、变重知识的传授为素养的提升；强调要处理好三个关系，即教和学、预设和生成、满足学生个性化学习需求和立德树人总体目标达成。

（四）坚持将资源整合作为依托

无论是课程建设，还是教学改革，都离不开资源开发。资源可以助力学校方方面面的发展和提升，整合需要先做到有资源，进而筛选资源，然后将适合学校且有价值的资源用于学校管理、教育教学、教师培训、信息化建设、后勤服务等。资源整合的指向确定且唯一，那就是培育和发展学生。学校建立家长资源、社会资源联合的资源库，将资源对应学生德智体美劳全面发展的培养领域进行细分，将资源的运用与融合进行科学系统的调配，更好地为学生发展服务。

（五）坚持将教师成长作为基石

"现代意义上的教师已不再仅仅是知识的传授者，同时也是播种者、唤醒者、鼓舞者——去播撒创新的种子，去唤醒创新的潜能，去鼓舞创新的志向。"学校一贯重视教师队伍的培养，一方面，学校为教师成长提供平台和机会；另一方面，学校还通过科研课题引领和校本研修提升教师专业技能和水平。骨干教师队伍数量和质量能得到大幅度提升，源于学校一直重视教师的专业成长。

行于微而至于翠

——北京市海淀区翠微小学教育教学改革个案研究

张国立　周金萍　樊　罡　贾雪芳[1]

一、学校基本情况分析

北京市海淀区翠微小学于 1956 年建校，在近 30 年的教育改革中，先后在海淀区教委推出的学校内部管理体制改革、规模办学和人事制度三项重大改革时明智选择，为学校发展赢得先机，奠定了持续发展的基石。

翠微小学自建校以来，有九位校长在这里任职。1956 年 9 月任命吴文瑜同志为校长。吴校长以"艰苦岁月，翠微先锋"为办学理念，重视师资的配备，想尽办法聘请本地甚至外埠优秀教师。1957 年 10 月，张宗仁同志接任校长，提出了"对孩子负责，一切为了孩子"的办学思想，并认为："提高教学质量首先抓教师质量"。张校长勇于打破传统观念，在办学改革中开创了先河——率先开设外语课程，聘请学科专业教师。1970 年 2 月，潘力同志接任校长，倡导尊师重教并提出"重振雄风，继往开来"。1980 年，刘锡伦同志接任校长，为翠微小学第四位校长。以"身先士卒，锐意改革"为办学理念，"花园式的翠微小学"焕然屹立。1992 年，王育华同志接任校长，以"建章建制，以情寓情"为办学理念，开展制度化建设。1994 年 7 月，田志刚同志接任校长，以"以人为本，走特色路"为办学理念，翠微小学形成一校四址的新格局。第七任校长张彦祥同志于 2006 年接任，以"明德笃行，文化立校"为办学理念，初步创建受社会广泛认可的"翠微教育"品牌。

2011 年 7 月，翠微小学由许培军同志接任校长。许校长承续学校原有的文化理念，明确把"培养明德笃行、自觉自为的阳光少年"作为培养目标，把"明德至翠，笃行于微"作为校训。2012 年，学校在建构课程体系的同时启动了集团化办学的探索，确立翠·微教育品牌——"绿的生态、玉的品质、微的细腻、润的内涵"。2013 年，确

---

[1]　张国立：北京市海淀区翠微小学书记、校长；周金萍：北京市海淀区翠微小学副校长；樊罡：北京市海淀区翠微小学副校长；贾雪芳：北京市海淀区翠微小学教研组长。

立并运行七大中心的管理模式，四个校区形成稳固的"田"字结构；各中心围绕"田"字结构公转和自转，从而有效完成集团融合的各项工作。2014 年，学校确立了"四特"未来五年发展目标——一校一特质，一园一特色，一师一特点，一生一特长。2015 年，在部分校区三年试点实验基础上，集团校全面推进实施，全部进入"三层级四领域"的课程体系中。集团校启动校区委员会管理模式，并接收白家疃小学为集团校成员。2016 年，集团校管理更加严谨和规范，成立了五个校区委员会。至此，南北相连、城乡一体的翠微小学在磨炼与融合中，基本构建了集团化办学管理体系，形成七大中心、五个校区、学科和年级纵横交错管理的格局。翠·微教育不同校区统领在"一校一特质"的工作氛围中，在自我发展与共同发展同步进行中保证办学品质。

2022 年 7 月，张国立同志接任书记、校长。秉承"个性教育""适度教育"的思想，学校着力课程体系建构，加强"价值与情趣相融，个性与共性和谐"的绿色课堂教学研究，促进学生自我健康的发展。以"展翅艺术天地，培养完美人格"为出发点，学校重点打造艺术教育品牌。

学校先后被评为首都精神文明标兵、北京市德育工作先进校、北京市教育科研先进单位、北京市中小学艺术教育特色学校、明星体育学校等。尤其是近些年来，学校被评为京城百所特色校"家门口的好学校"（2016 年）、全国文明校园（2017 年）、京城教改创新领军小学（2019 年），学校的社会影响力日益增强。

二、学校课程推进的主要历程

自 2010 年以来，在"明德至翠，笃行于微"的办学理念指导下，以"培养明德笃行、自觉行为的阳光少年"为目标，学校构建了独具特色的"翠·微"课程体系。

（一）2010—2012 年：以文化引领三级课程的建设

早在 2008 年，翠微小学作为海淀区第一批小学规范化建设的项目校，在一系列专家的引领和带动下，开始从战略上明确"梳理历史，精确提炼""面向未来，富有创新""广泛调研，系统构建"三大原则。2010 年 4 月，经各方专家论证以及全校教职工代表大会的一致通过，翠微小学召开了学校文化核心理念发布会，向社会发布了翠微小学学校文化及核心办学理念系统，明确将"明德至翠，笃行于微"作为学校核心价值理念及校训，确定了"培养明德笃行、自觉行为的阳光少年"这一培养目标，以及"创建受社会广泛认可的翠·微教育品牌学校"这一办学目标。"明德至翠，笃行于微"首次巧妙地将翠微小学的"翠"字和"微"字与教育的追求相联系，赋予了翠微小学这一校名独特的精神内涵。

在两年多的探索过程中，翠微小学的办学理念愈加明晰，内涵愈加丰富。"明德至翠，笃行于微"的价值追求得到了广大教职工的热情拥护，品牌标识日渐深入人心。2012年，经过两年多的实践，在第四届第五次教职工代表大会上，全体教职工对文化理念、培养目标、管理格局、名师建设、课程建设又进行了深入思考，展开热烈讨论，最终集大家智慧，"翠"与"微"的内涵得到进一步的阐释，即"绿的生态、玉的品质、微的细腻、润的内涵"。较为形象化的阐释在实践上更具有可操作性，使得校园建设、教育教学实践有了接地气的追求与目标。

如何让学校的文化落地生根，如何建构与学校文化相匹配的课程？这是翠微人思考并亟待解决的现实问题。学校开始尝试在保证国家课程和地方课程有效实施的基础上，开发适合学生发展的校本课程，篮球、乒乓球、面塑、国画、篆刻……这些特色课程应运而生，并在不同年级进行教学实施与实践，满足了学生的个性需求与发展，成为后续课程整体建构的雏形与基础。同时，在原有社团课程基础之上，学校开设了每周半天的全校走班的兴趣课程，涉及不同门类、不同学科领域，第一次打破了兴趣课程仅面向部分特长学生的局面。

（二）2012—2015年：以项目引领课程改革的探索

2012年，学校参加了北京市"遨游项目"课程改革实验和海淀区"课程整合与自主排课"实验项目。经过学校行政会研究和全体教职工代表大会讨论，决定将东校区作为实验单位开展实验活动，充分检验实验成果之后，在全校范围内铺开。

2012年3月和4月，学校成立了专项研究小组研制实施方案。同年7月，交付教代会讨论并公布"课程整合与自主排课"实验方案。方案确定了"以40分钟课时和30分钟课时长短课为基础的整体课程设置，以丰富校园生活为要点的兴趣选修课程安排，以开阔视野为目标的社会大课堂活动"为要点的翠微小学实施方案，归纳为三个"一"——一天、一周、一月，旨在使师生能够共同实现减负增效，为学生创设有质量的丰富多彩的校园生活。

两年中，学校在开展课程实验的同时，积极建构学校整体课程体系，引入课程领域思维，建构了"三层级四领域"的"翠·微"课程体系。在内容规划上，着眼学生综合素养的发展，建立一种大课程观，将教育教学的诸多内容纳入课程，使教育教学体系更为融洽，相互联系，相互促进。三层级课程既一脉相承又层层递进，四大领域既合乎逻辑又环环相扣，符合学生的认知发展规律。

（三）2015年至今：以育人目标构建翠·微"五育并举"课程体系

2015年9月，学校开始全面实施课程体系化建设，在四个校区推进课程建设。《教育部关于全面深化课程改革落实立德树人根本任务的意见》和《北京市教育委员会关于做好2014—2015学年度基础教育课程教材改革实验工作的意见》明确提出"核心素养"这一概念。核心素养的提出，为学校课程育人的顶层设计提出了新的要求。

2015年7月6日，翠微小学全体教师召开了"构建'翠·微'课程，助力学生成长——翠微小学全面推进课程实验启动会"。会议首先梳理了三年课程实验的历程，从顶层设计、课程建设的实施策略，以及课程实验的成效和创新点进行了全面总结；同时，会议对下一步课程实施提出三个落实点：建立翠微小学课程指南、建立翠微小学完善的课程资源、探索适合学生个性发展的教学模式。

2018年9月10号，第34个教师节，改革开放以来第五次全教会，也是进入新时代的第一次全教会在北京召开。会上习近平总书记指出，要培养德智体美劳全面发展的社会主义建设者和接班人，努力构建德智体美劳全面培养的教育体系，站在培养什么人，怎样培养人，为谁培养人的角度，将"五育并举"推上了新的制高点，成为当今教育改革与发展新的战略性部署。

随着课程改革的推进，学校课程自主权已成为推动基层学校课程实践深入开展的必备前提。在被赋予权力的同时，学校也认识到自己在课程建设领域的可为之处；需要科学、谨慎、高效地利用好这个权力，营建学校课程育人的"大空间"。回顾学校课程建设历程，课程自主权给予了学校大的课程育人空间。学校正努力通过课程变革，改变学校生态，创造教师向往、家长满意、学生幸福的教育生活。

三、"翠·微"课程结构体系

高站位的目标才有可能引领科学、高效且符合学生认知发展规律的课程建设。学校在"理论研究—调研论证—具体实验"的基础上，构建了"翠·微"课程体系。

（一）课程建设的指导思想

学校确立"翠·微"课程建设的指导思想是：有效整合国家、地方和校本课程，合理设置学生终身受益的整体课程，践行"明德至翠，笃行于微"文化核心理念，构建"个性与适度"绿色教育，促进学生持久、健康发展。

（二）"翠·微"课程育人目标

基于学校的育人目标、价值定位，确定了学校的课程目标。

课程建设目标：建立多元的课程体系，完善课程管理制度，变革教与学的方式，使学生获得扎实的基础知识、良好的行为品质，具备较好的思维习惯和专业技能，达成学校"6-4-4-1"的育人目标（见下页图）。同时在课程设计上注重学生人文素养、科学素养、艺术素养、健康素养、劳动素养，促进学生德智体美劳全面发展，使学生个性、生动、活泼、健康地成长。

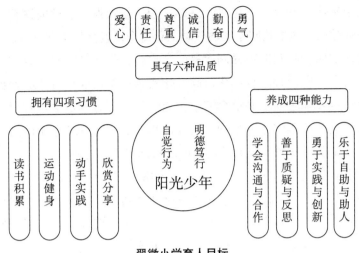

翠微小学育人目标

（三）"翠·微"课程框架结构

在"翠·微"课程总目标的统领下，学校确定了课程结构体系（见下图）。内容规划上，着眼学生核心素养的培养、综合素养的发展和个性发展的需要，在大课程观的指导下，将教育教学的诸多内容纳入课程，使教育教学的各方面更为融合，相互联系，相互促进，努力构建"五育并举"的课程体系。

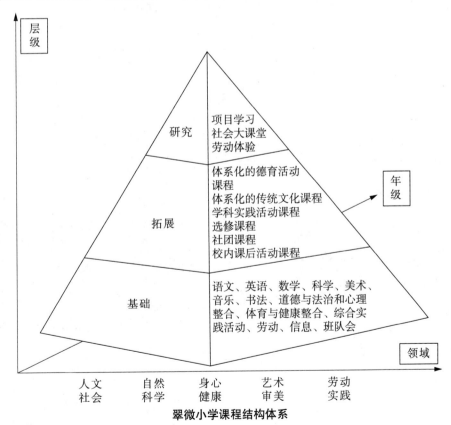

翠微小学课程结构体系

学校课程结构体系分为三个层级：基础课程、拓展课程、研究课程。该课程架构体现了学校课程对在让学生共同发展的基础上获得个性发展所需要的支持。

在课程设计方面，基础课程强调学科内部整合，强调核心素养培养，适应翠微学生的发展，着力于国家课程的校本化、高效化实施；拓展课程分为必修课程和选修课程，根据教师特点及学生需求和社会需求，为学生基础课程的学习提供拓展空间，强调课程深度的挖掘和课程实施的精细；研究课程为必修课程（这里的必修强调的是课程类别的必修，而在探究的内容上学生也可以根据自己的志趣进行选择），注重打破学科边界，强调让学生在真实的情境中进行学习和解决问题，发展学生多元智能。

一体化的"翠·微"课程，根据学科及活动之间的逻辑关系，具体划归到五大内容领域：人文社会、自然科学、身心健康、艺术审美、劳动实践。五个领域体现了课程涉及内容的广域，涵盖了学生德智体美劳全面发展所需要的全部内容，每一领域的课程，又包含三个层级，形成层层递进的课程。

（四）确立各领域课程目标

"翠·微"课程的基础—拓展—研究三个层级课程不是割裂的，而是层层递进的关系。人文社会、自然科学、艺术审美、身心健康、劳动实践五个领域的课程要有领域总体目标，才能确保每一门课程的站位精确、各层级课程协调一致。学校依据现有课程设置及前期调研结果，重新设计打造了各领域各层级课程（见下表）。

"翠·微"课程设置表

领域	课程目标	关注点	基础课程（国家、地方课程）（1—6年级）	拓展课程		研究课程
				必修	选修	
人文社会类	在学生心灵深处培育价值观的种子，教会孩子们学会以一种自主的、积极的、负责的姿态去管理，去省察，去协商，去调节。尊重他人，诚信友善。同时强调以阅读带动言语的习得，增强学生的人文积淀和文化修养。在语言表达中，感受语言的无限魅力，提升学生精炼表达能力，具有人文情怀。	合作担当 诚信友善 全球视野 人文积淀	语文	语文实践活动（1—6年级）	朗诵与演讲（1—3年级）	社会劳动实践 社会实践六大之旅（1—6年级）基于项目学习（1—6年级）社会劳动实践（1—6年级）
				传统文化课程——诵读经典阅读（1—6年级）	阅读与写作（4—6年级）	
			英语	英语说唱课程（1—2年级）、英语戏剧与英语学科整合（3—6年级）	JA课程（6年级）	
					英语阅读与英语说唱（3年级）	
			道德与法治	班队会课程与养成教育整合（1—6年级）	社会历史人物（4年级）	
				传统节日	国学讲堂（3—6年级）	
				德育活动（1—6年级）	翠微会客厅（讲座）	

领域	课程目标	关注点	基础课程（国家、地方课程）（1—6年级）	拓展课程		研究课程
				必修	选修	
自然科学类	初步掌握适应现代化社会所需要的知识与技能，具有初步的科学精神和勤奋学习的品质。具备渴望探究、善于提问、敢于质疑、尝试验证的科学思维和在真实情境下发现问题、解决问题，具有创新精神和实践能力。	崇尚真知勇于探究理性思维勤于反思	数学	数学实践活动（1—6年级）	数学游戏（1—2年级）	社会实践六大之旅（1—6年级）基于项目学习（1—6年级）社会劳动实践（1—6年级）
			科学	阳光测向（3—4年级）、STEAM课程（3—6年级）	科学实验（1—6年级）	
			综合实践活动（与学科整合）		机器人（1—3年级）	
					模型制作（1—6年级）ARTY	
					烘焙与厨艺（5—6年级）	
					BRIGHT课程（5年级）	
					阳光测向社团（4—6年级）	
			信息与技术		机器人社团（4—6年级）	
					DI社团（4—6年级）	
					单片机社团（4—6年级）	
身心健康类	强身健体，健全人格，养成体育运动的习惯，掌握基本的健康知识和适合自身的运动技能，树立生命安全与健康意志，形成积极的心理品质，具有抗挫折能力和自我保护能力。	豁达乐观和谐相处意志坚定强健体魄	心理健康（与班队会整合）	情绪管理课程（4—5年级）	团康体验（1—2年级）	
			体育	篮球（4年级）	篮球社团（4—6年级）	
				足球（2年级）	足球社团（1—6年级）	
				乒乓球（3年级）	乒乓球社团（1—3年级）	
				形体（室内体育课）（1—2年级）	象棋（1—2年级）	
				传统活动游戏（与体育学科整合）（1—6年级）	围棋（3—4年级）	
					健美操（1—4年级）	
					田径社团（3—6年级）	

领域	课程目标	关注点	基础课程（国家、地方课程）（1—6年级）	拓展课程		研究课程
				必修	选修	
艺术审美类	以陶冶学生情操、提高审美能力为原则，培养学生具备基础的艺术技巧、敏锐的艺术感受能力、丰富的艺术想象能力、良好的艺术表现能力和良好的艺术德行。	感悟鉴赏 创意表达 艺德艺能 陶冶情操	音乐	民乐（1—6年级）	民乐团	社会实践六大之旅（1—6年级）基于项目学习（1—6年级）社会劳动实践（1—6年级）
					管乐团	
					剧社	
					星夜曲艺团	
					舞蹈团	
					合唱团	
			美术	纸艺（2年级）	儿童画	
				面塑（3年级）		
				篆刻（4年级）	软雕	
				国画（5年级）		
			书法	硬笔书法与语文整合（1—2年级）	书法	
劳动实践类	具有坚毅勇敢、自信自强、勤劳节俭和艰苦奋斗的精神状态，能够自理自立，热爱劳动，掌握基本的生活技能，具有良好的生活习惯和生活本领。	勤劳节俭 热爱劳动 自理自立 坚毅勇敢	校内劳动课程	家庭实践课程（1—6年级）、校内劳动活动（1—6年级）	插花艺术	
					厨艺体验	
					木工制作	
					纸艺服装设计	

四、"翠·微"课程的实践

"翠·微"课程已经不仅仅局限于校本课程的开发，而是真正做到了课程的校本开发。在"翠·微"课程结构体系下，学校对每层级、每领域课程进行校本化实践。

（一）基础课程

基础课程重体系、重实效，总体目标是立足核心素养的培养，建立核心能力培养体系和课程资源，形成情趣与价值融合的翠微教学整体风格，使学生形成善思考、勤实践、乐积累、会互动、敢表达的核心能力。

1. 建立各学科学习目标指标体系

依据国家课程标准，根据教材和学情，课程骨干教师团队组织全校各学科教师精读课标，将课标与所用教材版本与其他教材版本进行多次比对，重新设计（现阶段所用教材）学习目标，使其更符合课标要求，更符合学生学业发展的需求，同时指向学生核心素养的培养。

2. 建设配套有效的教学系统资源

依据课程标准，课程骨干教师团队带领学科教师，深入梳理教材，从横向、纵向了解学科整体框架，把握某一学科的逻辑体系，同时了解跨学科之间的重叠之处，对全部课程进行优化，适时补充课程资源，替换陈旧教学活动，建立科学成体系的资源库，作为课程实施的支撑，同时充分挖掘社会资源，形成校内资源与校外资源的整合与再开发利用。

3. 进行学习方式变革的专题研究

为了提高课堂实效，促进教师教学方式和学生学习方法的变革，提升教师对教材的整体把握能力，翠微小学围绕"情趣与价值相融""个性与共性和谐"的课堂教学特色研究，以"改变学生的学习方式，让学生成为课堂的主人"为研究主题，全体教师在深研教材、明晰学情的基础上，开展研究。对探究性学习、小组合作学习和跨学科整合学习进行深入探讨与实践，形成了具有翠微特色的学习路径与研究路径。

4. 形成较为完善的课堂评价指标

为了确保课堂的教学实效，学校针对课堂教学的指标体系，设计了课堂观察的量化表，以评价确保课堂教学内容的有效到位。

（二）拓展课程

拓展课程重开发、重特色，总体目标是创设多元化拓展课程体系，发展学生认知结构，拓宽学习视野，综合并发展学习能力，促进多元智能的形成。

学校结合实际和学生学习兴趣点设计并研发了拓展课程，包括拓展必修课程和拓展选修课程，旨在将基础课程延伸，为学生提供更多的学习、成长空间，助力学生特长发展，助力学生个性塑造。学校对每一门拓展课程进行了精细化管理，研发课程纲要和开发方案，构建了系列化的精品课程。

1. 构建体系化的德育课程

德育课程主旨是：在学生心灵深处培育价值观的种子，教会孩子们学会以一种自主的、积极的、负责的姿态去管理、去省察、去协商、去调节，达成学校育人目标，培养具有爱心、责任、尊重、勇气、诚信、勤奋品质的阳光少年。

德育课程体系涵盖德育活动、文明礼仪、传统节日、社会实践、心理健康、国防教育等方面。德育课程的具体实施方式见下页表。

翠微小学德育课程及实施

课程名称	实施方式	主要特征
德育活动课程	每周一次国旗下讲话、班会，每学期一次走进翠微会客厅，每学年一次开学典礼和毕业典礼，寒暑假"五个一"好少年活动等。	全面贯彻六个品质与四个习惯在学生教育过程中的落实。内容、形式、过程、评价都要体现这一目标。
少先队课程	入先队仪式、少先队课。	少先队的队史教育，少先队的先进性教育与学生行为塑造与养成紧密结合。
文明礼仪课程	与少先队活动课整合。 结合红领巾广播进行整体教育。	以知礼、用礼、议礼、言礼为教育思路和过程，培养学生良好的礼仪习惯和文明行为。
传统节日课程	以清明、端午、中秋等固定的节日为节点，实时开展认知教育和体验教育。	以任务书驱动式组织体验活动和社会调查，重认知梯度，螺旋式渐进。
社会实践活动	社会实践活动每学期两次。	体系化1—6年级社会实践活动主题，横向涉及人类社会各个领域，纵向注重各种认知能力、品德修养的现实运用。将教育成果放到实践中应用、检验。
心理健康课程	1—6年级每学期三课时，以班级授课和大课堂讲座形式呈现。	提高学生心理素质，培养积极向上的心理品质和健康心态，促进人格健全地发展。
国防教育课程	全体学生通过红领巾广播进行学习。五年级第一学期走进军营进行一周30学时的集中学习。	学习与实践相结合，1—6年级以学习认识为主，其中5年级以军事训练体验为主。

2. 构建体系化的传统文化课程

传统文化课程主旨是：挖掘中国优秀传统文化教育课程，以项目带动，旨在传播中华民族优秀传统文化，注重学生健康的生活常态形成，为学生文化底蕴、艺术修养和强身健体打下坚实的基础。

传统文化课程涵盖经典诵读、传统艺术、传统体育游戏、中华优秀传统文化等。传统文化课程的具体实施方式见下表。

翠微小学传统文化课程及实施

课程名称	实施方式	特　点
经典诵读课程	正式排进课表，1—2年级每周30分钟短课，3—6年级每周30分钟短课，与课后课程整合。	采取"教师导读—学生自由诵读—集体诵读—诵读成果积累和展示"这样一个课程模式，形成了较为成熟的诵读体系，包括国学养正—积累修身—阅读激趣。
中华优秀传统文化课程（与国学与礼仪整合）	3—6年级每周30分钟短课，与课后课程整合。	与北京市课程中心的课题组联手，共同打造文化课堂。从教材中的八大板块入手，融合语文、数学、科学、艺术等多学科内容，实现跨学科教研和学科间的融合。

课程名称	实施方式		特　点
传统艺术课程	民乐	1—6年级每学期2课时，融入音乐学科教学。	依据教师的特长，满足学生个性需求，传播传统艺术技能，弘扬传统艺术文化，强调"个性"与"适度"相融合，把传统艺术课程作为国家课程的补充，形成了具有翠微特色的传统课程。已出版相应的校本教材。有五项获得北京市和海淀区课程建设奖。
	纸艺	分别融入2—5年级，进行校本化实施，与美术学科整合。	
	面塑		
	篆刻		
	国画		
传统体育游戏课程	每周增加一节体育课进行。		传承中华的传统游戏，如踢毽子、跳绳、空竹、跳皮筋、滚铁环等，在游戏中帮助学生养成良好的姿态，形成健康的体魄。

3. 体系化的学科综合实践课程

学科综合实践课程的主旨是：在认真贯彻执行国家课程的同时，各学科深挖课程资源，开展学科综合实践的特色活动，拓展课堂学习空间，锻炼学生的组织能力、策划能力、思考能力、交流能力、社交能力、研究能力、自我管理能力，促进学生三维目标达成度，促进学生学科实践能力和创新能力的提高。

在学科综合实践课程的实施方面，学校注重做到三个结合。第一，教材内容与自主开发相结合。充分挖掘教材内容，并结合学生实际进行开发，实现对教材的再利用与再开发，使之相互补充、相互渗透，形成整体，基础扎实，让学生个性特长得到充分发展。第二，课上学习与课下研究相结合。以主题研究为切入点，让学生在主题研究中实现自主学习，同时把学习的问题进行交流，促进学生自我发展。第三，校内学习与校外学习相结合。针对社会关注的热点问题，让学生走进社区，进行调研；让学生走进社会，带着任务去研究学习。打破只有在学校才能受到教育的传统观念，有效实现了多学科的融合，促进学生全面发展。

4. 丰富多样的选修课程

学校设置了人文社会、自然科学、身心健康、艺术审美、劳动实践五大领域共计110多门拓展选修课程和15个门类的社团课程（见下页图）。

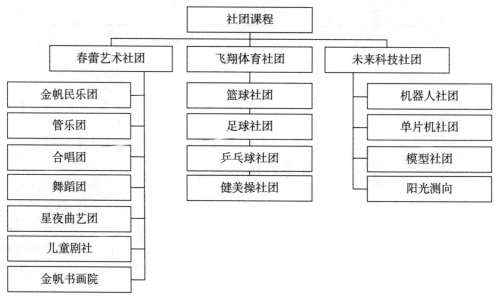

翠微小学社团课程

（三）研究课程

研究课程重实践、长才干、促创新，总体目标是构建系统化实践活动，提升学生综合素养。研究课程具体围绕以下几个方面深入开展学习的实践活动，达成综合学习能力。

1. 基于项目的学习

以"项目"为切入点，让师生在真实项目主题中研究，共同探索，实现人与人、人与社会之间的深度对话。目前学校初步建立了项目学习流程、项目学习课程内容、项目学习课程评价机制。

（1）项目学习流程。

学校经过多年实践，明确了项目学习流程：研讨项目主题，找准学科融合，建立研究共同体，开展课内外项目研究，展示研究成果并形成研究报告。

（2）项目学习课程内容。

学校形成了项目学习课程内容，其中，"自然"项目年级主题内容根据季节的不同，分别设置不同研究主题，具体研究主题及研究主旨如下表所示。

翠微小学"自然"项目年级主题内容

年 级	研究时间	研究主题	研究主旨
1 年级	春季	有趣的动物	教育共同体在一起去观察有趣的动物，发现动物的奥秘，感受动物背后的故事。运用各种各样的方式记录研究成果。

年　级	研究时间	研究主题	研究主旨
2年级	秋季	时间	教育共同体在一起走近时间（钟表），去观察各种钟表，了解古代计量时间的工具，感受时间在生活中的应用。运用各种各样的方式记录研究成果。
	春季	有趣的植物	教育共同体在一起从多角度、多层次、多渠道了解植物，植物的生长过程是什么样的，它是怎么进行光合作用的，种植绿色植物要注意什么……运用各种各样的方式记录研究成果。
3年级	秋季	茶文化	教育共同体在一起了解、探索和研究与茶相关的历史、故事、诗词、礼仪等内容，并通过图片、影像、绘画、文字、表演等多种方式记录下来。
	春季	心中的车	教育共同体在一起观察不同类型的车，了解车的奥秘，感受车的历史文化。运用各种各样的方式记录研究成果。
4年级	秋季	56个民族	教育共同体在一起漫步民族花园，寻找中华民族大家庭的56个兄弟姐妹，了解他们的地域和风土人情、民族服饰等。运用各种各样的方式记录研究成果。
	春季	树的家族	教育共同体在一起走进大自然，去观察树的种类，了解树的奥秘，感受树背后的故事。运用各种各样的方式记录研究成果。
5年级	秋季	风筝	教育共同体在一起了解风筝的起源和历史，知道它的种类和特点，收集有关风筝的诗歌、散文、古诗文，会唱有关风筝的歌舞，能扎制一架风筝，了解属于中国人的传统文化。
	春季	走进家乡的戏曲文化	教育共同体在一起走进大剧院，去欣赏一种戏曲文化，了解戏曲文化的种类，了解戏曲文化的艺术魅力，感受戏曲文化背后的故事。能够运用各种各样的方式记录研究成果。
6年级	秋季	我的校园	教育共同体在一起深入翠微小学，观察校园的一草一木、一人一事，采访学校的教职工，绘制校园平面图，为1年级学生介绍翠微小学校园环境设置和地理位置。深入了解翠微小学的历史和文化，感受翠微小学的独特魅力，从中找寻自己与翠微小学的故事，创造自己与翠微小学的回忆。

（3）项目学习课程评价机制。

学校建立了项目学习课程评价机制，评价主题分为个人、年级和学校等不同层次，并分别明确了评价形式与评价主题（见下页表）。

翠微小学项目学习层级评价细目表

评价主体	评价形式	评价主题				
		言语类	数学类	动觉类	音乐类	综合类
个人发布	学生在班级发布自己的研究成果，并且用自己喜欢的方式进行成果展示，可以是PPT、微电影，也可以是研究报告、作品呈现。	故事、演讲、戏剧创编	研究报告、调查问卷	模型展示、视频制作	歌曲、儿歌、舞蹈	图画、摄影作品、杂记、散文、说明文、报告文学等
年级分享	班级推荐优秀成果在年级分享，走班进行交流，同学们可以点赞，评选出自己心目中的最佳作品。					
学校汇集	学校汇集学生成果，出版研究专辑，推荐学生成果。	学校汇集学生成果，出版主题研究专辑，推荐学生专项成果。				

项目学习整合了学科教学，将学生的生活世界与认知需求联系起来，拓宽学习的广度，打破学习的围墙，达成学科之间的融通，让每一个学生成为"明德笃行、自觉行为的阳光少年"，做思维开阔、全方位立体的人才。学校还在北京市进行了项目学习的课程展示。

2. 社会大课堂课程

学校致力于将学生的学习延续到广阔的真实社会中，将学科知识与社会生活紧密相连，关注探究的真实和实效。经过多年实践，建构了皇城文化之旅、自然科普之旅、体验实践之旅、博物馆之旅、国防之旅、毕业之旅"六位一体"的社会大课堂课程体系（见下图）。

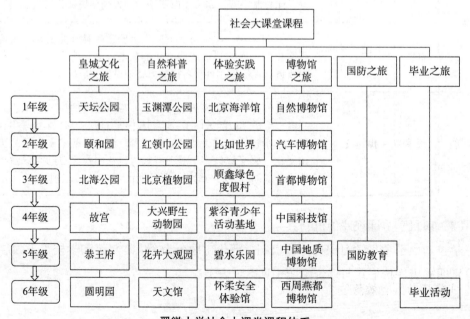

翠微小学社会大课堂课程体系

五、学校特色课程的建设：项目学习下的融合性课程的探索与实践

项目学习在 2013 年进入翠微小学的课程体系。它既是翠·微"三层级五领域"课程体系中研究课程的重要组成部分，也是融合多维目标进行综合实践、注重经历体验、建立学校、家庭、社会"三位一体"的教育模式的重要载体。

在实践过程中，项目学习注重让学生自己去探索、去实践、去总结、去反思，引导学生从小"读万卷书，行万里路，历万般事"，锻炼学生的自制能力、策划能力、思考能力、交流能力、社交能力、研究能力、自我管理能力，让学生获得最真实的成长。在每年的寒假和暑假，学生带着不同的主题走出家庭和校园，走进城市和农村，畅游祖国的大好河山，同时完成实践任务，在实践中长才干、促创新。

在教学实践中，以项目学习为引领，教师探索教与学方式的转变，为学校研究类课程的深入推进提供了借鉴经验，并形成较为完善的实施路径和框架结构。

从 2016 年冬季开始，翠微小学的项目学习主题初步形成两大系列：冬季的文化传承之旅和夏季的实践探索之旅。冬季项目学习侧重中华传统文化的追溯体验和实践，夏季项目学习侧重走出去，到真实生活中去实践探索。

项目学习的任务书形成固定结构，分为地图式任务索引、评价量规、研究规划、研究过程记录、研究成果、自我评价、课堂量表、展示交流等实施流程。学生通过任务书的引导，明确研究目的和要求，在三级评价指引下，规划研究进程，选择不同层级的任务，用自己喜欢的方式完成研究报告，进行个人研究成果的班级发布。教师用评价调控学生的研究过程，用评价指导学生有效研究，用评价促进学生分享吸纳。

项目主题的确定，最关键的是走进生活，要与国家的教育最新动向相融，与社会的热点问题对接，与学校的教育发展相结合。在 2020 年 11 月完成的学生调研中，"北京地铁""吉祥话"和"我是行动者（垃圾分类）"三个主题得到较多学生的青睐。项目主题一方面注重文化传承（如春节"吉祥话"等），另一方面注重对接社会热点问题［如"北京地铁""我是行动者（垃圾分类）"等］，让学生融入生活真实体验，发现真实问题，感受生活的复杂多样。此外，项目主题亦根据实际情况进行融合性的改进设计，如"我是主讲人"旨在让每位学生切身感受祖国河山壮美、国家建设发展迅猛，用自己的成长向祖国七十华诞献礼。

项目学习是"舶来品"，在利用之时，要与我国和本校的实际情况相结合，让其切实融入到学校课程建设中，为学生跨学科的综合实践提供良好的载体，用评价来关注每个实施环节的有效落位。

六、学校课程改革实践的主要成效

（一）课程建设与发展

自 2015 年以来，学校全面推进课程建设实施方案，扎实落实"三层级五领域"的课程体系和课程目标，构建了"五育并举"的课程实施内容，取得了明显成效。"构建'翠·微'课程体系，助力学生成长"获得北京市课程建设成果一等奖（2015 年）、"基于项目学习课程实践与探索"获得北京市课程建设成果一等奖（2016 年）；学校荣获北京市课程建设先进校（2016 年）。学校参与了北京市"遨游项目"课程改革实验，召开了"北京市课程建设优秀成果推广——暨中华优秀传统文化与学校课程一体化建设实践"研讨会（2018 年）。

此外，"花开在我心"——种植课程、语文综合拓展课程、数学综合实践课程、面塑课程、篆刻课程、硬笔书法课程、纸艺课程、国画课程分别在北京市和海淀区课程建设评比中获奖。学校的课程建设经验先后在《北京教育》《中国教师》等杂志发表，学校课程建设方案收录于《海淀区义务教育阶段学校课程设置实验方案》中。

（二）学生发展

实施新的课程体系以来，学生在知识、能力、情感态度和价值观方面有了明显的进步，学习能力和核心素养不断提升。在接受海淀区人民政府教育督导室的社会满意度调查中，翠微小学的学生对学校课程的认可度调查数据表明，90% 以上的学生认为现在的课程很有趣，80% 的学生有自己喜欢的课程。

近年来，学生积极参加各级各类竞赛，参赛人数占学生人数的 80% 以上，其中科技类竞赛学生获奖 1486 人次，艺术类竞赛学生获奖 2360 人次，体育类竞赛学生获奖 1263 人次。

（三）教师发展

教师建立了全面的课程观，提升了课程组织、开发、实施能力，从课程的执行者转变为决策者和生产者。在社会满意度调查中，教师对学校满意度达 97%，其中"教师发展"一项，教师对自己在课程中成长的满意度为："非常满意"占 55.11%，"比较满意"占 33%，"基本满意"占 12%。近年来，有百余位教师在各级教学展示课上获奖，教师撰写的课程研究的论文和案例亦在各级论文评比中获奖。

七、学校课程发展思路与方向

（一）以课程内容为核心，构建"五育并举"的课程体系

翠微小学的课程实践可以分为三个阶段：第一阶段是 2012 年的起步阶段。学校参与了海淀区课程整合、自主排课的实验项目，用了一年时间，构建了早期"翠·微"课程，这是"翠·微"课程的 1.0 版。它涵盖六个领域，既有基础课程、拓展课程，也设计了社会大课堂课程。

第二阶段是 2013—2016 年的实践调整阶段，学校建立了"6-4-4-1"的课程目标，形成了"三层级四领域"的课程体系，让每个领域的课程内容都指向课程目标的培养。至此，形成了"翠·微"课程 2.0 版，从基础到拓展再到研究，利用近四年的时间，突破了传统课程模式，实现了课程的多样性、差异性、创新性与可选择性，为"五育"的融通和协调发展奠定了更坚实的基础。

第三阶段是当前发展完善阶段，主要任务是围绕课程进行校本化表达。3.0 版的"翠·微"课程致力于建立多元的课程体系、完善课程管理制度、变革教与学的方式，使学生获得扎实的基础知识、良好的学业成绩，同时具备较好的行为品质、思维习惯和专业技能，达成学校"6-4-4-1"的育人目标。同时，课程设计注重学生人文素养、科学素养、艺术素养、健康素养、思维能力和实践能力的培养，以促进学生全面、个性、生动、活泼、健康地成长为课程培养目标。"三层级五领域"课程直接指向德智体美劳，形成了"五育并举"的课程格局。

构建"五育并举"的课程体系，首先要在课程内容的设置上体现多元化，德智体美劳并重，从不同角度为学生素养形成提供必要的发展平台；其次要在内容组织上突出融合性，使之彼此融通，相辅相成，产生"1+1 ＞ 2"的效应。学校需不断完善研究类课程的开发，如通过 STEAM 课程、编程课程、项目学习、研学课程等融合性课程，最大限度地为学生全面发展与个性需求创设空间。

（二）以教学行为为核心，建设"五育并举"的课堂生态

学校启动了教与学方式的变革，提出了"翠·微"课堂的基本样态，即个性与适度的绿色课堂，初步提出了"六色"课堂的评价标准：

- 课堂有颜色：课程学科多样，教学资源丰富，满足学生实际需求。
- 课堂有底色：关注习惯培养，聚焦学科素养，有效组织学生活动。
- 课堂有成色：聚焦学科素养，教学目标适度，创设情境化学习活动。
- 课堂有声色：学生大胆表达，善于欣赏质疑，教师给予引领激励。
- 课堂有特色：关注全面发展，针对认知需求，开展相应学科教学。

● 课堂有行色：重视常态教学，改变学习方式，促进师生共同发展。

围绕上述认知，学校开展了"基于学科素养落位，整体把握单元"的教学系列研究，以此深入推动"教与学"方式的变革。学校还加强了 STEAM 课程、基于项目学习的跨学科融合性课程的建设。这些课程融多学科内容于一身，与学生生活联系密切，具有极强的实践性、体验性、探究性与创新性，对于引导学生联系实际生活、运用多学科知识解决问题、形成必备品格和关键能力都发挥着重要作用。

综上，课堂生态也是学校育人文化的重要组成部分。无论是国家课程还是校本课程，教师只有在育人行为层面发生转变，"五育并举"的课堂生态才能在关注学生间、师生间、师生与学习内容间、课程与资源设备间相互作用的状态中实现"五育"融通，站在生命的高度育人，站在发展的角度立人，站在成长的维度树人。

（三）以实践体验为核心，创建"五育并举"的学习空间

2016—2018 年，《地平线报告》连续三次提出了重新设计学习空间的概念。学习空间的重构，在本质上应是功能性的设计与改变，是对学习本质意义、规律和育人需求的一种呼应。核心素养时代，学习的中心是在实践的运用和创造知识中，同时形成适应未来发展的必备品格与能力。学习空间属于学习环境的文化范畴，其改变会对学习内容和方式产生直接影响。如何通过学习空间的改造，更好地满足德智体美劳全面和谐发展的需求，这是翠微小学面对的一个现实问题。如何创造最贴近学生生活的学习空间，未来在以下三个方面还需进行持续探索。

第一，打破年级的边界，建立跨年级界限的班级群，形成大手牵小手的互助式学习新样态。第二，后疫情常态下实现线上与线下教学空间的融合。教学空间的融合应是课程的深度融合。随时随地在教，又随时随地在学，选择线上还是线下，这些都需要根据具体需求和具体场景来确定。未来需要对线上与线下学习空间有机融合。第三，建立学生多样的体验基地，让学生打破学校的围墙，走向社会参与劳动体验。强化学习过程的体验性，学生既能获得知识习得技能，又可劳动实践磨练品格，形成综合性、功能性极强的学习社区。

在党的"二十大"高质量发展的思想引领下，在新课标大力推进的今天，我们立足于课程体系化建设，着力于"教学评一体化"的改革与减负增效，进一步提升翠微小学办学水平。

学校课程体系的系统构建

——北京师范大学第三附属中学教育教学改革个案研究

白计明　张玉平[1]

一、学校的基本情况

北京师范大学第三附属中学（以下简称"北师大三附中"）创建于 1959 年，前身为北京市第一二三中学，是一所完全中学。北京市第一二三中学建校时的校址在海淀区北太平庄地区，紧邻北京师范大学，学校是用当年建人民大会堂建筑余料所建。建校初期，学校只有初中部，1971 年开始建高中，当时人们用顺口溜形容学校是："一二三中，黑不隆冬，破桌子破椅破电灯……"20 世纪 80—90 年代，由于学校在干部队伍、教师素质、学生素养等方面有明显优势，中高考成绩连年攀升，每年为高校和社会输送大量的优秀人才，同时拥有沙福敏、蒋宏函等一批教育名师，逐渐成为海淀区东部的一张教育名片，学校被社会誉为海淀教育的"东方明珠"。1998 年 9 月，学校增加牡丹园校区，2003 年合并文慧园中学。2006 年，海淀区与北京师范大学签署战略合作协议，共建一二三中学，学校更名为"北京师范大学第三附属中学"。

学校始终坚持以道德为根基，以学业求发展，以正气塑人格，以"立本致和"的办学理念培育人才。2011 年，学校被评为海淀区高中示范学校。

二、课程建设的基本历程

（一）2007—2012 年：课改驱动

2007 年学校进入课程改革，在这一轮改革中，学校重视课程的开发，特别是校本课程的开发。学校总共开设 100 多门校本课供学生选择，重视学生的过程性评价，在不同年级尝试导师制，实施学分制管理，在学习中开展合作探究式学习等。反思这段

---

[1]　白计明：北京师范大学第三附属中学校长；张玉平：北京师范大学第三附属中学副校长。

课程建设的问题：一是校本课程注重了数量，课程的质量不够；二是课程开发的立足点是教师的能力，关照学生的需求不够。

（二）2013—2016 年：发展驱动

2013 年，在校长的带领下，学校开始系统思考自己的定位，系统思考校本课程的结构和育人导向问题。学校提出了"用未来规划今天——可持续发展能力"的课程设计思路。在开足开齐国家课程的基础上，重点发展学校的校本课程体系。这一阶段的课程建设优点是学校校本课程有了系统，但从课程整体上看，校本课程与国家地方课程缺乏整体性，与育人目标之间关联性不够，育人目标不够具体清晰。

（三）2016—2017 年：深综改驱动

新一轮的课程改革是以中高考改革为导引的综合改革，为防止学校又被"以中高考综合改革作为中学教育的指挥棒"的思维惯性和实践惯性所左右，育人模式的改革和转型必须要进行。学校开始在考试科目、考试时间、考试次数和如何排课等技术性问题上投入大量的时间和精力，而后转向了学生发展走向的研究。

三、课程建设的基本理念

在办学过程中，学校逐步形成了"立本致和"的办学理念，"立本致和"内涵深远，我们的理解是"立本致和"意为"致力于根本，以和为贵"。《论语·学而篇》提出"君子务本，本立而道生"。也就是说，"本立"是"道生"的前提。"本"是指对学生应具备的，能够适应终身发展和社会发展需要的必备品格和关键能力；"和"是指人与自然的和谐、人与社会的和谐，特别是人与自己的和谐相处，和而不同，强调不断追问教育的真谛，回归教育的原点，这便是"立本致和"中的"和"的理念。

学校以"立本致和"的理念统领学校的课程建设，为使学生成为全面发展、和而不同的终生学习者而构建课程，构建系统科学、立体多元、不断发展和生成的课程体系。

四、课程建设的内容体系

（一）课程结构

在学校育人理念的指引下，为落实学校的育人目标，实现立德树人的根本任务，北师大三附中依据办学理念和文化特色精心设计了"三层—五类"的课程模型结构。三个层次分别是基础类课程、拓展类课程、发展类课程。五大领域分别是"人文与社会""数学与科技""体育与健康""艺术与审美""实践与创新"。

"三层—五类"的课程模型作为学校课程的基本架构，在坚持主体意识和特色意识的基础上，整合了学校现有的国家课程、兴趣课程、校本课程，其目标指向"立本致和"的核心素质：具有远大理想的人、具有责任担当的人、具有理性思维的人、具有良好审美情趣的人、具有良好实践参与能力的人。通过学校的不断调整、优化高中课程结构，逐步形成了以育人目标为支撑，分层级、多领域、立体化、全方位为特征的课程结构体系。

（二）课程层级

第一，基础类课程。基础类课程是满足学生成长需要的共同基础类课程群。主要是面向全体学生开设的必修课程，包括国家必修课程和校本通识。此类课程可以促进学生的全面发展，形成高中阶段必备的综合素养，是各课程领域重点优化的核心课程。

第二，拓展类课程。拓展类课程是满足学生兴趣需要的拓展应用类课程群，是面向不同学生群体开设的各类选修课程、活动课程、社团课程等。此类课程既可以开阔学生的视野，提升学生的综合素养，又可以激发学生学习的兴趣，发展学生的特长和潜能，是各课程领域重点丰富的选择课程。

第三，发展类课程。发展类课程是满足学生个性化发展需求的发展类课程群，是面向突出特长学生开设的项目课程、实践应用课程、专题研究课程等。此类课程引导学生运用既得知识和能力，创造性地提出问题、解决问题，阐述观点，应用展示，参与竞赛，为满足学生的个性发展和培养拔尖创新人才奠定基础，是各课程领域重点打造的个性课程。

学校课程层级和学生发展轨道见下图。

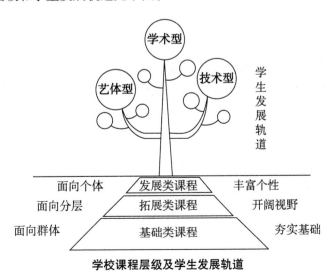

学校课程层级及学生发展轨道

（三）课程领域

在课程内容的改革上，根据学校学生的认知水平和知识的深广度，以校内教师为主，校外教师为辅的师资团队研究、开发形成了"人文与社会""数学与科技""体育与健康""艺术与审美""实践与创新"五大领域课程，包括基础类课程、拓展类课程和发展类课程三个层次的课程。课程设置结构见下表。

学校课程设置结构

领域 / 课程层次		人文与社会	数学与科技	艺术与审美	体育与健康	实践与创新
发展类课程		中华传统文化专题研讨等课程	走进大学实验室等课程	行进管乐等课程	校健美操代表队等课程	研学旅行等课程
拓展类课程		文学类课程等课程	数字化实验的探索与实践等课程	新年音乐会等课程	足垒球等课程	半日值岗等课程
基础类课程	国家必修	语文、英语、历史、政治、地理	数学、物理、生物、化学	美术、音乐	体育、心理	研究性学习、志愿服务、军训、社会实践
	校本通识	生涯规划课程、思维课、节日文化课程、阅读与演讲……				

五、课程的实施与管理

（一）实施方式

1. 共同基础类课程

共同基础类课程是全体学生必修的基础课程，根据课程的学科特点、学生的发展情况以及教学活动的实际需求，对部分课程的教学组织形式实行改革和创新，实行"分层教学、走班上课"的多元化教学组织形式。各年级实行"阶段性走班"和"常态化走班"相结合的模式，以及针对突出特长学生的"项目走班制"。

（1）分层走班。

根据学生的学科基础有针对性地实施分层教学，教师依据学生层次设计教学内容和方法，一个学期流动调整一次。例如，英语教学各年级分为三个层次，六个教学班。教师依据学生层次设计教学内容和方法，避免有的学生吃不饱，有的学生跟不上。

（2）新课程改革下的选择性走班。

随着北京新课程背景下的中高考评价制度改革的大力推进，为了确保课程实施的有序、科学，体现学生自主兴趣选择，整合学校教学设备资源，学校拟定了新中高考改革背景下的课程阶段性实施草案，内容如下：初一和初二年级按照行政班进行教学，初三年级根据学生的实际情况进行选学选考走班教学；高一年级第一学期开设的课程主要为国家必修课程，学生全部按行政班上课。从高一年级第二学期开始，学生进行高考选考科目的选择，形成初步意愿，进行选考走班教学。高二年级正式按照选课类别，采取"行政班＋教学班"的不同组合模式，实施选课走班。在课程具体实施环节，采取以下模式：语文、数学、英语按分层走班上课，其他学科（等级性考试科目、合格性考试科目）按照学生的选择走班上课，若选考科目同一类别选择的学生超过两个班，则进行分层教学。

2. 拓展应用类课程

拓展应用类课程是面向学生个体的选择性课程，学生根据自己的学习兴趣和学习能力进行选择。学校面向不同学生群体开设各类选修课程、活动课程、社团课程等。学生通过数字校园平台提交选课志愿，课程管理中心根据学生选课的结果进行合理安排，并对所开设的选修课的具体实施进行组织和管理。学生根据所选课程实行"全员走班制"教学组织形式。拓展应用类选修课程以开阔学生视野，提升学生的综合素养为目的，通过各种教学形式激发兴趣和潜能，发展学生的特长。

学校开设拓展应用类课程首先要进行学生需求分析。通过问卷调查显示，学生喜欢校本课程，并且希望学校的课程更多元化，绝大多数学生希望通过校本课程的学习，能够对今后的学习和生活有所帮助。还有一部分学生希望通过校本课程的学习，提高文化学习的分数、丰富个人内涵、学习一种技能、提高个人修养、训练思维等。学生更多希望学校开设艺术类、生活技能类、科技类、思维类、人文类、学科拓展类、身心健康类的课程。学生对未来职业的设想多种多样，涉及方方面面，几乎每个领域都有涉及。其中与艺术有关的职业被多数学生选择，如音乐、影视、动漫、室内设计、广告设计、摄影、绘画等；其次是与科技有关的职业，如工业设计、信息通信、汽车电路设计、机器人自动化等。还有学生选择成为教师、编辑、会计、医生、翻译、律师、程序设计员等，或者以金融、生物、军事、心理、体育、外交等领域作为自己职业选择的方向。由于学生对艺术、科技方面的要求尤其突出，因而学校在课程设置时加强了这两方面的内容，尽量兼顾学生的兴趣。

其次是教师的发展需求。优秀教师应具备课程开发的能力，在发展学生的同时提升自己。这样的全能型教师是社会、家长、学生最迫切的需要。2018年在开学的校本课程开发的意向调查中，有不少教师愿意参与课程研发，学校要逐步建立一支校本课程开发的团队。

学校教师平均年龄42岁，大多数教师都有较为丰富的教学经验，对于自己从事的学科较为熟悉，但是教师在发展过程中都会遇到一个瓶颈，这就是如何由经验型教师成长为研究型教师，这个转变需要平台，开发校本课程就是一个很好的入口。教师通过自主开发校本课程，能重新思考课程的意义，组织教学内容，调研学生需求，进而反观自己的学科本质。教师组成团队共同开发，不但发挥了各自的特长，而且对青年教师起到了传帮带的作用，同时也提高了教师的科研能力，使得学校实现教学研一体化。

3. 发展类课程

发展类课程实行教学处、年级组长、班主任和任课教师三级管理。由教学处进行统筹，负责课程的设计和评价，为课程的实施提供保障。由实施课程年级的年级组长、班主任和主管教学干部共同调研学生的需求，并组织课程的实施。由班主任和相关科目的任课教师共同审核外聘专家教师的教学大纲、教学过程和教学评价，并将课程实施情况上报教学处。

学校领导充分重视发展类课程，成立了由校长领导，教学处、年级组长、班主任共同参与的四级管理组织，校长参与课程的建设和实施，并协调各部门为课程的实施提供保障。2012年海淀区教委与北京师范大学签署了"战略合作协议"，其核心内容是北京师范大学和海淀区共建北师大三附中。2013年海淀区受北京市教委委托承担"普通高中与高校共同育人机制"的项目研究，学校作为12所项目试验校进入项目实验组。在这样的背景下，学校积极和北京师范大学加强合作，最大限度地整合各种资源，为学校的发展、学生的成长搭建广阔的平台。

（二）课程评价

1. 学生评价

学生评价的目的是引导和促进其在学校搭建的课程平台上自主建构、自我实现和发展。学校用"勤学之星""守正之星""厚德之星""拓新之星""卓越之星"对学生在五大课程领域中所取得的成绩进行评估，对以往以学业成绩为主评价的单一方式进行了变革，尊重和促进学生的差异化发展。

学生评价包括学生的社会责任、文化素养、科学素养、艺术素养、健康素养、思维能力和实践能力七个维度，体现学校课程目标在学生发展上的落实程度，用以评价的元素包括学生的学习成果（通过实践创作、作品鉴定、竞赛、评比、汇报演出等形式展示）、学生的学习过程表现、合作互助、沟通交流状况等。

2. 教师评价

教师评价分个体评价、团队评价两种路径，个体评价针对某一课程、某位教师，把提升课程优质资源研究作为重要参照；团队评价针对某一领域、某一部门，把建构领域课程体系作为团队评价的重要参照。无论是个体评价还是团队评价，最终都指向学生健康自我的发展。

这两种评价都要靠学生、家长、同事、领导、职能部门等方式展开的立体化、网络化的评价。学校努力让评价不仅对课程实施进行监测，更成为学校未来发展的导向，以及重大决策论证与实施的依据。

3. 课程评价

运用现代课堂理念，重新设计课堂评价量表，对课程背景、学生需求、课程目标、课程内容、实施方式、课程成果进行评价，同时对学情的分析和把握、学生主体地位、学生兴趣激发和鼓励、学科思维培养、教学方式变革几个维度进行重点关注，以评价引导教师转换教学方式。为了保障课程的实施效果，由教学处、年级组长等评价主体对课程实施的过程和结果进行评价，评价方案见下表。

北师大三附中课程评价方案

评价主体	评价对象	评价内容	评价方式	评价结果
班主任、任课教师	学生	学生发展需求是否得到满足，育人目标是否达成。	学生问卷、学生座谈、学生日常表现。	学生有收获，行为有改变。课程目标基本达成。
年级组长、主责教学干部	主讲教师	备课充分，上课有序、有效。	上课过程摄影、录像；上课资料教学目标清晰，教学内容匹配。	课程顺利实施，上课资料留存完整。
教学处	年级组长、主责教学干部	课程组织有规划，课程监督到位。	有学年课程规划，有校园网简讯。	规划完备，简讯条目清晰。

（三）管理与保障

1. 制度建设

学校建立健全了选课制度和奖励制度。学校以学生发展性奖励制度加强选课指导和过程管理，以选课指导协同学生自我规划。选课和学习管理是课时考勤、过程性评价和终结性评价，自评和他评，质性评价与非质性评价多种方式结合的综合性评价。

学校用"勤学之星""守正之星""厚德之星""拓新之星""卓越之星"对学生在五大课程领域中所取得的成绩进行评估，引导学生在各个领域和发展方向释放自己的潜能，发展自己的兴趣和特长，对以往以学业成绩为主评价学生的单一方式进行了变革，尊重和促进学生的差异化发展。学生的奖励和表彰，用定性的评价取代量化的学分管理，重在激励，实现学生在校园中的成长和发展。

2. 完善管理

学校成立课程建设工作领导小组，明确分工；加强机制建设，保证落实；成立专家团队，加强专业引领；明确管理流程，加强监控。学校在需求分析、课程申请、学生选课、课程教学、评价调整、课程发展等相关阶段加强流程管理，确保课程建设效果。

学校构建由课程与改革中心、教学科研处、年级组与教研组、任课教师组成的课程实施体系。学校成立学校课程管理委员会，由校长担任组长，由处室主任、年级组长、教研组长及骨干教师等学科专家组成。课程与改革中心是学校课程管理的责任处室，主要职责是牵头组织各教研组的课程规划工作，负责对《北师大三附中课程方案》的计划、执行、检查和落实课程评估，组织协调各学科、各年级、各处室在课程开发过程中的关系，落实各项课程管理措施。教研组负责根据学科特色和学科建设需要，组织本组教师制定学科校本课程建设规划，以及学期校本课程教学进度计划和学生活动计划。

六、课程改革的效果

通过实施课程体系，学生在知识、能力、情感态度和价值观方面有了明显的进步，学习能力和核心素养不断提升。学生的思维品质初步养成，解决问题的能力逐步提升，他们敢于表达、善于思维、巧于操作、乐于合作。近年来，学生积极参加各级各类竞赛，参赛人数占学生人数的 65% 以上，其中科技类竞赛学生获奖 1353 人次，艺术类竞赛学生获奖 2145 人次，体育类竞赛学生获奖 936 人次。通过近几年学校课程建设，学校的高考成绩节节攀升。文、理科本科的升学率均达到或者接近 100%，600 分以上的学生人数每年都在增加，重点大学的上线率与学生入学水平相比均超过 500%，加工能力在海淀区名列前茅，每年都有多名学生考入"985""211"等一流名校。

教师队伍是学校发展的根系。经过几年的努力，学校已经打造了一支精干的教师队伍，涌现出若干佼佼者，如，2 名海淀区三八红旗手，11 名海淀区教育系统优秀教师，3 名优秀教育工作者，3 名海淀区师德标兵，4 名先进德育工作者，5 名海淀教育系统青年先进工作者等；共 45 人次获各种教学大赛奖，53 人次获各种荣誉称号，240 人次在各类学生竞赛活动中获优秀辅导奖；各类获奖论文达 800 多篇，其中有数篇在各类刊物上得以发表。

初中三年义务教育，学校遵循落实常规，实现全面发展的原则已取得初步成效，中考成绩以每年上一个台阶的速度得到社会的赞誉和家长的认可。近几年，学校通过课程建设，学校的满意度不断提升，同时还成为新品牌学校的建设单位、物理和英语高中学科教研基地。学校先后荣获了国家基础教育课程改革实验先进单位、普通高中课程改革实验市级样本校、北京市艺术教育特色学校、北京市艺术传统项目学校、北京市文明礼仪示范学校、北京市文化示范校、海淀区高中课程改革先进校等称号。

七、特色与创新

(一)学校课程体系

基于学校的育人原则，学校提出了"立本致和教育"课程体系。这个课程体系从课程目标的设置、课程内容的安排，到课程内容的实施都有所创新。学校课程的设置着眼于学生适应未来的发展需求，课程内容、课程框架和学生核心素养相匹配，目的是让学生在未来的生活中达到与自己、与社会、与自然的和谐，从而获得幸福感。

围绕课程发展目标，学校开发了阅读、艺术、生涯规划等几大课程群来支撑它。课程的设置的基本路径是"幸福的要素（核心素养）—能力的分解—课程的支撑"，本着"基础＋分层＋选择"的原则，让每个学生能够有所选择，而课程对学生也有引领方向的作用。

从课程的实施情况看，学校走的是多元轨道的路径。学校重引领，这里既有名家的引领，也有同辈的引领，有百家讲坛，也有朋辈教育；学校重体验，设计了模拟招聘会、半日值岗等活动，将课程活动化，将活动课程化；学校重思维发展，始终坚持专门的思维训练课程，也在平时的教学中渗透焦点讨论法等训练思维的方法；学校重阅读，有针对阅读的系列课程，还设置了阅读节等大型活动，在活动中激发学生的阅读兴趣，培养学生的阅读能力。

1. 形成学校的生涯规划课程群

只有学生懂得自主规划和掌握自主发展能力，才能实现教育真正的目的。针对学生发展主动性较差的问题，学校整合资源，积极开展生涯规划教育。2014 年学校编制了《高中各阶段人生规划教育实施要点》，明确了高中阶段六个学期人生规划教育的目的、主要载体、主要内容、具体目标和评价要点，使得生涯规划教育系统化：以生涯课程为切入点，提升学生自主发展的动力；丰富的校园教育生活，搭建学生自主发展的平台；学校三级课程的建设，丰富学生自主发展的内涵；导师制和走班选课制，建立自主发展的保障机制。

2. 形成学校的思维训练课程体系

通过全校教师和北京师范大学教育学部专家的共同努力，学校初步形成了思维训练课程体系，形成了六大模块、四个学期的课程教学体系。六大模块分别是八大思维图示、思维导图、概念图、核心思维工具、创造性思维、批判性思维。通过思维训练课程的实施，开展学科融入式思维教学，不断提升学生的思维能力，逐步形成思维发展型课堂。

（二）教师培养体系

学校的教师课程建设工作成绩突出，是海淀区教师课程建设工作示范校。学校课程建设工作具有以下几个特色。

一是目标明确，体系完备。学校教师课程建设工作目标明确、思路清晰、机制完善、课程建设工作内容全面，形成了自己独特的课程建设工作课程体系。学校强调实践、强调文化引领、强调阅读伴随，开发利用了丰富的课程建设工作资源，有丰富的课程建设工作经验。

二是项目推进，研训一体。学校的科研课题非常丰富，覆盖全校每个老师，可以说人人有课题。学校在课题研究的推进过程中，完成了对教师的课程建设工作，同时也解决了教育教学中的难题。在具体推进过程中，还强调以项目发展的方式来推进工作。学校前后开展了思维训练、课堂提问、课时目标、课后作业、深度学习等数个项目，这些项目围绕学校的教学教育中的焦点问题而展开，取得良好的效果，有着比较丰富的成果。

三是学习型组织的建立。学校有教师阅读俱乐部，在俱乐部中有阅读邀约制度，老师们相伴阅读，互相督促。学校给予这些阅读先进分子以舞台，让他们成为种子，带动其他教师阅读。

八、反思与展望

一是学校应当从考试时间、考试科目、考试次数这样的技术性问题中跳出来，重新深入思考课程改革和高考改革的本来目的，探索深层次、根本性问题的解决方案，探索适合学校的选择性教育理念、个性化育人的实践模式。学校应当基于学生发展核心素养和学科核心素养，全面梳理和完善学校课程体系，整合选修课程与必修课程、选考课程与必考课程的课程体系，探索以学生为中心、贯通学科与学科间必修和选修的特色课程群，形成办学优势和特色。加强课程的精品化和结构化，突出学校的特色发展，育人目标进一步落地。全面落实《普通高中课程方案（2017 年版 2020 年修订）》，围绕学校特色发展方向，建立课程群，积极投入，打造精品课程，寻求不同学科的融合，开展教材整合，系统化建设课程，加强顶层设计和课程的科学评价系统。

二是建立线上线下互动的课程呈现方式，适应学生的学习方式变化。学生是信息时代的原住民，要通过信息技术手段，"不留痕迹"地完成课程育人的目的。

三是各级各类课程在校本化实施中，由科学逻辑转向生活逻辑，通过课程把学生引入真实的生活，感受生活的真善美，感受生活的幸福，从中不断获得生活的意义。教育不仅仅是给学生以生活的技能，更多的是启发人生活的精神和积极生活的热情。

四是课程建设的立足点，归根到底是关注人的健康发展，而不仅仅是关注考试评价导向的成绩分数，引导全体教师由教学意识转向课程意识，通过课程的学习引导学生全面积极地发展，把学生真正放在教育中，使他（她）成为真正的人。

从任务驱动到自主赋能

——北京市海淀区教师进修学校附属实验学校教育教学改革个案研究

董红军[1]

一、学校基本情况

北京市海淀区教师进修学校附属实验学校（以下简称"进修实验学校"）创建于1998年，是海淀区教委所属全日制完全中学，公立完全中学，北京市优质高中校。创办时校址为海淀区八里庄北里20号，现为南校区；2003年新增第二个校址，位于海淀区远大路34号，为世纪城社区配套建设校园，现为北校区。两个校区为同一法人单位，实行一体化管理。2018年11月，学校承办北大附中香山学校，承办后，"北大附中香山学校"更名为"北京市海淀区教师进修学校附属实验香山分校"，纳入学校一体化管理，实施办学空间资源统筹，探索干部教师交流轮岗、教师研训一体、课程资源共享的集团化办学模式。

二、学校推进改革的主要阶段或者历程

第一，建校初期，进修实验学校主动、自觉地思考和寻找办学的基本理念，1999年提出将"人文·人本·人格"作为学校发展的重要基石。学校徽标的设计灵感也源于此。2002—2004年，经过广泛深入地研讨、论证，将学校育人目标准确表述为——培养学生"带得走"的适应未来社会发展需要的能力和素养，并沿用至今。有了明确的育人目标，学校的教育教学有了基本依循，课程建设有了内涵方向，要培养什么样的学生也有了总体轮廓。"带得走"伴随学生一生成长，"适应未来社会发展"要求学校着眼长远，让学生具有创新和可持续发展能力。

第二，围绕"学生成才、教师成功、学校发展"的愿景，为打造一支高水平专业

---

[1]　董红军：北京市海淀区教师进修学校附属实验学校校长。

化教师队伍，为使办学理念和育人目标转化为教师的教育教学行为，18年来，学校坚持不懈地做好校本培训。1998—2002年，学校着眼于教师基本功和教学经验的积累，解决一大批新任教师"如何上课"的问题；2002—2007年，学校着眼于提高课堂教学效益，聚焦课堂教学目标的挖掘，帮助教师"如何上好课"；进入高中课改以来的头四年（2007—2011年），学校引入国际先进教学理念，着眼于转变教师的教学观，借助"逆向设计"等工具，带领教师探索"为理解而教"；2011—2016年，学校更加关注学生的"学"，开展"深度学习"教学改进项目，着眼于转变教师的学生观。进修实验学校的校本培训实现了全覆盖，注重教育教学和行政各领域的全员研修，坚持用"研究"指导、引领学校各项工作。面向全员的德育培训推动德育工作由活动向课程转变，培养教师德育课程的开发和建设能力；面向行政人员的培训，突出打造一支"为结果负责"的专业化服务团队。

三、学校办学实践要解决的核心问题

新课程改革要求学校从熟练的"批量加工"模式，变革为以个性化指导为特征的"精准培育"模式。我们认为：学生的发展最终是以他在现实生活中待人处事的方式来体现的；人总是在他所处的环境中成长的，要想让学生获得某种发展，就应为他提供相应的生活方式。学校要创造各种可能，让每名学生找到适合自己的发展目标，为每名学生提供适合的成长路径和实践平台，赋予学生选择的主动权，引领学生获得赢在未来的能力和素养。基于此，学校将"精准培育，实践育人"作为学校新品牌建设的理念。

所谓精准，是为满足人的个性化需求而做出的积极转型。进修实验学校构建"精准"导向的育人模式，就是要最大限度地避免标准化、集约化、批量化操作的局限，着力建设以多样化、可选择、自适应为特征的生态系统。精准培育体现的是个性化的教育，是学生学习的自主权；实践育人旨在让学生深度参与、深度体验校内外的各种课程，让学生在真实情境中学习、解决问题，强调学以致用，培养学生解决问题的能力和创新能力。

四、新品牌学校建设的实践探索

学校品牌建设的目标是：着眼学生多样化成长需求，提供更多可选择的平台，有针对性地细分群体、精简内容、优化课程，让学生在深度参与、深度体验的真实情境中学习，享有个性化的学习自主权，实现学以致用的高效、精准培育。新品牌学校项目是和学校的日常教育、教学、研究工作紧密结合在一起的。学校在现有课程基础上，结合学校发展规划，对学校教育进行结构化、课程化的整体设计，从学校课程和个性化教育入手打造学校品牌，形成品牌建设的策略。

（一）优化学校课程体系，搭建精准培育的多元路径

学生个性化发展的路径各不相同，"精准培育"是学校着眼于满足学生个性化发展需求而做出的战略性举措。这就要求学校不断完善课程建设，创造各种可能，让每个学生都能找到适合自己的成长路径和实践平台，帮助每个学生拥有成长的选择性和可能性。

1. 科学规划：依据学校育人目标完善学校整体课程规划

从架构上来说，一所学校的课程应该承载学校的核心价值观，落实学校的育人目标，同时还需要体现学校的特色。学校深入分析未来人才需要的核心素养和能力，细化学校的育人目标，从学生多元发展和个性化需求的角度，对学校教育进行结构化、课程化的整体设计，建立了多领域、多层次、分水平的促进学生自主发展的综合课程体系。

2018 年，学校对课程方案进行了完善和修改。学校课程按内容主要分为：挑战性的学术课程、高品质的艺术课程、丰富的综合实践课程、追求卓越的领导力课程、社团及其他实践活动课程。按水平可分为以下三类。

（1）学科基础课程：必修模块教学中精选学生终身发展必备的基础知识和基本技能，均面向全体学生，注重全面发展，培养学生的学习兴趣、学习能力和探索精神，聚焦核心素养。

（2）学科拓展课程：充分考虑学生不同的发展需求，结合学科特点，分类设计可选择的课程内容，以选择性教育促进学生个性发展。注重激发学生的自主性，促进学生的自主发展，提升学科核心素养。在课程内容上增强与社会生活、高等教育和职业发展的内在联系，帮助学生更好地进行职业规划和人生选择。

（3）学术荣誉课程：主要是大学先修课程和大学实验室研究项目课程等（具体内容可见下表），给学生提供更广阔的社会人文方向和科学技术方向的实践平台。学术荣誉课程有以下特点：更小的师生比、更前沿的课程内容、更多的实验操作和实地考察、更深入的探究和思考。从实施的情况看，学术荣誉课程和学生选择大学相关领域的关联性越来越强。而且，学术荣誉课程从以往有什么资源开什么课，发展到根据学生提出的需求来设计课程、寻找资源单位，更体现课程开发的"精准定制"。

学校学术荣誉课程列表

课　　程	联合开发学校 / 机构
红外光谱测定草药成分	清华大学
空气动力学	清华大学
3D 打印与材料	清华大学

课　程	联合开发学校 / 机构
昆虫学	中国科学院动物研究所
典型生物材料的力学性能研究	中国科学院力学研究所
材料科学	中国科学院过程工程研究所
地下水环境检测	北京地质矿产勘查开发局
植物基因工程	中国农业科学研究院
动物基因工程	中国农业科学研究院
新能源：微藻制柴油	中国农业大学

新品牌学校项目推进过程中，学校进一步规范了课程管理制度。2017 年 9 月，学校完成《海淀进修实验学校高中学生课程手册》(以下简称《课程手册》)的制定；2018 年 9 月，学校完成《学校课程规划》的修改和定稿。《课程手册》详尽介绍了为迎接新课改而重新设计的学校课程体系，内容包括高中课程目标、课程结构、学分分配、开课计划等，重点介绍了各学科必修课、选修 Ⅰ 和选修 Ⅱ 的课程内容、开课安排。《学校课程规划》和《课程手册》完善的过程，也是学校课程体系育人特色逐渐明晰的过程。更重要的是，课程管理制度的完善和优化，进一步引导学生在充分思考个人发展方向、了解未来社会需求的基础上逐步构建自己的学业计划。

2. 拓展平台：依据课程论思想对各类活动进行课程化设计

学校认为，要帮助一个人成长的最好的办法，是让他去"做"：去经历、去体验、去实践。所以，学校不仅要给学生提供多样的、广阔的成长平台，更要努力创造让学生"实际做事"的校园生活，让学生在实践体验中交流互动、协同合作、沟通理解、提高本领。为了使各类活动真正发挥精准育人的功能，学校依据课程论思想，用"教学的思维"对各类活动进行课程化设计和实施。

在课程论思想的指导下，学校班会、开学典礼、升旗仪式、志愿服务、学长论坛、昆玉讲坛、学生业余党校、研学旅行等学校日常教育活动都以课程的方式开展。教师依据自己的爱好和专长负责相关领域的课程设计，从课程目标、课程活动、课程评价等方面精心设计课程，帮助学生获得最适合自己的个性成长。例如，学校积极开发和利用校内外各种资源设计课程，为学生成长创造更多的可能性。学校化学实验室的夏雪老师设计的"开放实验室课程"吸引了一批对实验探究感兴趣的学生；作为海淀区少年科学院分院（昆玉科学院），学校成立了化学、植物、观鸟三个研究所，并设计了相应的课程。

课程化思维一方面赋予教师属于他的创造"领地"，帮助教师成就自己的教育理想；另一方面，课程化思维学校成为学生成长的多样的、广阔的平台，成为学生实现梦想的理想园地。

3. 持续推进：依据学生发展需求开发实施"昆玉"特色课程

为了帮助学生找到和自己"适配"的学业发展模式，让每位学生拥有一种适合自己的生活方式，2019年，学校成立了"昆玉书院"，并初步构建了一套昆玉书院培养路径。

通过学生潜能测评、学业规划访谈等途径，以学业规划为引擎，将可能性转化为现实性；通过心理与生涯探索实践课程，促进学生自我认同，塑造积极心理品质，以学习能力为核心提升全面自主发展能力；以学科竞赛课程、学术荣誉课程、研究性学习课程、专业创新实践课程等专属课程为路径，将兴趣转化为竞争实力；为每一名昆玉书院学生配备一名升学规划专家和一名学业成长导师，以私人导师为纽带，提供持续的陪伴与支持；以开放空间为依托，适应多样化的学习方式；以专业师资为引导，为学生的成长保驾护航。

昆玉书院特色课程从学业规划、生涯指导、专属课程、学习空间、专业师资角度立体设计，丰富了学校的课程体系，为每一位渴望主动发展、具有学科特长、善于合作探究、愿意服务社会的优秀学生提供更加精准的课程体系和实践平台。

（二）以校本研修助推学习方式变革，提升教师课程领导力

1. 营造开放自主的研修文化，提升教师精准育人能力

学校将校本研修作为提升教师队伍水平、涵养学校文化的重要途径和内容，整体构建教师校本研修立体课程。近年来，学校依托"深度学习教学改进项目"，以学生研究为重点，以学科研修为路径，促进学生学习方式变革，落实学科核心素养。

2014年以来，学校依托"深度学习教学改进项目"，引领教师在各学科开展深度学习理念下的单元教学设计和实施，研究新颁布的高中课程方案和课程标准，研究学科核心素养在学科教学中的落实，持续开展以"引导学习行为，发展学科思维，落实核心素养"为主题进行专题研讨，积累丰富的课程资源。

2017年开始，学校打破行政推动的模式，用自由的学术氛围引导教师整理和发布自己的研究成果。学校在2017—2019年先后举办了以"读懂学生，开启学习""精准培育，看见未来""探秘学与教，成长更美好"为主题的昆玉教育年会。2019年，昆玉教育论坛由各学科承办，用自由的学术氛围引导教师整理和发布自己的研究成果。教师们围绕班级文化建设、习惯养成教育、学生发展指导、家校共育策略、心理健康教育、学科育人等主题进行了深入研讨和交流。

学校班主任队伍建设持续、扎实且高效。学校成立学校教育统筹小组，从"读懂学生""读懂班级""读懂家长"等维度整体设计班主任培训内容，通过全员培训、专

家沙龙、实践指导、优秀班主任分享、班主任基本功培训等形式，定期开展班主任系列培训，将立德树人根本任务切实落实到日常教育的各个环节。

学校面向不同层次的教师开展有针对性的专题研修。学校成立语文、政治、地理、数学、班主任等八个"昆玉名师工作室"，成立"青蓝工程"工作坊，开展面向新教师的"火箭班"培训活动，通过师徒结对、课题研究、研究课展示、成果发布等方式，引领不同层次教师获得发展。学校刊发《进修实验学报》，对教师进行必要的学术训练和指导，鼓励教师出高水平学术成果。

2. 变革学习方式，让学生享有更多的学习自主权

校本研修的深入开展，使教师从关注"教师如何教"变成关注"学生如何学"。教师有意识地立足单元或主题开展"深度学习"研究，设计整合性的学习任务，从蕴含学科价值的、富有挑战性的问题出发，将课堂知识与社会、生活建立关联，引导学生在真实的学习情境中完成挑战性任务，经历知识探究和学习的过程，提高解决问题的能力，习得适应未来社会发展的必备品格和关键能力。

化学：重视情境设计和深度探究。如设计真实的任务情境，回收实验中的废液四氯化碳，在此过程中建构氧化还原的深度理解；在氯气性质实验中对"异常"现象进行多维验证，形成对一类问题的探究思路；根据热门高考考点"水的净化问题"设计深度学习课题，亲自制作净水机，亲手用电解法净水，从而理解真实问题解决过程中的复杂性。

政治：举办辩论赛，在自主辨析中思考体味辩题的内涵意义，奠定素养发展的理性基础；在冲突困惑中深度理解辩题的价值意义，提升素养发展的价值追求；在感悟反思中重构升华对辩题理论与现实认知，涵养素养发展的价值自觉。

语文：在深度解读文本的基础上，立足学科特点，以语言文字训练为基础，精心设计基于文本阅读的语文学习任务（群），通过撰写人物评论、倡议书，举办金秋新诗会等多样的学习活动，引导学生在听、说、读、写的过程中发展思维品质，提高文化和审美品位，落实立德树人目标。

学习方式的变革在每个学科都鲜活地发生着。教师努力让体验成为学习的内核，变接受学习为建构学习，变验证性学习为探究性学习，变习题解答的学习为问题解决的学习，学生学习行为更自主，学习品质更精准。

3. 创新学习内容和活动形式，吸引学生进入高质量的学习

2016年以来，教师深入研究学生学习，研究如何激发学生学习兴趣，吸引学生在深度探究和交流互动中进入高质量的学习。2018年，教师依托"学科活动月"活动，设计了各具特色的学科学习活动，如数学建模大赛、化学实验大赛、英语拼单词大赛、生物实验设计大赛、语文写作大赛、地理环境日主题活动等。形式多样的"学科活动

月"活动拓展了学生的视野，丰富了学习的内容。信息技术组织了校园文创设计大赛，在实现信息技术教学的基础上，激发了学生的主动性和创造力。入选的校园文创产品已投入生产，成为学生实践和成长的乐园。

（三）探索支持性环境和引领性评价，支持学生个性化发展

1. 营造开放共享的支持性环境，让学习随处发生

学校重视校园环境的建设，积极建设更好的学习场所和探究空间。专业教室、开放实验室、图书馆、开放学习空间、研习室等，为学生提供专题讨论、自主研讨、学习沙龙等更多元的学习场所，提升学生学习的主动性和独立思考能力、问题解决能力，让学习随处发生。

2. 探索有温度的多维度评价，引领学生成长

一方面，学校重视评价标准的制定。除了认真贯彻综合素质评价精神，学校还制定了《课堂教学评价标准》《课堂表现评价表》《作业质量评价标准》《军训内务整理标准》等，评价标准成为学生学习和成长的方向和指引。另一方面，学校重视采用灵活、多元的评价方式。既有教师评价，也有学生自评和学生互评；既有结果性评价，也有过程性评价；既有学业评价，也有习惯素养评价。学校还注重引导学生参与评价标准的制定，学会对自己的作品进行自我评价，在自我评价和反思调整中获得成长。优秀作业、优秀笔记等优秀学业成果的展示和表彰，进一步激发了学生成长的主动性和内驱力，促进和激励学生更好地投入学习。学校还引入学生学习质量分析网络系统，让教师和学生随时了解学习动态、学习优势和不足，确定学习目标和方向。

学校制定了《习惯养成标准手册》，围绕就餐、课间操等 15 项内容制定了 57 条评价标准，阐释学校的"老规矩"。标准制定完后，教师通过"海淀进修实验学校若干个'为什么'"主题探讨活动，引导学生准确理解和认同校规校纪，探寻小事背后的意义和价值。这样的做法，有效地使学生认同和理解了学校的价值和理念，在评价标准的引导下，规范自己的文明行为。

学校还举办一年一度的"勋章行动"，为学生提供发展指引。通过解读《中国学生发展核心素养》总体框架，结合学校"培养学生'带得走'的适应未来社会发展需要的能力和素养"这一育人目标，学校教育统筹小组设计了面向全体学生的"勋章行动"。对应核心素养框架的六个方面，制定具体评价标准，每学期评选"外伸内涵之星""科学探究之星""乐学善思之星""阳光健康之星""责任担当之星"和"实践创新之星"，在此基础上推荐产生"全面发展之星"。"勋章行动"的最大价值在于，用具体的评价标准作为学生全面而有个性的发展指南，形成学校激励、表彰学生的系统方案。

3. 成立"学生成长支持中心"，开展一对一生涯指导和学业指导

为了更好地支持和帮助学生成长，学校成立了"进修实验学校学生成长支持中心"，负责对学生进行一对一生涯指导、学业指导、心理健康辅导等，给学生生涯规划和学业发展提供个性指导。

学校为学生量身打造生涯辅导课程。通过"生涯规划课堂教学""学长面对面""职业访谈""生涯人物论坛""一星期职业体验"等途径，帮助学生从高中入学起树立主动发展的观念，掌握生涯规划的知识与技能，确立生涯发展目标，进行生涯决策，寻找最佳生涯发展路径，让学生"心有方向，学有所长"。

学校和学生家长共同设计在真实情境中的"沉浸式"生涯探索课程，为学生提供100多种不同的岗位实习。领域涉及文化、艺术、科技、医学、商务、法律、金融、餐饮等。探索的重点不在职业选择，而是未来职业变迁以及职业对人才核心素养的要求。学校还和学生家长合作，征集一批家长志愿者成为"生涯体验导师"，在培训学生家长掌握生涯指导基础理论和技能的同时，探讨如何从未来的视角做好家庭教育。

学校根据学生个性差异、需求差异、思维差异，进行一对一学业规划指导。学校为有出国意向的学生开设雅思、德语等级考试，日语、法语等小语种课程；学校为有意从事艺术研究的学生提供话剧节、金帆话剧团、微电影节、阿卡贝拉、管乐团等艺术指导和平台。教师利用专业APP，基于大数据和教师教学经验，完善学科错因分析角度，引导学生自我深度反思，摸索出促进学生的个性化学习的可视化实现路径；教师依据学生数学学习的不同程度设计个性化学案，做到一人一份学案等，为有发展需求的学生提供定制式支持，促进精准培育的落地。

学校依托"最近发展区"学业诊断与提升项目，在中国教育学会的支持下，用心理学、统计学原理科学分析学生的学科发展潜力，使教师为学生提供的个性化教学更加科学高效。学校参与教育部学生发展指导项目，通过一对一学业规划，从生涯发展视角激发学生内在动机，培育坚毅品格，为学生成长保驾护航。

五、新品牌学校建设的主要成效

（一）提高了学生成长的获得感

学生精神风貌和综合素质获得外界认可。例如，2019年10月，学校阿卡贝拉歌曲《一个真实的故事》、学校金帆话剧团表演的话剧《任公和他的儿女们》成为"学习强国"中的学习资源。学科竞赛成绩取得突破。2019年，55人次获得数学、物理、生物、信息学、化学学科竞赛市级以上奖项等。艺术、体育成果丰硕，学生获得北京市

第二十二届学生艺术节管乐展演金奖、北京市中小学生阳光体育系列活动武术比赛第二名等。

（二）提升了教师的专业水平

教师论文课题成果喜人。2019年，学校共有在研区级课题26项，市级课题4项，结题8项。在"中国好老师"主题案例评比中，7人获得一等奖，5人获得二等奖，6人获得三等奖，案例质量和数量均居海淀前列。教师教学研究成果丰硕，学科研修积累了丰富的单元教学案例和课程资源。2019年，学校数学、英语、化学、生物、语文5个学科获评为海淀区中学学科教研基地。目前，学校积累了一批高质量的课程资源，包括竞赛类学术课程，话剧、升旗、军训、研学等德育课程，深度学习、班主任培训等教师培训课程。教师课程开发和执行能力得到提升，依托中科院为希望在生物某一领域进一步深入研究的学生开设"户外运动与博物探秘""红外光谱""海洋科学""中科院西双版纳热带植物园科学考察"等课程。

（三）彰显了学校的辐射力

学校办学成果突出，在区域教育中有较高的影响力，得到广大师生和家长的高度认可。学校是国务院侨办华文教育基地、"深度学习"项目全国课程改革骨干教师研修基地、北京市基础教育课程建设先进单位、北京市"十二五"时期校本培训先进学校、北京市教育科研先进学校、北京市中小学学校文化建设示范校（首批）、北京市学生金帆艺术团（话剧）、北京人民艺术剧院戏剧教育基地、海淀区示范高中校、海淀区中学首批德育五星级学校、海淀区课程建设先进校、海淀区中小学科技教育示范学校、"中国好老师"公益行动计划项目基地校。2019年，学校被评为北京市教师教育基地。2018—2019年，13%的高中毕业生进入"985"高校；29%的高中毕业生进入"211"高校。学校办学质量获得社会的认可。此外，学校积极发挥辐射和引领作用。2016—2019年，学校承担教育部课程中心骨干教师研修基地任务，为800余人次提供"深度学习"培训课程；教师还赴广州、江苏、河南、大连、山东等地分享学校"深度学习"实施的经验和做法。50余名教师赴青海、贵州、内蒙古、陕西、福建等地培训当地教师。

六、学校改革的主要经验或者特色

一是立德树人，全员育人，以学生发展为本，构建特色成长体验和育人文化。学校教育重视回归朴素、回归良知、回归初心，把学生作为一个完整的人来培养。着眼塑造学生健全人格、培养综合能力、积淀核心素养、培养适应未来社会发展需要的能力和素养，引导学生在丰富实践活动中"心有方向，学有所长"，积淀赢得未来的核心素养。

二是用心打造"精准培育"课程体系，让学生"心有方向，学有所长"。课堂教学过程中，鼓励教师立足单元或主题开展"深度学习"研究，引导学生在问题解决的过程中提升能力和素养，自信面对未来。重视学生研究和学生发展指导研究，引导教师深入研究学科本质和学习本质，鼓励师生之间、生生之间聚焦学习，共同探讨"爱学、会学、学成、学好"，激发学生热爱学习、善于学习，帮助学生突破学习障碍，让学生更主动、更得法、更高效地投入学习，不断取得优异的学业成绩，收获良好的学习品质和学习习惯。

三是营造开放、自主的研修文化，提升教师教书育人能力和学科建设水平。学校将校本研修作为提升教师队伍水平、营造学校文化的重要途径和内容。学校为教师搭设专业发展阶梯，持续激发教师发展的内生动力。通过挑战性、开放性的项目，给教师制造"不会"并提供支持，引领教师经历从"不会"到"会"的超越，从"会"到"改进"的提高，获得职业幸福和专业成就，成长为专业的育人者。

四是学校积极进行管理改造，指引师生前进方向，创建师生成长园地，陪伴师生一路成长。学校最大限度地鼓励专业发展和创新，想方设法地创建研究氛围和文化，用心创造有质感的教育，成就有价值的学校。

七、后续发展方向与思路

"教育即生长。"教育的本质决定了教育的未来性。包括："为了未来"，始终把未来作为教育的参照系，为未来而教，为未来而学；"面向未来"，具有"未来场景"意识，我们现在的学生要能适应未来经济社会发展的需要；"创造未来"，未来什么样，由学生现在的心智模式、沟通能力、实践本领、审美品格和价值观等综合素养决定，未来由他们创造。

新品牌学校建设项目的深入推进，给学生、教师、学校都带来了积极的变化。未来，学校将依托海淀区新品牌学校建设工程，继续以"精准培育，实践育人"作为学校"新品牌"建设方针，将"心有方向，学有所长"作为学生发展指导主题及方针，将"高标准严要求，精雕细刻不将就"作为学校教育教学和管理工作方针，努力践行"精准教育"，用心创造有质感的教育，努力实现从批量"加工"到个性化指导的教育生态，让学校成为现代教育思想的实践园地。

新品牌学校系统改革的实践探索

——北京科技大学附属中学教育教学改革个案研究

王世东[1]

一、学校基本情况

北京科技大学附属中学（以下简称"科大附中"）的前身是北京钢铁学院附属中学，创建于1960年，2013年3月更名为"北京科技大学附属中学"。近年来，在海淀区工委、教委的支持下，学校成为海淀教师进修学校和北京科技大学双重对口支持单位，申请成为北京市"1+3"项目改革试点校，"落户"北京市海淀教育新地图。良好的机遇和高端资源的注入，激发了学校的内部发展潜力，使学校发展的影响力不断提升，美誉度日渐提高。2015年，科大附中获得"全国文明单位"的称号。2016年，学校步入海淀区新品牌学校建设行列。2018年，学校成为北京市课程建设先进单位。2019年，学校成为北京市海淀区教师进修学校教育集团成员校。海淀区教师进修学校教育集团的引领，激发了学校跨越式发展的内驱力。

二、学校办学实践要解决的核心问题

学校文化理念先进，育人目标清晰，教育教学品质日渐提升，课程建设不断完善，科技传统办学特色凸显，艺术教育不断跟进，现代化、信息化的教育环境日臻进步。教师敬业爱校情怀浓，自我专业成长意识逐步确立，教师队伍整体素质不断提高。然而，学校课程实施、管理、评价等机制有待进一步优化；办学特色需进一步强化；学校招收中等生偏多，学生的行为养成教育急需深化落实和逐步完善；教职工队伍平均年龄偏大，新课改观念转变、新技术掌握和学科育人行动策略等方面需要进一步提高；学校管理团队的思想理念引领、专业管理领导力亟待提升。

---

[1] 王世东：北京科技大学附属中学校长。

三、学校改革的基本举措

古人云："圣人常顺时而动，智者必因机而发。"学校发展也是一样的道理，守正不等于守成。因此，在守正根植梦想沃土的同时，科大附中还坚持在变革中出新。在教育教学中，贯彻新课程改革理念，加强教师队伍建设，提高教师的专业发展能力，开展基于核心素养的教育教学研究，建构适合学生发展的课程体系，为学生追梦、铸梦和圆梦撑起一片蓝天。

（一）建构适合学生发展的"鼎新"课程体系

"鼎新"出自校训"明德至善，鼎新力行"。"鼎"之本意为"礼器""重器"，延伸之意有"鼎立""鼎新""鼎力""鼎命"等，喻为守正鼎新，明德笃行，心怀天下，敢于担当。"鼎"字形似校徽——"两把椅子三本书"，意为学生勤奋读书，健康成长之意；又像双手和飞鸟，双手成"鼎"力之势，托起展翅飞翔的小鸟，翔翔蓝天，放飞梦想。科大附中"鼎新"课程的建设与不断完善，旨在更好地陪伴学生成长，唤醒学生智慧，让他们遇见好老师，体验好课堂，成长为"四有"青年。学校从国家课程标准、学校课程资源、学情现状等方面整体规划"鼎新"课程，从课程校本实施研制学科课程纲要，从学生深度学习设计教学活动，让学生核心素养落地生根。

为了凸显科技和艺术办学特色，学校整合北京科技大学和学院路上的科研院所的资源供给，建构三级五类课程，使课程实现了从数量增加到质量提升的转变，课程理念先进，满足学生需求，适用性强；特色鲜明，对接学生个性发展，选择性强；与时俱进，激励学生探究创新，发展性强。

1."鼎新"课程目标

学校课程围绕"健博慧雅，善思敏行"课程目标，力求让学生在课程体验中成就"三项爱好"，参与"四种体验"，具有"五种获得"（见下页图）。引导学生成长为全面而有个性发展的"四有"青年。所谓"四有"，即有梦想，将美好愿景与生涯规划做融合；有修养，用人文修养和明德笃行来体现；有才学，将知识能力和实践创新做结合；有担当，以社会责任和天下已任育情怀。

2."鼎新"课程内容

学校对各学段、各学科课程，纵向进阶衔接，横向关联融合，建设"鼎新"课程。首先是三级课程进阶。

基础课程：面向全体学生开设的国家必修课程和校本必修课程，落实学科核心素

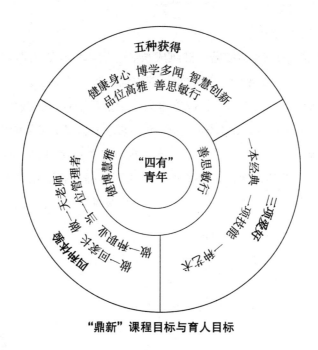

"鼎新"课程目标与育人目标

养，为学生全面发展打好共同基础。拓展课程：面向全体学生的不同群体、发展志向开设的国家选择性必修课程、校本选修课程，为未来职业发展奠基。发展课程：面对学生的个性发展和突出特长开设的国家选修课程、项目课程、高端社团课程等，为学生终身学习和发展培养综合能力（见下图）。

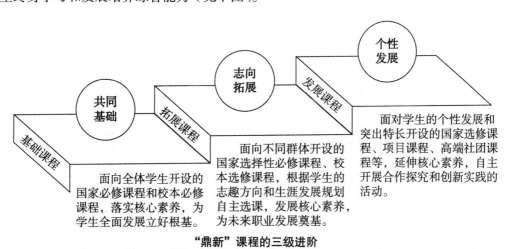

"鼎新"课程的三级进阶

其次是五类课程及素养指标（见下页图）。

人文与社会课程——明德笃行，心系天下。包括语文、英语、历史、地理、政治等学科，加强人文学科的相互关联、渗透和整合，立德树人，培养家国情怀，培育和践行社会主义核心价值观。

科学与技术课程——乐知融合，鼎新力行。包含物理、化学、生物、信息技术、数学等学科，促使学生能将所学到的学科知识融会贯通来解决实际问题，提升学生科技工程素养和探究创新能力。

身心与健康课程——身心和谐，健康成长。包括体育与健康课程、心理教育课程等，促进学生在身体、心理和社会适应能力等方面健康、和谐发展。

艺术与审美课程——以美启智，以美育人。学校基于音乐、美术等国家艺术课程，推进"琴棋书画"工程建设，提升学生感受美、创造美、鉴赏美的能力。

综合实践课程——投身实践，敢于担当。根据考察探究活动、社会服务活动、职业体验活动及党团教育活动等国家必修课程要求，加强综合活动系列设计，延伸学生解决现实问题的能力和综合实践能力，培养学生积极投身实践、敢于担当的精神。

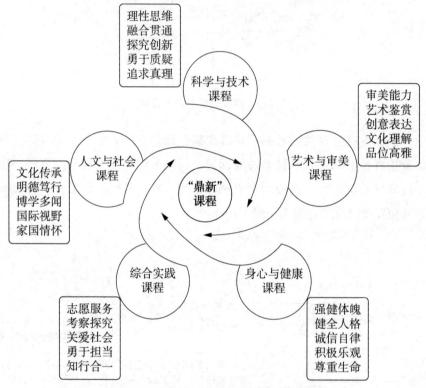

"鼎新"课程的五类课程及其对应素养指标

3. "鼎新"课程实施

为保障课程改革的有效实施，学校设立课程指导委员会，统一指导和策划学校课程建设和实施的所有工作，提升课程的领导力。学校成立课程管理中心，其下设立课程研究组、专家指导组、课程资源调配组、教学管理组、选课指导组和课程评价组，借力海淀教师进修学校课程中心的专家指导力量和北京科技大学的课程资源供给协同加强学校课程建设机制保障，凝聚课程建设合力（见下页图）。

近年来，学校课程育人成果每年都有新突破，学生在世界、国家、市区各级科技、艺术、竞技体育等比赛中，获奖1300余项，高考成绩连年攀升。学校连续四年的

"三级两翼"课程组织保障体系

社会满意度调查位居海淀区前十名。2018 年学校成为北京市课程建设先进单位。学校获得"全国文明单位""国际生态学校"称号，被北京科技大学确定为优质生源基地校，被北京市教委确定为"您身边的好学校"，入选北京市百所特色学校，等等。现在的科大附中正昂首阔步行进在新品牌学校建设之路上。

（二）建设互相激励的校本研修机制

学校建设"鼎新"课程，正是因为有"鼎新"气质的教师，才确保了课程的有效实施。学校以"师德"为核心，建设互相策励的校本研修机制（见下图），通过共同体教研和小专题研究，解决教学关键问题，提高教师专业素养。

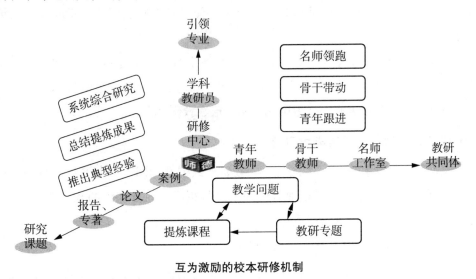

互为激励的校本研修机制

1. 涵养仁德之心，领悟育人之道

《中学教师专业标准》提出"学生为本，师德为先"。学校以"四有"好教师为标准，每学年开展"爱师月"活动，通过学生讲身边好教师的教育故事，营造尊师爱师的氛围；评选师德标兵，激励教师同伴，分享教育智慧；开展传统文化专题教育讲座，养仁德之心，悟育人之道。

2. 借力专业引领，促进深度研究

学校借助海淀教师进修学校和学院路研修中心的教研力量，加强学科的专业引领。各学科教研员定期走进课堂，诊断教学，指导教研和备课，开展基于深度学习的研讨活动。有些教研员常驻学校，带班上课，开放课堂，带领教研组、备课组开展校本研讨，及时化解教学问题。

3. 名师领跑带动，发挥示范作用

学校借助"名师工作室"和"鼎新书院"名师的领跑作用，通过名师进班听课、研究课展示、专题讲座、指导教师等，带领学科组开展基于学科核心素养落实的学习方式变革的深度学习研究，以学科大概念为核心，使课程内容结构化，以主题为引领，使课程内容情境化。名师示范领跑作用激发教师专业内省力，能更好地回馈到课堂和学生，带动教师团队整体发展。

4. 建立教研一体，凝聚教研合力

学校建立教研组长和骨干教师的成长发展机制，落实三个"带动"责任：组织开展一个专题研究，展示一节公开课，带领一个青年教师，发挥教研引领作用；建立"青蓝"带动机制，以骨干教师作为成长导师，使青年教师达到"一年成长，三年成熟，五年挑大梁"。

基于单元整体设计的深度学习项目，教研组定时间、定地点、定专题组织教研、备课，根据核心内容的功能价值设计单元主题、确定学习目标、建立知识间关联、设计学习活动、确定教学策略、组织单元教学，形成教研合力。

5. 同伴互为助教，研究成为习惯

学校倡导"同头备课，互为助教"的教研模式，鼓励同一个备课组的教师互相听课，开展课堂观察，辅助授课教师对学困生进行指导，同备课组的教师能互为助教，促进课堂的深度研讨，提高备课质量。

6. 依托课题研究，激发教师潜能

"十三五"期间，学校申请通过了27项市区级课题，其中21项是学科研究课题，实现了各学科组都有课题研究的局面，在深度研究中提升了教师的专业发展能力。课题研究在教研中充分发挥了聚焦教学问题，引领研究方向、研究深度和实效性的重要作用。学校还根据当下的"学与教"需求，设立校本研究课题。例如，学校开展小结式作业校本研究，已经推广到各年级，并升级为区级课题。

（三）拓展实践学习的多维空间

为了提高学生的综合素养，科大附中将课堂教学拓展和延伸到社会实践中，让学生在实践体验中迁移知识、拓展思维、主动探究，提升学生学以致用的综合能力，培养学生的社会责任感和家国情怀。

1. 在研学实践中增长才干

科大附中通过制定研学社会考察的校本实施方案，结合不同学段学生的成长规律，设计了"行前教育引导课""行中探究实践课"和"行后研讨总结课程"。目前，科大附中已经开辟了山东曲阜泰安线、陕西西安线。行前，学校组织年级组，根据学科学习内容，建立跨学科的备课组，不同学科教师共同备课，加强跨学科融合，设计"研学考察课程手册"，组织学生进行行前教育，使学生带着探究的问题参加全程的实践考察活动；在考察活动中，组织学生成立专题合作小组，让学生在体验中感受人文意境，体验社会生活，研讨历史事件，体味文化精髓，引导学生依托专题开展合作交流活动。考察活动结束回校后，组织学生以专题报告的形式汇报研学考察成果。科大附中鼓励学生走出校园，以祖国名胜古迹和壮美河山为素材，在实践过程中，实现教育模式从知识传授型向参与体验型的转变，培养了学生参与实践和综合解决问题的能力。

2. 在志愿服务活动中传递爱心

高质量的教育一定是能够使学生形成阳光心态和健康人格的教育，这是学生和谐发展、面向未来的基础。在实践中，王世东校长和教师们始终没有忘记将主动权还给学生。让学生用自己的双眼观察世界，用自己的心灵感悟人生，用自己的能力服务社会。

随着共享单车越来越多地出现在科大附中路段，部分单车摆放无序，随意停放，造成路段的环境相对杂乱。在学校的鼓励下，科大附中的学生组成志愿服务队，利用课余时间进行共享单车的清理和规整。

每年9月，学校开展的图书义卖活动，将善款换为"爱心包裹"，绵延传递到如北京"7·21"特大暴雨灾区、"大地之爱·母亲水窖"甘肃贫困老区、京郊敬老院、福利院等。在交通路口，设立交通志愿先锋岗，宣传交通安全，组织行人过马路。走进社区，慰问和服务空巢老人，送去爱心和温暖。每学期在校学生参与志愿服务累积达1500人次，服务时间累积超过120小时。学校志愿活动形式多样，内容丰富，多次被海淀区教育系统志愿者联合会评为优秀志愿服务项目。

志愿活动是科大附中实践育人的重要载体之一，学校创设各种条件，让学生自觉地、全身心地投入到志愿活动中，亲身感知和体验，使其心灵不断成长、发展和完善。使学生在志愿奉献中敞开"爱"的胸怀，学会"爱"的传递，享受"爱"的幸福。

从校内养成到校外实践，科大附中坚持学校教育与社会实践相结合，正以文化育人、环境育人、科学育人、艺术育人、实践育人等更为多元化的方式，实现学生持续发展和自我价值的提升。

（四）培养科技创新型人才

1. 组织管理

学校设有科技教育工作领导小组，由校长任组长，特色教育副校长任副组长，成员由三位分管副校长以及各相关部门主任等组成，在校长的直接领导下，各部门协同联动推动落实科技教育工作。学校特设特色教育发展中心，由一名副校长负责专管，还设有一名主任和三名老师，联合教学处落实课程方案，携手德育处组织开展活动，整合校内外师资力量，形成科技教育的联动机制，确保科技教育教学活动有效开展。

这几年，学校科技教育的蓬勃发展还得益于科学规范的管理，建立健全六项规范常规制度；制定了六项制度规范课程管理，并随着学校科技教育资源的不断拓展，学校各项管理制度也不断得到调整和健全；同时，重视档案管理，由专人负责，这些都保证了科技教育工作深入扎实地开展。学校制定《科技教育三年发展规划》，通过设立长远目标，制订学期计划，以期通过长远规划来推动学期计划的落实。每个学期，特色教育中心都会组织召开科技教育工作专题会议，总结和反思工作中的不足，整改下一阶段的工作方案，不断提高学校的科技教育水平。

2. 支持保障

自1996年学校成为北京市科技教育示范校以来，连续五年获得北京市金鹏科技奖，先后有八名学生获得北京市中小学银帆奖。近年来，随着学校影响力的不断扩大，发展机遇也接踵而至，科技教育资源不断优化，为提升教育品质提供了良好保障。

一是师资力量。学校重视科技教育师资队伍建设，有稳定的专兼职科技教师队伍。目前，有专兼职科技教师28人，其中高级职称9人，7人是海淀区骨干教师，1名海淀区科技学科带头人，有3名海淀区科技兼职教研员，硕士和博士学历占23%；年龄结构合理，青年科技教育教师不断加入，成长迅速，成为科技教育中间力量。学校每学期都要开展至少三次面向全体教师提升科学素养的通识培训，为使教师建构STEM教育理念，开展综合项目探究，学校邀请外国专家通过交流互动、专题培训、现场示范课等方式对教师进行了六次 STEM 培训。

二是物质条件。学校根据学生发展需求，对专业教室的设备进行更新，增建新的专业教室。拥有 33 间专业教室和实验室，84 间多媒体网络教室，增设了苹果机房、3D 创客计室、联合科大的工程科技实验室等专业教室，并进一步更新和完善了气象站、天文教室和天文台等的设施设备。学习场所一直拓展到北京科技大学、中国科学院、清华大学等院校的实验室。

三是经费保障。学校把科技教育专项经费纳入学校预算，2017 年 69.7 万元，2018 年 50.2 万元，2019 年 49.6 万元。经费约 30% 用于硬件设施的更新改造和专业教室的升级等，约 30% 用于师生学习培训、科普讲座等科学素养提升，约 25% 用于课程建设和研发，约 15% 用于科技各级竞赛。每年科技教育经费支持充足，为科技教育的可持续发展提供了保障。

四是校外资源。近年来，学校不断开发和利用校外资源，校外资源已经成为学校科技教育资源不可或缺的组成部分。目前，教研部门、大学、科研院所等对口支持学校共有 15 个项目，19 门科技选修课程。

3. 实施途径

一是学科渗透。三级五类"鼎新"课程体系，其中"科学与技术"类课程群是培养具有科技工程素养创新人才的主渠道，不仅如此，学校还在"鼎新"课程体系内，加强跨学科的研讨活动，在其他学科中渗透科学技术教育。非学科教学涉及科技教学资料，教师都会用来对学生进行科技教育，同时，教师在非学科教学过程中，还会用科学探究的思维方法，引导学生开展探究学习，提高学生应用跨学科知识研究问题的能力。

二是科技活动。首先是科技节活动及科普活动。一年一度的科技节是科大附中传统的主题教育活动。近几年，学校开展了主题为"科技筑梦　创新成长""科技强国，创新圆梦""筑梦创新　互联"等科技节活动，每年科技节可谓学校的科技"嘉年华"，每个学生都能参与到自己喜欢的科技教育活动中，每年历时一个月的科技节都成为学生开阔视野、拓宽思维、激发科技探究热情、启迪创新智慧的宽广平台，成为学生持续努力学习各学科知识的加油站。其次是社团活动。海淀区创建少年科学院是一项新创举，学校积极申请海淀区少年科学院分院的无线电测向、天文、单片机三个研究所，在"学生科学院小院士"的带领下，开展项目研究。学校非常重视学生社团的建设和管理，有各类社团 27 个，其中科技社团 15 个，由团委负责制定社团章程和组织管理。学生社团是自我管理，自设探究项目，在协作探究体验中提升自我。

4. 辐射带动

学校培养具有科技工程素养创新型人才的育人成果显著，辐射带动作用明显。学校被邀请参加全国通用技术现场进行经验汇报，承办了全国高中通用技术研修班一次，北京市现场会两次。2017 年 12 月，学校承办了"海淀区学科教育系列研讨会——学科素养与技术教育活动"。2018 年 11 月，学校承办了北京市中小学课程整体育人现场会，北京市、海淀区的教委领导、各区学校校长、教师近 500 人参会。

学校利用北京市科技传统校的优势，帮助周边七所小学举办科技教育活动，培养了近千名科技爱好者，带动了周边地区的科技教育的发展。学校还先后与四所小学建立了手拉手关系，这几所小学在市区竞赛中都获得了优异成绩。

学校举办主题开放日活动，向学生和家长展示不同科目的特色课程。学校科技教育在学院路地区有良好的美誉度，每次开放日都有来自周边七所小学，上千余名学生和家长走进校园。北京电视台体育频道、中国教育电视台、新华社、新浪和腾讯等多家媒体对学校特色课程进行了报道，受到社会广泛的关注。

四、学校改革的主要经验

（一）守学校文化之正

文化是一所学校的标志，文化需要继承才能鼎新，否则就会出现文化断层。因此，王世东校长十分注重文化的传承和发扬。他在科大附中任职期间，始终将自己当作是学校几十年长跑接力赛中的一名接棒人，坚持在文化传承中守正。一所好的学校一定会有反映自己学校风格的特色，这是其区别于其他学校的独有文化，也是最能证明学校自我存在和体现自我价值。科大附中已走过半个多世纪的历程，经历了几任校长，但以"明德至善，鼎新力行"一以贯之的文化和育人特色却长久地保存下来，这也是其独有的魅力之所在。

（二）守办学精神之正

"百炼成钢，铸就梦想"的学校精神是由科大附中历经半个多世纪的发展历程凝练而成的。这是一代又一代的科大附中人（钢附人）满怀教育理想，明德至善，授业解惑，殚精竭虑，将自己的青春韶华、全部才情抱负无怨无悔地抛洒在这块教育热土上的真实写照。正因为他们有着对教育理想的坚守，才有了今天科大附中"春风化雨育桃李三千"的办学成就。如今，令科大附中人引以为豪的"百炼成钢，铸就梦想"的学校精神，已成为学校深化新课程改革取之不尽、用之不竭的动力和源泉，渗透到教育教学的各项活动中，练就了师生不畏困难、顽强拼搏、实践创新、爱润心灵的精神品质。对于科大附中而言，"改变"与"坚守"的把握，不仅是一种技巧，更是一项科学的决策，而做出这项决策的标准就在于如何更好地培养人、服务人、塑造人。

（三）守教育规律之正

在传统的以分数衡量学校好坏的评价机制下，科大附中并不是一所所谓的"一流"学校，但从长远的教育终极目标来看，却算得上是一所适合学生身心健康成长，快乐学习、生活的学校。学校在根据不同学段学生的成长规律和认知水平，开展校本化的课程实践研究，既注重学生成人成才，又注重学生健康成长。在教学质量上，科大附中既追求学生成绩，又注重培养学生的学科核心素养和综合核心素养，加强课堂教学的实践研究，促进全面而有个性的发展，为学生的终身发展奠基。在学习方式上，科大附中注重培养学生的自主学习意识，为学生能自主探究、合作学习和反思整理提供时间和拓展空间。在育人方式上，科大附中坚持以立德树人为根本任务，培育和践行社会主义核心价值观，弘扬优秀中华传统文化，以"文"化人，以"德"润心；建构德育课程体系，强化德育过程的实效性；制定并实施学生教育进阶目标，用陪伴教育引导学生发展。同时，科大附中注重家校合作，建立家校委员会，将家长资源整合为学校的教育资源，邀请专家给家长进行相应的培训，以做到合力促进学生的健康成长。

五、未来发展展望

面对新时代的要求，学校要站在更高起点上，守正鼎新，全面深化课程改革。学校以立德树人为根本任务，培育和践行社会主义核心价值观，弘扬优秀传统文化，大幅提高办学层次，建设促进学生全面发展的三级五类课程体系，唤醒学生智慧，陪伴学生成长，让笑容在师生的脸上绽放，为每个学生提供适合的优质教育，促进学生全面而有个性的发展，使更多的学生进入一流大学学习。学校凸显"文化引领人，科技塑造人，艺术陶冶人"的办学特色，力求建一所百姓满意的"爱润心灵"的现代化新品牌学校，并努力成为本地区学校的领头羊。

（一）培养敬业乐教的学习型教育团队

坚持立德树人的教育导向，引导广大教职员工牢固树立"四个意识"，坚定"四个自信"，主动发展、乐于奉献。优化队伍结构，使之梯度合理。明确以班主任为核心，任课教师为支柱的班级学生育人队伍，以课堂意识形态为抓手，参与班级活动及管理，建设一支功底扎实、业务水准高、教育情怀浓、能够实现自我价值的教职工队伍，形成上下同心、和谐幸福、共同进步的专业化、学习型的教育者团队。

（二）培养"健博慧雅"的"四有"青年

以立德树人为目标，培养"健博慧雅，善思敏行""有梦想、有修养、有才学、有担当"的"四有"青年。促进学生树立健康意识，培养锻炼习惯，引导健康成长；培育学生孝悌为先，修身养性，明德至善会做人；激励学生自主学习，学以致用，鼎新力行会学习；引导学生仰望星空，脚踏实地，"知行合一"能行事；教育学生爱校爱国，心系社会，家国情怀敢担当。助力学生成长为德智体美劳全面发展的社会主义建设者和接班人，培养担当民族复兴大任的时代新人。

（三）校风优良，成绩突进，特色鲜明

立足学校实际，稳步提高教育教学质量。建设规范合理、科学有效、人文关怀的教育教学管理体系，营造好学守纪、活泼有序的风气；优化完善融合学科、贯通学段的三级五类课程体系，满足学生全面而有个性发展的需求；充分发挥课堂的主渠道育人作用，致力打造高效课堂，切实提高学业成绩；不断创新探索途径，发展壮大办学特色。

（四）以人为本，以文化人，以德润心

贯彻加强社会主义核心价值体系教育，渗透完善中华优秀传统文化教育。守正鼎新，传承办学理念，丰富文化内涵；以"人"为本，以"文"化人，以"德"润心，文化治校。大力提倡全体读书，开展师生阅读工程，以文化唤醒智慧、用文明陪伴成长，在读书中提高人的素养，化成学习和工作中的进步。营造文化氛围，让每一面墙壁会说话，让每一个角落有色彩，让师生充满笑容，让学校飘满书香。

小初高一体化课程建设与育人模式变革研究

——北京市育英学校教育教学改革个案研究

于会祥[1]

一、学校基本情况

北京市育英学校（以下简称"育英学校"），是一所具有红色历史传统的学校。学校前身为中共中央直属育英小学，1948 年建校于河北省平山县西柏坡，1949 年跟随中共中央迁入北京。学校在发展过程中得到了各级领导的重视和关怀，"好好学习 好好学习"是毛泽东主席 1952 年"六一"儿童节为学校的题词；周恩来、刘少奇、朱德、李鹏、李岚清等党和国家领导人先后对学校的发展做出过指示；胡耀邦同志为学校题写了校名。这些都成为学校发展的精神动力和宝贵财富。

育英学校现已发展成为具有九年一贯、十二年一体的学校，拥有万寿路、紫金长安、航天、西翠路四个校区和密云、大兴、延庆三所分校的集团化学校。学校有教职工 523 人，其中特级教师 21 人，省市级学科带头人 14 人，具有博士、硕士学历的教师 173 人。学校设有 141 个教学班，近 6000 名学生。

学校于 2014 年开启"小初高一体化课程建设与育人模式研究"，以十二年一体制的课程建设为突破口，为教育改革、创新人才的培养机制及育人模式做出积极探索。

二、学校推进改革的主要历程

育英学校的建立与发展得到党和国家领导人的大力支持。学校不辱使命，埋头探索，勇于实践。学校改革与发展主要经历了以下四个阶段。

（一）20 世纪 50—70 年代：建立中学部，探索十二年一体化

从历史沿革上看，学校发展历程如下：1956 年学校由"中共中央直属育英小学"更名为"北京市育英小学"。1958 年增设中学部，改名为"北京市育英学校"。1960 年

---

[1] 于会祥：北京市育英学校党委书记、校长。

移交给北京市海淀区文教局领导。1964 年中学部分离出去后，学校复易名为"北京市育英小学"。

1970 年，学校再次设立中学部，改名为"北京市育英学校"，成为一所集小学、初中、高中为一体的全日制学校，成就了育英学校中小学十二年一体化学制的宏大办学格局，开始了关于十二年一体化的探索。

（二）20 世纪 80—90 年代末："五四学制"的积极探索

"文化大革命"结束后，学校的教育事业也迎来新的春天。1980 年 6 月，学校开始策划"五四学制"实验，暑期招收两个 1 年级实验班，"五四学制"教育实验正式开始。截至 1997 年，学校的基础教育阶段已全部实现九年一贯、"五四学制"。

"五四学制"带有明显的九年一贯制特色。作为北京市教育局批复的首批实验校，学校进行了包括课程目标、课程主体、课程观、课程内容、课程管理、课程实施以及课程评价在内的系统的课程改革。

（三）21 世纪初到 2010 年：素质教育的新探索与新课程的发展

1996—1999 年，学校经过四年的全面扩建，校园焕然一新。21 世纪初，以德育为核心，以树立正确的人生观、价值观，营造和谐的师生关系为突破口，学校积极探索了素质教育的新模式。

1. 课程内容的改革

学校始终重视学生基础知识、基本能力的培养，将其视为培养学生素质的根基。学校注重改变课程内容"繁、难、偏、旧"和偏重书本知识的现状，加强课程内容与学生生活以及现代社会和科技发展的联系，关注学生的学习兴趣和经验，精选终身必备的学习基础知识和技能。与此同时，学校开发课堂教学以外的制度化教育活动，以有组织、有意义的德育活动与兴趣选修课为主要形式。

2. 课程实施的改革

1999 年 4 月，为迎接新世纪的到来，纪念学校进京 50 周年，学校邀请百位中外名人，在风景如画的校园里，种植了 100 棵银杏树，共同营造"世纪之林"。"育英学校世纪之林"活动是学校课程实施的经典案例，开启了"新课程活动"的时代。学生从课程内容的接受者成为课程构建的参与者，从被动接受信息到主动体验、探索、获取信息。

此外，学校在科技教育、DI 与 OM 项目、艺术教育、游泳等方面都获得较好的办学成绩。2000 年，学校被北京市教委确立为"北京市游泳项目传统学校"。2005 年 10 月，学校被海淀区教育工委、教委评为海淀区小学首批"素质教育优质校"。2010 年 3

月，学校获批首批"海淀区示范性普通高中"。

3.课程评价的改革

随着第八次课改的推行，课程评价的改革"以学生的发展"为中心，旨在通过发展性评价，帮助学生更好地成长和发展。学校按照"三个面向"的指导思想，全面、科学、客观地对学生主体进行课程评价。以德育为例，基于"德育为先""德育为核心"的理念，学校在校领导与德育干部的带领下，探索出通过学生参与德育活动的数量与具体表现水平进行德育课程的评价方式。以西柏坡精神为引领的红色传统教育成为学校的德育特色。此外，学校还组织了很多德育活动，在德育活动过程中，实现了对学生的观察、评价与引导一体化。

（四）2011—2020年：构建"育·英"课程体系，做中国最有价值的教育

自2011年6月以来，于会祥校长带领全体教职工在分析学校办学历史和现状的基础上，本着继承和发展的原则，提出了"建最美校园，做最有价值的教育"的办学追求，着力培养"行为规范、热爱学习、阳光大气、关心社稷、勇于担当"的国家栋梁。

基于教育发展规律与学生成长规律，学校构建了以基础课程、修身课程、发展力课程为三大支柱，满足全校1—12年级学生综合发展为宗旨的"育·英"课程体系。2013年，学校开启"小初高一体化课程建设与育人模式变革研究"。在2014年召开的开题会上，全国43所学校主动加盟并参与到课题研究之中。2021年9月，在教育部主办的第六届全国教育科学研究优秀成果评选中，此课题成果"做中国最有价值的教育——北京市育英学校课程建设与育人模式变革探索之路"喜获二等奖。育英学校作为"九年一贯、十二年一体化"的学校代表，"育·英"课程体系的建立不仅为学校的发展保驾护航，也为其他学校提供了重要参考与启示。

2011—2020年，"继承"与"发展"始终是育英学校不变的主旋律。学校带着与众不同的使命感，待人诚挚、以身示范的教师队伍对学生课程需求进行深入了解，开设了适合不同学生发展的丰富而多元的课程，构建了科学的课程管理模式与发展性的课程评价体系。

三、十年磨剑探索：学校教育教学改革的思路、举措与成效

2011年，在学校原有工作基础上，于会祥校长带领全体育英人开启了学校发展的新时期。学校依托九年一贯和小初高一体化办学机制，以"小初高一体化课程建设与育人模式变革研究"为核心内容，着重进行制度建设、文化建设、课程建设，取得了瞩目的成绩。

学校围绕红色历史及当今社会对人才发展的需求，基于办学使命与育人目标（见下图），构建了贯通的理念文化体系、环境育人体系、组织管理体系、课程建设体系、教学研究体系和教育评价体系。六大体系相互支撑，形成了一体化课程和独具特色的育人模式。

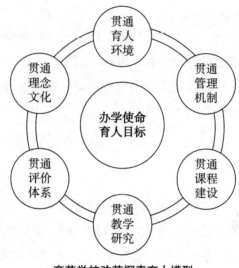

育英学校改革探索育人模型

（一）形成贯通发展的理念文化体系

基于学校特有的"红色基因"，2011 年，学校进一步明确了如下办学理念与文化。

办学宗旨：继承和发扬红色学校光荣传统，与时俱进，把育英学校建成一所文明的、受社会尊敬的学校。

办学使命：让十二年一贯制的教育为学生撑起更广阔的发展空间，让学生毕业十年或十五年后走得更远！

培养目标：培养行为规范、热爱学习、阳光大气、关心社稷、勇于担当的国家栋梁。

校训：好好学习　好好学习。

校风：静静挂在枝头的桃子。

校风解读：

学生——懂规矩、守礼仪、有教养。

教师——为人诚挚，身教重于言教。

学校——心无旁骛，静心办学。

教育品质：在关注学校教育社会化功能的同时，进一步尊重学生的丰富性、多样性，更加注重发现、发挥学生的潜能，帮助每一位学生追寻属于未来的自己。

基于育人目标、校训、校风理念文化，学校办学的基本价值取向确定为：靠我们的勤勉和努力，赢得社会、家长对我们的信任和尊重，在最美校园，做中国最有价值的教育，让每一位学生获得更优质的发展。

（二）形成贯通开放的育人环境氛围

1. 明晰学校环境文化建设的基本定位，建设美丽校园

在校园环境改造建设过程中，学校以红色文化和优秀传统文化为学校文化建设的主旨，注重学校文化的传承，注重对学校育人目标的指向，注重社会发展的需求，打通中小学生活动区域，整个校园呈现出贯通开放的气象。学校修建9个广场，包括2个体现学校特有的红色系列的广场——江山社稷广场和校史广场，以及7个用校园植物命名的广场，还修建了5个花园。校园的每一个角落都做了重新设计和改造。

2. 在校园环境中植入丰富的教育元素

美丽的校园环境里植入了诸多教育元素，以对学生进行浸润、熏染。例如，从正门进入育英学校，首先映入眼帘的是一条由66条名言组成的问道路，分为修身篇、励志篇、学习篇，这是育英学子进入学校学习的第一课。学校修建了西翠国学书院，用孔子的"九思"命名学校的九栋楼宇，在世纪之林修建了古代"六艺"门档，"琴、棋、书、画"石雕等传统文化符号植入其中。学校还修建了成人门、毕业门，同窗门。成人门上的"真心若松虚心若竹，智者乐水仁者乐山"对联，提醒高三学子要学习松竹的风骨气节和谦逊品格，做通达事理、思想活跃、安于义理、慈爱宽厚的人。毕业门上的"风声雨声读书声声声入耳，家事国事天下事事事关心"对联，提醒即将毕业的学子铭记母校对其关心社稷、勇于担当的殷殷期待。学校将荣誉墙改成"育英时评"，引导学生对热点事件进行评说；修建了"英雄墙"，激励育英学子树立责任担当意识与精神。

学生是在学校文化熏染熏陶、润物无声、潜移默化的教育作用中影响出来的。就像印度诗人泰戈尔所言："教育的目的应当是向人类传送生命的气息。"学校通过育英文化向学生传递生命的气息。

3. 坚持守正教育

依靠学校文化的力量、课程育人价值的体现，聚合各学科课程育人的效力，学校力求在学生的内心唤醒、激活和培养与其年龄相称的元素，如好的习惯、同情怜悯之心、责任意识、宽容之情、爱党爱国的主流价值取向等。学校成立的第一个部门是人力资源服务中心，撤销的第一个部门是传统意义上的学校德育处。学校努力摒弃整齐划一的德育活动，改变德育工作、学生活动齐步走的现象，努力把"立德树人""德育为先"落到实处。

（三）形成贯通一体的学校治理体系

1.组织重构

学校以完成教职员工的"目标认同与价值认同"为核心，采取了"以校为本、自我诊断"的组织变革策略，通过"人事解冻、机构解冻—组织重构、制度重构—师资贯通"的路径，实现了学校组织变革，构建了"扁平化－矩阵式"组织管理体系（见下图）。

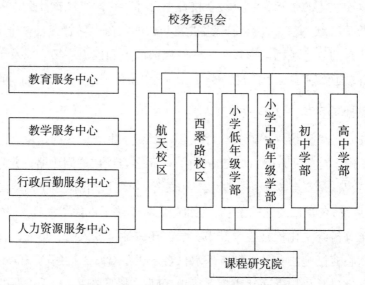

育英学校"扁平化－矩阵式"管理模型示意图

学校在职能部门成立了"四中心""一院"，即教育服务中心、教学服务中心、行政后勤服务中心、人力资源服务中心；在业务部门实施了小学低年级学部、小学中高年级学部、初中学部、高中学部，建立了专门负责课程的机构——课程研究院，校长任课程研究院首届院长，各服务中心主任、各学部主任直接对接校长。"四中心"依据自己的工作属性做好本中心的服务工作；各学部主任负责本学部的教育教学、人事聘任，享有调动学校各种教育资源的权利；课程研究院面对各学部，探索与之相匹配的课程开发、课程管理及课程评价机制。

在"扁平化－矩阵式"管理结构下，学校构建了学部与学科共同对教育教学质量负责、各有侧重、协同作战的机制，使学校组织结构更有利于各学部资源的整合，更有利于十二年一体化课程建设的需求。"扁平化－矩阵式"管理，有利于每位个体的主动性和首创精神的发挥，形成了淡化行政权力、淡化人际关系、风清气正的育人氛围，形成了用学术影响力超越行政影响力，引领学校发展的新型治理文化。

2. 实现师资贯通

构建一体化的课程，师资是非常重要的保障。学校采用了如下实践：一是干部轮岗。学校建立行政干部轮岗机制：原小学行政干部到中学担任管理职务，原中学行政干部到小学担任管理职务。通过轮岗，拓宽工作职责范围，给予干部更大的挑战与信任，在实践中提升其一贯制管理的水平与能力。二是教师贯通。学校根据教师的专业及特长，注重优化教师组合，使之成为复合型教师。目前，学校科技、音乐、美术、体育学科教师已经打通使用；语文、数学、英语等学科，则选择一些素质较高的教师实现循环教学，如把小学教师安排到中学执教，中学教师到小学教学。这样的安排，便于教师们把握学科教材间的内在联系，能够更加系统地设计和实施教育教学活动。

（四）形成一体化"育·英"课程建设体系

1. 构建一体化"育·英"课程的内容体系

学校遵循教育部、市区课程改革精神，确立了以基础课程、修身课程、发展力课程为三大支柱，满足全校学生综合发展为宗旨的"育·英"课程体系，其着眼点是变革学校课程结构，提升课程品质，让学生持续地、更好地发展。

（1）基础课程。

基础课程指向国家课程校本化，即通过课程内容校本化、课程实施校本化和课程评价校本化完成国家课程标准，强调学生基础知识和基本技能的落实。在课程建设方面，强调回归课程本位，不割裂课程，突出课程的育人价值，聚合课程的育人效力。学校结合自身情况对国家课程进行校本化建设，设计符合学生实际的课程计划和多样化教育教学方式的实施，促进学生多元发展。

（2）修身课程。

修身课程指向学生的个人修养、社会关爱、家国情怀的培养，着眼于培养学生阳光、高雅的内在气质与文明、规范的外在行为，以达到"修己安人"的目的。在课程建设方面，重在环境熏陶、实践体验、促进内化、形成特色。学校借助校史馆、校友广场、校园中的国学元素等课程资源，弘扬学校红色文化传统，培养学生关心社稷、勇于担当的使命感与责任感。

（3）发展力课程。

发展力课程指向学生主动发展、思维优化、实践创造，是实现学生"二次发育"的强固之本。发展力课程重视培养学生的动手能力、想象能力、创造能力。课程出发点在于激发和发展学生的兴趣爱好，引导学生学习在复杂的现实问题中做出抉择、学会判断以及进行问题解决，强调知识在现实生活中的综合应用。在课程建设方面，重在让学生参与体验、获得经验，与大学合作建立实验室，挖掘学生潜能，发展学生兴趣，张扬学生个性，拓宽学生视野，提高学生综合素养。

2. 构建一体化"育·英"课程的实施体系

2014 年，课程研究院分学段对所有学生进行了课程需求的问卷调查。其中，小学中高年级学生选择的位列前五位的课程需求依次是：游泳课程、动手实践课程、球类课程、科普及实验课程、少儿理财课程。在"学校的课程要满足学生的发展需求"这一思想指导下，学校以最快速度对学生的课程需求进行回应：将小学游泳课程排进课表，着手系统地创建学生创意发展中心。基于学生对"理财课程"的需求，学校在 1—9 年级组建了经济学社团，开展了义卖、跳蚤市场等活动。

学校立足学制特点，构建了一体化"育·英"课程实施体系，包含基础课程、修身课程、发展力课程等领域，每个领域包含若干课程（见下表）。

"育·英"课程实施体系表

课程领域	课程名称	课程实施
基础课程	九年一贯"3+3"语文课程	由基础课程（3 课时）、阅读课程（3 课时）和语文活动课程（学部根据统筹实施）组成。基础课程重在整合教材，落实"双基"。阅读课程依托班级每位学生的"阅读偏好小书架""校园流动图书馆"和"学部主题阅读馆"，建设完善阅读课程体系。语文活动课程让学生在体验中感受语文学习的美好，进一步激发语文学习兴趣，促进学生形成全面发展的语文能力。
	小初高一贯制"1+1"英语课程	通过国家教材和引进教材实现国家课程与英文原版课程的结合，提升学生的英语素养。
	小初高一贯制体育课程	1—12 年级划分为"5-4-3"三段。1—5 年级为第一学段，每个年级集中学习一项体育技能。6—9 年级为第二学段，以游泳和篮球为主要项目，拿出 1 课时 +1 节课外活动的时间采用选项教学模式。10—12 年级为第三学段，遵循国家高中课程改革实施方案进行教学。
	……	
修身课程	阶梯性行为习惯培养课程	在不同的年段、学段，有针对性地培养其良好的行为习惯，将学校培养目标、社会主义核心价值观和中华民族优秀传统内化于心，外显于行，使得全校学生的行为习惯培养有了阶梯性、递进式发展。
	成长伙伴课程	打破小学、初中、高中界限，利用跨年级学生与家庭的同伴教育资源，打通中小学的年级壁垒，让中学生和小学生"结对子"，在学校活动中找到新的伙伴，并在成长导师及家长的陪同下开展丰富多彩的活动。
	人人有事做，事事有人管课程	从小学到初中的每个班级，每位学生都有一个自己心仪的服务岗位，通过过程记录，期末总结、评价，培养学生责任担当的意识与能力。
	……	

课程 领域	课程名称	课程实施
发展力课程	育英大讲堂课程	为全体学生搭建互相学习、互相交流的舞台，让有梦想、爱拼搏的同学分享他们在自己所热爱的领域所经历的故事与取得的个人经验，形成小学生向中学生学习，中学生为小学生加油的"人人为师，互相求学"的新风尚。
	小初高一贯制社团课程	76个学生社团，每个社团都由小学生、中学生共同组成，采取大带小、小促大机制发展。社团自主选择、自主创办、自主管理、自我教育、自我服务、自主创造，构建了以知识应用与培养未来适应社会能力为核心的自主学习组织形式。
	小学段——志愿教师课程	小学段课程是指每个学期期中考试后一周在高中开设的课程，志愿教师课程是小学段课程的一项，即高一学生到小学1年级去做志愿教师，完成备课、上课、带班等任务。
	……	

3. 构建一体化"育·英"课程的服务体系

学校创建了35间综合创意实践教室，以培养学生的动手能力、想象能力和创造能力。基于高中学生更高层次的发展需求，学校创建了理化生大学先修实验室，以及模拟证券分析实景的经济学实验室，并与大学合作创办了国内中学首个经济学实验班。学校创建了"西翠国学书院"，与大学签约合作，定期开展基于优秀传统文化的学习与实践课程。此外，学校还创建了流动图书馆、流动校史馆、流动艺术馆，以及学校农场、书法墙、即时生成的课程资源等，为学生提供更加多元的课程资源服务。

（五）形成小初高一体化教学研究体系

1. 课堂研究

教师们对教学六个基本问题（学习目标、教学环节、教学原则、教师主导作用表现、教师课堂管理新变化、注重教学价值的体现等）的理解，有效地促进了学校课程建设与实施，这也是未来课堂教学改革持续推进的核心内容。校长带头组织全校教师深研教材、深研学生，建立开放的时空观、开放的内容观、开放的评价观，进行开放性教学研究与实践，以培养学生的分析、综合、评价和创造等高阶思维能力，实现了教学方式为学习内容服务，教学方式促进学习内容发展的目的。

2. 教学常规与教研机制研究

教学常规与教研机制是教师教学工作的根本保障。为此，学校建立了系列制度。《教师教学基本工作常规》涵盖教学计划、备课、上课、批改作业等十项内容，是小学、初中、高中全体教师共同遵守的工作常规。《常态教研活动的要求》除对教研基本工作做了详细说明外，还强调了一贯制教研要求，包括学段小教研与学科大教研，其中，学段小教研每周一次，学科大教研每月一次。这样，保证了教研工作的针对性，形成了贯通整个学科的全局观。

3. 学习效果研究

学校围绕"作业量""作业收获"和"课堂效率"进行学生问卷调研，邀请作业量小、作业收获大、课堂效率高的教师进行经验总结与交流；反之，则通过学部主任、年级主任、学科主任约请相关教师进行问题分析。全体教师形成共识：从学生的角度了解教学状态；客观理性地分析自己的教学，以便进一步找到教学研究、教学改变的关键点；促进各学科各教研组认真教研，提高教研针对性。

（六）形成一以贯之的综合素质积分评价体系

学校构建了《育英学校综合素质积分评价体系》。此体系基于"育·英"课程，包括基础课程评价、修身课程评价和发展力课程评价，以指标量化、积分制形式记录、评价学生的学习过程与学习结果。

综合素养积分评价体系是学生科学成长、主动成长、九年一以贯之持续发展的平台；是教师深研课程，通过课程实现整体育人的重要载体和有力抓手；是学校聚合各学科课程育人效力，从德智体美劳全面发展的角度重构国家、地方、校本三级课程，帮助、引导学生规划学习时间与学习内容的重大改革与重要探索。2021 年 7 月 28 日和29 日，《中国教育报》分别以《静静挂在枝头的桃子何以飘香》《成绩单里的"人"回来了》为题，在头版头条以"重大典型报道"的方式推出了育英学校评价育人的突出成效。

四、学校推进教育教学改革的分析：特色与经验

（一）对学校课程建设的理解：基于整体育人进行课程建设

1. 要厘清课程建设立意

第一，聚合各学科课程的育人效力。第二，从学科教学走向学科教育，最大程度实现课程的育人功能。第三，让受教育者成为自己教育自己的主体。第四，学校的课程建设与学校的育人取向相契合。第五，基于学生核心素养的发展，亦是课程建设的立意所在。

2. 要明确课程建设目标

通过课程教材体系建设、课程管理、教学方式、学习方式、考试与评价等领域的

实践创新，学校持续探索了在一贯制学校、普通生源的学校中，构建适应每一位学生发展的培养体制及育人模式。学校把追求教育的"卓越"与促进教育的"公平"结合起来，力求探索一条在一贯制学校内尽可能满足所有学生成长发展的一贯制、整体化的人才培养模式，以实现学生全面而有个性的发展。

3. 要明晰课程建设原则

第一，以校为本原则。课程建设要立足学校实际，发掘校内资源，构建一贯制的教研机制与管理模式，形成符合学校发展实际的课程体系与课程建设路径。

第二，师生共建原则。教师和学生是具有内生性的课程资源的主要生命载体。教师创造性智慧的释放和创造性价值的实现，以及学生对课程的需求和学校对其的回应，是课程建设不断向前发展的不竭动力。

第三，隐性课程与显性课程和谐互动原则。显性课程较侧重于知识和技能的层面，隐性课程则主要是情、意方面的学习，两者之间互相影响并可以相互转化。学校课程建设的理想状态是两者之间的和谐互动。

4. 要厘清课程建设思路

学校基于治理结构和课程结构变革，探索了基础教育阶段学生成长规律和教师发展规律，构建了提升学生核心素养和整合优势教育资源的一贯制课程体系及育人模式，进而提升了学校课程建设与课程改革工作的品质，最终提升了教育教学质量。

（二）对学校管理的理解：系统论视角助力于学校发展的整体规划

一体化课程建设的前提是学校是一个有机整体，学校中的各要素，诸如宏观方面的各个年级与微观方面的各个年级中的教师与学生、学校管理者，都是相互联系、密不可分的整体。学校"扁平化－矩阵式"管理模式从系统论的角度出发，把学校中的诸要素纳入一个有机整体中，并促使各个要素之间彼此关联，在动态平衡、有时序的基础上实现学校，特别是学生的"一贯制""一体化"发展。

（三）对教学研究的理解：整体性构建学校课程与教学体系

学校构建了遵循学生成长规律，体现教育连续性的九年一贯制课程。从语文"3+3课程"、英语"1+1课程"、数学等学科"0.5+0.5课程"以及体育、艺术、科学等一贯制课程的探索与实践过程来看，学生的阅读素养、表达能力、思维发展、身体素质、个性特长及综合创意能力得到了持续发展。行为规范课程中设计的"阶梯性行为习惯培养指标体系"，使学生的行为习惯培养有了阶梯性、递进式发展，遵循了学生成长规律，体现了教育的连续性发展。

（四）对教师发展的理解：大教学观促进了教师专业素养的提升

学校在一体化课程建设中，建立了利于教师发展的"一体化教研机制"及促进小初衔接的"流动机制"，即同一学科的所有教师两周进行一次集体大教研，小学部分教师到初中任教、初中部分教师到小学任教，同时，及时与其他教师分享感受与经验。广大教师对于小学和初中的教学与管理形成了系统化的知识体系与开阔的研究视野，并且逐渐建立了利于学生发展的大教学观。

（五）对学生成长的理解：一体化课程构建学生成长连续体

一体化课程建设亦为育英学子搭建了成长、成才的平台。近年来，学校数学、物理、化学、生物、信息学五大学科竞赛及科技创新类比赛多次取得傲人成绩。学生个体在成长，育英学子群体在发展。自2014年以来，学校毕业生都取得了非常优异的中高考成绩，这是学校课程建设和育人模式变革、育英教育质量的彰显。在学业发展的同时，学生的思维品性也在不断提升。诸多生动、鲜活的案例诠释了育英教育对学生成长的深远影响。

五、学校教育教学改革展望：思路与方向

回首30余年的探索，育英学校已经成为"一体化"办学的代表符号，成为全国区域化、集体化办学的标杆。在30余年的探索历程中，学校越发感觉到"九年一贯、十二年一体化"真正兼顾了教育规律与儿童身心发展规律。"一体化"不仅提升了教师的教学素养，延长了"师生互促合作体"的生命线；也整合了全校的课程资源，减轻了学生的课业负担。

学校推行的小初高一体化课程建设与育人模式改革实验，涉及学校的方方面面，存在诸多风险和不确定因素。学校注重积极稳妥地推进改革，努力做到统筹谋划、系统设计、点面结合、循序渐进。在"让十二年一贯制的教育为学生撑起更广阔的发展空间，让学生毕业十年或十五年后走得更远"的办学使命的指导下，在"小初高一体化课程建设与育人模式变革研究"项目的推进中，基于"从问题出发，问道于教师、问道于学生、问道于家长"的工作原则，学校构建了以基础课程、修身课程、发展力课程为支柱，满足学生全面而有个性发展的"育·英"课程体系。学校努力践行"在最美校园，做中国最有价值的教育"的办学追求，致力于将育英学子培养成"行为规范、热爱学习、阳光大气、关心社稷、勇于担当"的国家栋梁。

今天，全体育英人正在铸就育英教育品质：在关注学校教育社会化功能的同时，进一步尊重学生的丰富性、多样性。为了学生，为了明天，学校也更加注重发现、发挥学生的潜能，帮助每一位学生追寻属于未来的自己。

第三部分　通州区

活力教育，探寻生命意义

——北京小学通州分校教学改革个案研究

刘卫红　马万华[1]

一、学校情况分析

北京小学通州分校于 2010 年 9 月建校，地处北京城市副中心核心区域，是一所高起点、高质量、设施先进、功能完备的现代化学校。学校现有 41 个教学班，1993 名学生，134 名教职工，其中市级骨干教师 5 名，区级骨干教师 12 名，研究生以上学历 18 人。

北京小学通州分校承载着提升基础教育品质和推进区域教育改革的重任。从建校起，学校就确立了"活力教育"办学理念，以"办一所国际化、人民满意的、充满活力的优质学校"为办学目标，致力于培养具有"中国气质、活力特质"的活力少年。学校秉承"活于心、力于行"的校训精神，坚持"活于文化、力于未来"的发展策略，不断摸索和探求活力育人的规律和模式，构建了"理念文化、行为文化、形象文化"活力教育理念体系，实现了"活而有序、活而得法、活而有效"的内涵发展、可持续发展，使学校办学特色日益凸显，"活力教育"享誉通州。

二、学校教育教学改革历程

学校于 2010 年建校，经过十多年的岁月洗礼，积淀了北京小学通州分校独有而深厚的文化内涵。细究其发展历程，可以发现学校经历了从无到有、从规范到变革、层层递进的四大发展阶段。

（一）前期筹建阶段

2010 年 4 月到 2010 年 9 月，为学校的前期筹建阶段。学校工程占地面积 22000 平

---

[1]　刘卫红：北京小学通州分校书记、校长；马万华：北京小学通州分校副校长。

方米，建筑总面积约 20000 平方米，包括 900 平方米的风雨操场，约 1000 平方米近 400 人的小礼堂及 15000 平方米的行政及教学楼。其中东西两侧教学楼为四层，按每个年级六个班，共计 36 个教学班设计，可容纳学生 1440 人。中部是五层功能教室及行政办公楼，包括 28 个专用教室及 18 间专用琴房，室外设有一个 200 米标准塑胶环形操场和两个标准篮球场。从硬件上来看，学校是一所设施先进、功能完备的现代化学校。

（二）规范发展阶段

2010 年 9 月到 2011 年 12 月，为学校的规范发展阶段。作为通州区教委直属的一所全日制公办学校，北京小学通州分校建校后认真思索自己的发展之路。学校早在 2010 年就提出了"让生命涌动活力"的教育思想，并坚持依法办学，深入贯彻教育部《义务教育学校管理标准》，积极落实市教委《推进义务教育学校管理标准化建设实施方案》，对自身办学条件进行不断完善，逐步完善了学校行政等方面的管理机制，加大规范管理、制度管理、和谐管理、效益管理的执行力度，充分发挥职能部门作用，实行精细化管理：面面有规定、事事有人管、人人有责任，形成规范、形成品牌、形成典型，以此推动学校进一步发展，为后面"活力教育"的开展奠定坚实基础。

（三）特色化推进阶段

2012 年到 2015 年 2 月，为学校特色化推进阶段。在正式提出"活力教育"后，北京小学通州分校就以"活力教育"为指导，结合实际校情和教师队伍情况，以"守礼之行、博学之旅、活力英语、活力体育"为突破口，拉动学校的特色发展，最终形成了学校的四大发展特色和亮点。"守礼之行"意为活而不乱、活而有序的秩序，意在培养学生知礼懂礼。"博学之旅"主旨是提供多元的平台，小课堂、大社会，请进来走出去，通过实践体验培养学生的综合素养，让孩子从小形成并具备活力成长的能力与品质。"活力英语"目的是打造与国际化接轨的学科影响力，培养适应未来社会发展的具有国际视野的学生。"活力体育"的目的就是激发学生旺盛的生命力，培养学生一生成长的诸多相关品质。经过三年多的实践，学校在这四个方面都取得了比较显著的成效，办学特色鲜明，育人成果显著。

（四）文化引领发展阶段

2015 年 4 月至今，为文化引领学校发展阶段。北京小学通州分校不断追求卓越与发展，在校长刘卫红的指引下，秉持建设文化的自觉意识，对已有的办学文化进行梳理、总结与重构，提炼出以"活力教育"为内核的理念文化体系，最终确定了"践行活力教育，创造精彩人生"的办学理念，"办一所国际化、人民满意的、充满活力的优质学校"的办学目标，"培养具有健康活泼姿态、积极活跃学态、乐观活气心态、自主活润实态的活力少年"的育人目标，以及"活于心，力于行"的校训，"活而有序，活中求变"的校风，"因材施教，实活相济"的教风，"会学、善思、乐创、力行"的学风。

同时，学校还将理念文化落实到管理、课程、德育、课堂等建设中，对学校的课程文化、管理文化、教学文化、科研文化、教师文化、学生文化、家长文化、家访文化等行为文化进行重新布局，积极践行"活力教育"，让学校的办学思想与办学实践紧密结合，以文化立校，让文化落地，真正让学校活力文化内化于心，外化于形，推动学校的内涵式、可持续发展。

三、学校教育教学的基本思路

（一）基本思路

学校贯彻《国家中长期教育改革和发展规划纲要》《北京市中长期教育改革和发展规划纲要（2010—2020 年）》和《北京市"十三五"时期教育改革和发展规划（2016—2020 年）》精神，全面深化课程改革，落实立德树人根本任务，以"践行活力教育，创造精彩人生"为办学理念，以"活于心，力于行"为核心价值观，固化内涵，强化特色，努力把学校建成一所理念先进、实力雄厚、特色鲜明、活力四射、人民满意的品牌学校。

（二）发展目标

1. 总体目标

全面实施素质教育，打造副中心教育典范。构建"以学生为中心"的育人体系，努力提升学校形象，推动学校可持续发展。夯实活力教育文化体系，做厚学校文化，做精课程体系，做强教师队伍，做深特色项目，做优办学条件，做活优质资源，做好示范引领，到 2021 年，学校教育实现均衡优质、兼容并蓄、开放多元的新局势。

2. 具体目标

（1）"十三五"期间，学校继续以文化建设为重心，构建活力教育行为文化，形象文化的常规体系，浓厚学校氛围，丰富活力文化内涵，深化活力教育理念，促进学校可持续发展，力争在市区成为有影响力的品牌示范学校。

（2）围绕学校"活力教育"特色办学目标，以立德树人为根本，培养学生良好的行为习惯和公德意识，贯彻落实社会主义核心价值观；提升班主任的专业水平，抓实全程育人和全员育人；以新课程改革为契机，力求做到德育活动课程化、系列化。

（3）在"活力教育"办学理念的引领下，以北京市新课程计划为依据，贯彻《北京小学通州分校义务教育三级课程整体建设一体化课程方案》，夯实常规管理，完善活力课程体系，推进学科课程群建设工作，加大综合实践活动课程研究力度，探讨活力课堂育人模式，打造四支教师发展共同体，发展教师专业素养，提升活力教学品质。

（4）构建科学体卫课程体系，丰富文体活动的内容和形式，完善体育教学科研体系，通过教育指导使每个学生能够掌握两项体育运动技能，学生体质监测合格率达95%，优秀率达50%。体育竞赛成绩进入并保持区小学组前三名。加强学校卫生制度建设，建立起有效预防和控制学校内传染病的公共卫生管理机制。全面提高卫生健康教育质量，学校卫生健康教育覆盖率达到100%，全面提高学生的自我保健和安全防范意识，培养学生良好的卫生习惯。

（5）完善学校"四园、四区、两带、一中心"活力环境文化场建设。规范学校安全管理，创建"平安校园"；倡导"低碳、环保、绿色"理念，推进无纸化办公，创建"节约校园"；优化数字化校园的建设、使用、管理，以信息化带动教育现代化，打造"智慧校园"。

四、学校教育教学改革的主要举措

（一）顶层设计，构筑"活力教育"育人体系

近年来，学校以"活力少年"为育人目标，不断探求活力育人的规律和模式，不断丰富和完善"活力育人"的内涵，构建了"活力教育"的整体育人体系，形成了独具特色的活力文化。

1. 办学特色

建设活力教育的办学特色。学校将活力教育理念作为开展全面工作的前提和基础，并通过多种途径和方法，使全校师生理解、感悟、实施活力教育，构建学校独有的学校文化，形成引领学校发展的学校精神。活力教育包括四个维度，即做活力教师，育活力学生，携活力家长，建活力校园。以培养充满活力的学生为核心，以塑造活力之师为重点，以打造活力家长为助力，整合学校、家庭、社区的教育资源，创建可持续发展教育的活力校园。

2. 使命

使命是核心价值观的载体，是学校实现愿景必须承担的责任和义务。北京小学通州分校的使命是：挖掘学生内在潜力，激活原有的生命活力，使之拥有旺盛的生命力和持续的发展力，在适应首都副中心的建设中得到全面发展，成为家庭美满，民族团结，社会和谐，国家强盛，乃至人类幸福的活力之源。

3. 愿景

确立发展愿景，是让师生、家长和社会公众对其未来发展状态有感性的了解，鼓舞人心，让人向往和憧憬。北京小学通州分校的愿景是：营造一个开放、活泼、平等、和谐的教育环境，让校园的学生和教师都能得到全面共同的发展。

4. 办学理念

学校的办学理念是"践行活力教育，创造精彩人生"。通过践行活力教育，在涌动活力的状态中，创造发展的无限可能，绽放生命的最精彩。践行活力教育，即以活力教育为办学指导。活力即旺盛的生命力。活力是全方面、立体的，表现为身体健康、积极乐观、思维敏捷等特征。活力教育组成部分是"德、智、体、美、劳"五个部分。学校坚持"五育并举"，即让每个孩子全面发展。培养学生"从小有活力，一生有活力"，使学生全面而和谐、自由而充分、独特而创造发展，活力教育是学校育人和办学的核心与根本。它凝聚着每一个北京小学通州分校人的生命活力，是师生共同的生命符号和生命标识。积极贯彻和践行活力教育是每一个北京小学通州分校人义不容辞的责任和义务。精彩人生，即创造美好、幸福和充实的人生。精彩不只是一种美好的设想，学校还有切实的实践程序。学校希望让教师的人生充满幸福感、充实感、成就感；让学生的人生充满阳光、涵养、活力；让家长的人生充满激情、理性、愉悦感。

5. 育人目标

培养具有"健康活泼姿态、积极活跃学态、乐观活气心态、自主活润实态"的活力少年。

（二）建章立制，建设"活力和谐"的管理文化

学校倡导活力管理，即通过对人的本位关注、充分尊重，变被动管理为自我约束，通过共同价值观的培育，营造一种活力和谐的管理文化。

党的十八届三中全会把"完善和发展中国特色社会主义制度、推进国家治理体系和治理能力现代化"确定为全面深化改革的总目标。在全面深化改革的新时代进程中，北京小学通州分校以不断促进学校治理能力和治理体系现代化为引领，坚持构建"标准引领、管理规范、内涵发展、富有特色"的发展格局，将依法治校与以文治校相结合，通过建立健全充分调动师生积极性、创造性的活力教育管理制度体系，将"活而有法"的管理提升为自我管理的活力能量，使"谐、理、活、力"的特色管理文化贯穿于每一个北京小学通州分校人的知与行。

和谐民主，活气出彩。北京小学通州分校以活力为目标，以活力为动力，以活力为机制和规则，使"活力之水"唤醒每一个生命的发展自觉，以活力之法，成活力之事，育活力之人。

（三）多元发展，培育"活力自主"的教师文化

学校以"自主、多维、实效"为原则，以"实力、活力、竞争力"为着眼点，力求通过"多元发展、活力激发"的教师文化建设，塑造充满活力、自主发展的"活力之师"，主要通过以下三大措施加强教师队伍建设。

一是多元规划引教师。学校根据教师现状调研结果，制定各类"北京小学通州分校教师培训计划"，引导教师通过系统、科学的专业发展规划加强自身学习；学校编制了《教师工作日志》《班主任手册》《教师工作手册》《教师读本》，以"三册一本"加强师德教育和廉洁教育。

二是多元项目领教师。一方面不断创新校本培训的形式，如变革会议文化，采用"头脑风暴"参与式的方式进行"学会倾听"等专题培训，激发了教师的发展活力；另一方面通过引入北京小学总校、通州区研修中心、名师工作室、首都师范大学初等教育学院、北京教育学院、北京师范大学等多方力量，开展师德专题、教育理论、学科实践、教育科研、技能拓展等多元培训。此外，学校还通过引进首都师范大学基础教育研究院 UDS 项目、北京教育学院协同创新学校计划项目，"中国管乐协会支持发展小学艺术教育"等项目，将项目研究渗透到干部、教师、学生、家长各个维度，使教师们在项目研究的任务驱动下，学习有动力、工作有合力、生活有活力。

三是多元团队育教师。学校通过一系列微改进、微创新、微行动，致力于塑造有旺盛生命力的教师团队。发挥团队作用，是学校培养教师的主要攻略。近年来，学校不断创建、完善特色团队，发挥优秀教师作用，扩大优势资源共享，让老教师传帮带，新教师学习，实践，反思，闭环样态，螺旋发展。学校成立青年教师学习共同体、教研组长研究共同体、骨干教师发展共同体、研究生科研共同体，成立王汉博班主任工作室，以团队为依托，让研修随时发生，使教师的专业技能不断攀升。

（四）系统架构，建设"活力教育"课程框架

活力在教学过程中体现为方式的转变、本质的凸显、思维的碰撞、文化的渗透、动态的生成。活力教学以活力课堂为阵地，以活力课程为载体，活在思路、活在方法、活在状态。

1. 以活力课程滋养活力师生

学校以《教育部关于全面深化课程改革落实立德树人根本任务的意见》《基础教育课程改革纲要（试行）》《课程计划》等系列政策的育人要求为指引，以儿童的不同禀赋为起点，以实现"活力教育"育人目标为归宿，不断建立健全三级课程体系，促进师生主动、健康成长（见下页图）。

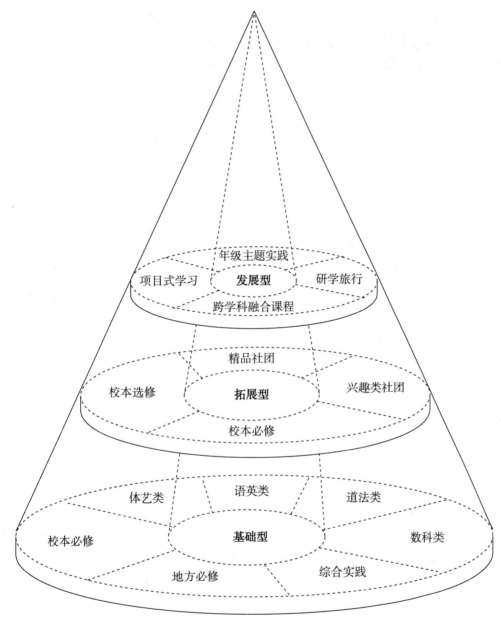

年级主题实践

项目式学习　**发展型**　研学旅行

跨学科融合课程

精品社团

校本选修　**拓展型**　兴趣类社团

校本必修

体艺类　语英类　道法类

校本必修　**基础型**　数科类

地方必修　综合实践

北京小学通州分校"活力教育"课程体系

　　在活力教育引领下，融合中国学生发展核心素养，合理设置学生终身受益的"三型五类"课程结构，搭建多元发展平台，创建活润生香的校园生态，最大化发挥活力课程整体育人价值，以活力课程润泽每个学生的生命活力。

　　学校始终以育人目标为导向，反复梳理、整合、重构课程体系，历经五大阶段与13轮"理论研究—调研论证—具体实验"的精心打磨，将国家课程、地方课程、校本课程有机整合，研发促进学生学科素养形成的基础型课程、满足学生个性发展需求的拓展型课程、开拓学生视野培养情怀的发展型课程。学校将活力课程建设总目标作为课程门类结构化和体系化的基础，从"健康活泼姿态""积极活跃学态""乐观活气心态""自主活润实态"入手，分别建构了"力体"课程群、"力智"课程群、"力美"课程群、"力德"课程群和"力勤"课程群。在总目标的统领下，优化"三型五类"课程实施，建构"六爱"年级主题课程体系，打破学科壁垒，保障各类课程相互融合，校本化地发展学生素养，实现培养具有"'四态'活力少年"的育人目标，促进学生综合素质的提升。

2. 以活力课堂实现自主生长

活力课堂是培养"活力少年"的根本渠道。只有把"教师的教学活力、学生的学习活力、教学过程的动态生成"这三方面的活力综合起来，才是真正有活力的课堂。活力课堂主张由教师传授型课堂向学生学习型课堂转变，体现"学生学习为本"的理念；由知识掌握型课堂向学生发展型课堂转变，体现"学生发展为本"的理念。学校强调教师在注重知识传授的同时，更要关注学生核心素养的培养。因此，在教学实践中，教师坚持"实"与"活"的教学思想，强调落实"尊重生命、尊重规律、激发兴趣、激活思维"的活力课堂理念和"四让四会"的课堂要求（"四让"，即让每个学生受到关注，让每个学生都有活动，让每个学生都有机会，让每个学生都有收获；"四会"，即我会倾听，我会质疑，我会实践，我会表达），积极打造"实活相济，灵动高效"的活力课堂。

教师积极优化活力课堂教学，建构多样且适切的活力课堂模式，形成了"五节十力"活力课堂教学流程，其理念是维果斯基的支架式教学及"变教为学"的教育理论，在这种教学过程中尊重学生的主体性，让教师的"教"变为学生的"学"，让成长真正地发生。具体表述：第一个环节激趣导行，通过教师激发兴趣使开课有吸引力，使学生明确目标，导学有内驱力；第二个环节自主学习，通过教师提出有针对性的问题，培养学生积极思考，主动解决问题的能力；第三个环节合作探究，教师秉持"变教为学"的理念，学生通过小组合作式学习，提升探究能力；第四个环节展示提升，引导学生将所学知识融会贯通，在交流分享中提升学生的表达与思辨能力；第五个环节拓展应用，通过迁移应用使运用有应变力，增强学生学习价值感，在实践中提升学生创造力。由此形成了"做实学段，务实课堂，落实主体，用活资源，激活方法，盘活评价"的课堂教学特色，让学生在活力课堂中自主成长。

（五）外延内拓，彰显"活力德育"之魅力

学校在"读懂当代学生"的前提下，遵从学生身心发展规律，以生活教育观、人人都能成功的学生观、积极教育评价观等先进的教育理论为观念引领，以优秀的中华传统文化为基点，整合一切教育资源，系统构建"活力德育"体系，致力于培养"有生命活力、有高尚道德品质、内外兼修、神气活现"的活力少年。

1. 构建德育课程体系，突出活力德育特色

学校通过激发和唤醒每一位教师的主动性，全面统筹和规划学校德育课程，构建了系统、完整的课程体系，并进行综合化实施。

其一，通过班主任培训课程，提升德育队伍的专业化水平。一方面，学校通过每周工作安排表、两周班主任工作调研（面对面座谈、调研表访谈、QQ和微信等交流方式）、每月年级组长会等不同形式，听取班主任工作中的意见与建议，在充分分析班主任队伍需求后将研修内容和形式课程化。另一方面，充分发挥骨干引领示范作用，建立班主任工作室，安排骨干德育工作者授课、专家培训、自主培训等不同课程形式，帮助班主任进行问题梳理、聚焦分析、方法推介、业务指导，整体提高班主任团队的专业水平。

其二，深度推进"守礼之行"校本课程，使学生"知礼、守礼、明礼、达礼"。学校通过德育活动课、常规评价课推进"守礼之行"校本课程的实施，在落实《中小学生守则》《小学生日常行为规范》的同时，使常规教育、安全教育常态化、课程化，引导学生在自主管理中形成好习惯；通过建设正向、民主的班级文化，打造安康校园、文明校园。

其三，开发年级课程，解决重点年段焦点问题。比如，为有效做好幼小衔接工作，学校在1年级实施入学季课程，将新任1年级的教师、新生、新生家长作为培训对象，让专家、教师、高年级学长、校外辅导员成为教授者，通过学校授课、家庭联动等多种途径，帮助教师、新生、新生家长调试心理，顺利平稳度过1年级，提高1年级工作的实效性。

其四，深化心理健康教育课程，助推学生健康成长。学校积极推进心理健康教育课程系列化、专业化，充分发挥心理咨询室的作用，通过宣传心理健康的基本知识，培养基本的心理调节技能，化解疏导学生的心理问题，促进学生生动、活泼地成长。

其五，落实少先队课程，加强学生自我管理。仪式教育、中队会、小干部培训等课程的开发，促使队员不断加强组织意识，提升自我管理能力，在组织中实现活力成长。

2. 开展丰富体验活动，关注学生实际获得

其一，以多种节日为契机，开展主题教育活动。一方面，学校结合中国传统的春节、元宵节、清明节、端午节、国庆节、中秋节等重大节日，坚持开展丰富多彩的教育活动。另一方面，学校设立了读书节、体艺节、科技节、英语节四个校园节日，以丰富学生的学习实践体验，同时促进学生综合素养的提升。

其二，扎实开展社团活动，丰富校园文化内涵。学校整合优势资源，成立了30余

个学生社团，并且建立了有效的保障和考核机制，由此发展了学生的特长，提升了学生的自信，同时活跃了校园文化氛围。

其三，精心策划社会实践活动，提升实践育人效果。学校探索开发适合学生发展需要的综合实践活动，努力为学生搭建社会实践的平台，以提高学生的社会实践能力，增强学生的社会责任感。

3. 加强科技艺术教育，提升学生综合素养

学校以科研为引领，借助高校支持及社会优质教育资源，充分发挥科技艺术骨干教师的引领示范作用，在开展普及性的科技艺术教育活动的基础上，不断丰富科技艺术活动的内容与形式。

（六）辐射引领，激扬校本教科研活力

十多年的发展历程中，学校坚持走"科研兴教"之路，营造全员科研、立体科研之氛围，找准课题研究与课程建设、课堂教学的结合点，以科研核心组这一精品科研带动学校全员科研，引领各个学科教师都参与到校本教科研中来；以"专家引领，同伴互助，自我反思，行动研究"为主要活动形式，使科研工作深入教育、教学各领域，融入年级、学科全类别，渗入课程、课堂改革实践。

"科研兴校"是教育体制发展的未来趋势，是提升学校和教师内驱力的战略思想，学校将不断激扬校本教科研活力，促进教师的研究能力和创新能力的不断提升，发展新知识、培养新技能、形成新体系，以适应北京城市副中心建设的需要，为学校办学水平和办学质量的提升贡献力量。

五、学校教育教学的主要成效

经过十多年的建设与沉淀，北京小学通州分校的每一步教育实践都结满了硕果，学校在文化、管理、环境、课程、课堂、德育、特色、家校等诸多方面都有了较大的成长与飞跃，师生更是活力无限，拥有活力的生命状态和可持续发展的能力。

在学校师生的大力支持下，在教育大数据和成果荣誉的双重支撑下，北京小学通州分校连续十多年高质量发展，成为区域教育改革"第一引擎"。具体来说，其发展的"质"和"量"彰显在文化建设、课程建设、人才培养、特色发展等多个领域，成为深化区域教育改革的重要引擎力量。学校先后获得教师专业成长研究与实践校、北京市健康促进学校等 32 项殊荣。师生市、区级以上获奖逐年递增，累计获奖 4123 项。

六、学校教育教学的特色与经验

（一）活力教育赋能，实现学校治理结构的重大转变

1.活力教育理念文化

北京小学通州分校所提出的活力教育理念是一个围绕"活力教育"为核心的整体，办学目标、育人目标、一训三风等各个部分都有其内在的联系，与学校的办学理念是一脉相承的关系，是科学而又完整的。同时，"活力教育"也是学校的追求，是真实可行的，学校具备为之践行的内在冲动，可以指导教育实践。因此，"活力教育"为学校系统建构理念体系提供了一个参考和标准。

2.活力教育行为文化

对学校来说，文化落地是重点，也是难点。北京小学通州分校在早年间就注意到这一问题，并尝试着去研究、去解决。经过长期的探索与实践，学校在总结多年经验的基础上，创造性地将办学思想进行分解，将之与教育各要素发生关系，切实地落在学校的核心工作当中，如浸润在管理中、根植于课堂中、体现在课程中、渗透在德育中……从而形成了一整套文化落地实践策略，有效破解了教育领域里所有教育人面对的办学思想与办学行为"两张皮"的难题，为教育的纵深发展提供了一个共通的解决办法。

3.活力教育形象文化

一所学校一定不能脱离文化而大肆地在建筑艺术层面做"表面文章"。只有基于学校真实的办学思想和培养目标，让每一处标语的设计、每一块色彩的涂抹、每一方景观的布置都浸润在学校的文化理念之中，才能让校园环境充分发挥环境育人、理念落地的功效；才能使学校文化灵动而鲜活，并焕发蓬勃的内在生命力和外在感染力。

北京小学通州分校的校园就是这样一座结合现代建筑艺术与活力教育文化的完美之作，它将活力教育的元素展现在校园的教育景观、区域设计等方方面面，无声胜有声地向师生传递着活力文化的精髓，不断吸引着师生向活力文化靠近、贴近。可以说，这是一个典型的形象文化建设成功的范例，可为教育同行者在环境文化建设方面提供一些启示与借鉴。

（二）走向深度建构，高质量课程建设领跑未来

1.育人目标细化

北京小学通州分校在原来培养"'四态'活力少年"的基础上，进一步细化育人目

标，以中国学生发展核心素养、学生发展特点为依据，并结合对全校师生的深度访谈和调研，历经多次研讨，最终形成了"一标二质四态十六基"的育人目标细化内容，并以此为指导思想，深入推进学校活力课程的建设发展。总的来说，这种以细化分级的育人目标指导学校活力课程的建设发展，所建构出的基于育人目标下的课程体系，是学校理念、育人目标与三级课程相遇发生关系后的聚焦点，既是基于国家共性要求下课程校本化实施的体现，也是学校独立思想和育人目标落地的表达，充分显现出学校课程建设的独一无二。

2. 活力课程结构：三型五类

经过对课程的不断探索、调整与完善，北京小学通州分校秉承活力教育理念，基于核心素养、办学理念及细化分级的育人目标，历经 13 次的讨论与梳理，将课程结构进行体系化建设，对其进行综合化、立体化、结构化和贯通化的提升与建构，并将课程体系命名为"'三型五类'活力课程"。力求超越已有的主要由数量、特色构建起来的课程形态，以价值性、系统论、整体观为基础，让学校课程走向深度建构，以高质量、高品质的课程让学生、学校居于领先地位。

这真正实现了课程结构的变革，它不仅解决了课程与办学文化的育人关系，实现了课程体系与培养目标体系的对应，更解决了学校及课程个性化发展的问题，是一种面向未来的、具有可持续发展意义的课程建设思路。

3. 活力课程内容丰富

北京小学通州分校将课程看作是学校重要的育人载体，在"三型五类"活力课程结构体系的大框架下，以学生成长和发展为中心，牢牢把握不同学段学生的发展需求，并联合地方、学校、家庭的优质周边资源，以丰富而广阔的学习资源，为学生提供可选择的课程板块，最终呈现出多样化的课程样态，不仅使得学生在全面发展的基础上实现个性化发展成为现实，更促进了活力课程建设目标和学校"培养具有'健康活泼姿态、积极活跃学态、乐观活气心态、自主活润实态'的活力少年"育人目标的达成。

4. 活力课程实施

经过十多年的课程实践，北京小学通州分校基于活力教育的价值内涵，探索出了一套形式多样的实施路径，形成了基础型课程规范化实施、拓展型课程主题化实施、发展型课程个性化实施、学科课程群融通整合实施以及科研课题引领课程纵深发展的实施策略。其中，"学科课程群融通整合实施"策略最具深远意义，它从根本上是一种跨学科综合育人的课程实施路径，打破不同学科之间的森严壁垒，强调学科之间的内在联系性、不同学科的相互整合，以双学科或多学科的课程组织与实施模式，使学生学习的知识彼此整合起来，从而最大化地发挥出课程的教育功能和育人价值。

（三）"三课"联动，链接学校教育发展新生态

1. 教育科研："四三"的立体科研模式

纵观北京小学通州分校十多年的发展历程，不难发现，学校始终坚持科研引领，很好地围绕课堂、课程、课题三者之间的联系组织教学、教研、资源开发等常态工作，并在多年的探索实践中，依托各级立项课题，创新科研机制，梳理、建构出独具北京小学通州分校特色的"四三"的立体科研模式，以一种自上而下带动、渗透全学科、动态包容的科研管理模式，从组织形式、过程管理、研究评价等多个环节出发，充分引导和发挥教师作为科研主体的主动性、积极性、能动性、自觉性和创造性，从而营造出一个良好的教育发展生态场，促进学校各项工作在良性轨道上和谐、可持续发展。可以说，它成为促进北京小学通州分校教师专业发展以及学校改革与发展的重要手段。

2. 学科建设专题研究

北京小学通州分校创造性地推出学科专题研究的科研路径，将学科教学和教育科研紧密衔接，让各学科教师将自己的研究兴趣与视野在相当长的一段时间专注于某一对象，并借助不同的方式方法来探索与研究，用不同的文体表达形式呈现自己在这一研究对象上的研究成果，从而逐渐将该课题所包含的内容一一展示出来，所蕴含的问题一一得到破解或说明，从根本能上转变一段时间一个课题、一段时间一个研究对象、对诸研究对象浅尝辄止的现象。在这种研究对象专题化的状态下，学校各学科教师科研热情高涨，每年围绕不同学科提交的课题申请多达几十项，"务实求真，创新求活"的科研文化日益形成。

（四）在常态教学中寻找突破，实现学生生命意义的自觉建构

北京小学通州分校所建立的"五节十力"课堂教学模式在常态教学中寻找突破，以"突出本质，渗透文化，实现关联"为设计原则，尊重学生的主体性，倡导教师少说话，学生多"活动"，通过让学生动眼，让他们去观察现象；让学生动脑，让他们去思考问题；让学生动手，让他们去尝试解决；让学生动嘴，让他们去交流讨论。由此，最终达到"人人动起来"的教学境界，不仅激发出每一个生命的活力，更让他们在学习过程中舒展自我、绽放自我。

这种教学模式从本质上是一种回归生命本真的教学方式变革，它不注重传授和灌输某种外在的、具体的知识与技能，而是重在从心灵深处唤醒孩子沉睡的自我意识、生命意识，在每一节的课堂教学中促使孩子价值观、生命感、创造力的觉醒，以实现学生自我生命意义的自由、自觉建构。

（五）"协、理、活、力"成为学校文化管理标志动作

北京小学通州分校将学校文化核心——活力教育融入管理之中，在"基本管理动作"的基础上，充分运用文化的力量让管理为每一位教师、每一名职工、每一个学生的个人进步与发展服务，为他们创造更大的空间和更好的机遇。它让活力文化与管理产生奇妙的化学反应，能够触及每个人的内心深处，以"谐、理、活、力"的个性内涵给人带来愉悦的感受、丰富的体验以及深厚的底蕴，助推师生乃至学校的深度发展。可以说，活力管理是北京小学通州分校文化管理的凝练表达，成为学校管理的一面鲜明旗帜。

（六）解锁教师专业力，铸就地区人才集聚"高地"

作为通州区名师培养工程小学科学工作室，北京小学通州分校以其专业资深的教育资源、优质完善的师资培养培训体系，在地区内独领风骚。更关键的是，在教师专业力的培育上，学校不仅注重外部专业技能的提升，更看重教师心灵能量与人格理想的激发，力求通过"专业情意"的持续浸润，让每一位教师都经历、感受一个自主意识唤醒、自我抉择、自我超越的发展历程，并伴随着活力教育以及"融通睿智，协作创新"教师文化的浸润，不断释放自我、提升自我、超越自我，让教师在学习中滋养底气，在思考中获得灵气，在实践中造就才气，最终成就教师的高素质发展。

随着对教师的不断培育，学校教师的改变与获得也显而易见，每年都有众多教师脱颖而出，成为学校教师队伍的中坚力量，是地区内少有且优质的人才培养基地。

（七）家校合作紧密，形成学校、家庭、社会大教育格局

北京小学通州分校自 2010 年建校以来，一直注重激发外部平台的积极作用，对地方、学校、家庭的优质资源进行系统整合、深度融合，从家校管理机制的完善，到家校共育队伍的建立，再到家长课程的研发、活动的举办，建构起较为完备的家校共育模式。学校充分调动了家庭与社会的参与性，撬动了家庭和社会教育的路径，同时也为学生挖掘了更多的教育资源，拓宽了教育形式，让教育不仅发生在学校，更让学生回归生活与社会，从课堂走向生活，从学校走向家庭，从知识技能走向能力素养，为今后步入社会奠定了坚实基础。

（八）坚守特色化办学方向，生成四大发展特色

北京小学通州分校在多年有意识地培育和建设下，"守礼之行、博学之旅、活力英语、活力体育"四大特色日益发展壮大，成为学校鲜明的办学标识。

在其鲜明特色的形成与发展中，不难发现，学校始终是以一种有规划、有远见的实践精神来做的。整个建设过程不仅做到了尊重实际校情，将所占有的优势资源做到最大化的发挥，更有意识地借助课程、活动等育人载体，让四大特色贯穿于校园日常，成为学校办学的"规定动作"和外界对学校的第一印象。可以说，其建设过程及其建设成果都具有较强的典型意义和借鉴价值。

七、教育教学后续改革思路与方向

面对新时期教育改革的大潮，学校怀着对教育的责任感和使命感，始终不放慢自己的教育步伐，经过十多年办学实践的尝试与探索，科学架构起基于活力教育下的文化治校的顶层框架，提出了活力实践育人的崭新理念与模式，使得学校的教育步入了新的、更高的发展进程。站在崭新的起点上，学校并不急于前行，而是不断反思过往，在着眼未来建设中对自己提出了更高的发展要求。

（一）实现学校活力教育品牌输出效应的价值最大化

学校通过本项目的启动与深度研究，总结与分析出学校重大教育领域里的成果成就，提炼出学校十多年办学历程中所形成的九个教育亮点。在此，建议学校以此为契机，基于选取的九大教育核心亮点，以学术性的高度进行包装和推广，形成学校办学价值的最大输出，以此不断提升学校的品牌影响力与辐射力。

（二）办学影响力行动指南

行动一：学校到 2020 年，办学满十年，编写"北京小学通州分校 2010—2020 十年大事记"。全面、系统、准确、科学地记录学校 2010—2020 年十年来发生的重要工作活动或重大事件，以及各项工作中的新面貌、新成就、新发展。

行动二：举办十周年教育成果汇报展演。基于这些年取得的办学成果，策划、举办一场北京小学通州分校周年教育成果汇报演出。

行动三：打造一套完整的文化办学运行机制。从文化治校的高度，梳理并建构独属于北京小学通州分校的整体育人文化办学系统，将学校各项具有典型意义的办学行为上升为一种可传承、可借鉴的整体治校思路，为今后学校建设提供清晰的方法路径。

行动四：出版校长专著。以校长视角，俯瞰学校整个办学历程，同时围绕"文化办学"这一核心概念，呈现在刘卫红校长带领下学校在不同发展阶段各方面探索与建设的思想和行动。

行动五：召开课程成果展示会或学术研讨会。深刻挖掘学校课程结构、课程内容、课程实施等，进行有针对性的系列策划，增加学术层面的宣传报道，深度展示学校课程建设成果及经验。

行动六：出版优秀科研成果集。整理十多年来学校教师在科研方面的突出文稿，以文集的形式，展示学校科研研究过程及其成果。

行动七：召开校内科研学术交流会。组织优秀科研教师展示其研究过程及成果，加强教师之间的学术交流与合作，促进教师综合科研能力的提升。

行动八：举办"活力"学科展示月活动。基于学校语文、英语、体育等学科建设经验及成果，策划、组织一场"活力"学科展示月活动。

行动九：召开课堂教学研讨会。深刻挖掘学校课堂教学模式内涵，进行有针对性的系列策划，增加学术层面的宣传报道，举办一场课堂教学研讨会。

行动十：出版活力管理创新成果案例集。展现学校多年管理成果，组织学生、教师撰写学校在活力管理下的真实事例，推出学校活力管理的经典案例和成果。

行动十一：召开教师专业成长表彰大会。以教师专业成长为主题，在校内举办教师交流及表彰大会，进一步加强教师之间的交流，激励教师们主动发展、深入发展。

行动十二：举办家庭教育文化节。呈现学校对家庭教育的观点与行动，展示多年来家校合作成果。

行动十三：召开特色成果展示会或学术研讨会。基于学校"守礼之行、博学之旅、活力英语、活力体育"四大特色的形成与发展过程，召开特色成果展示会或学术研讨会，探讨特色办学的重要性及其路径。

未来，学校还将继续深挖内涵建设，对"活力育人"体系进行深入研究，不断提取并通过各种形式持续对外展示具有活力特质的教育成果，以此树立活力品牌。同时，输出学校的综合能力及文化内涵，让大众真正了解学校的活力教育，赢得更多的认可和支持，铸造北京城市副中心优质学校品牌，助推活力教育再上新台阶。

整合资源，打造品牌课程群

——北京市通州区南关小学教学改革个案研究

王玉霞　乔玉连[1]

一、学校情况分析

北京市通州区南关小学位于通州老城南关大街，是通州区八所百年老校之一，是六年制完全小学。学校占地面积 8842 平方米，建筑面积 3392 平方米，现有 21 个教学班，学生 827 人，教师 71 人。其中，高级教师 8 人，市级骨干教师 2 人，区级骨干教师 6 人，区级骨干班主任 2 人。校园内有一栋教学楼，3000 平方米的塑胶操场。音乐、美术、书法、科学等专业教室齐全。

走过一个多世纪的南关小学经历九个发展阶段。1878—1905 年为私塾。1905—1914 年为官立初级小学堂，校名为"南关火神庙初级小学堂"，有 1—3 年级一个复式班，学生 20 人，教师 1 人，隶属河北省，教育重"淑性知礼""开蒙养正"。1915—1949 年，学校先后更名为"县立南关火神庙国民学校""县立初级小学校""南关镇中心国民学校"，教育重实用、重传统文化。1949—1958 年，学校先后更名为"通州镇南关小学""通州市第三小学""通州市南关小学"，并在南仓街设立分校，教育重劳动技能。1959—1985 年，学校隶属北京市，划归城关公社，更名为"南关中心小学"，教育重品德塑造，学校曾多次被评为德育先进校。1986—2000 年，学校划归通州镇，先后更名为"通县南关小学""通州区南关小学"，教育讲究求实，重视科普教育，科普成果七次在全国获一等奖。2001—2010 年，学校的教育重集体培养。2010 年，学校确立了"以文化人，让人生更加美好"的文化主题，积极推进人文素养教育。2015 年以来，南关小学在认真挖掘百年历史的基础上，确立了"实施力行教育，奠基幸福人生"的办学理念，通过"励行的管理、利行的环境、立行的课程、历行的课堂、砺行的活动"，借助北京教育科学研究院科研能力提升项目、北京教育学院协同创新项目、首都师范大学靠谱项目等课改项目，努力打造务实、笃行、研学、共进的力行教师，培育

---

[1] 王玉霞：原通州区南关小学校长；乔玉连：原通州区南关小学副校长。

勤奋、自主、好学、力行的力行学子，营建"师生喜欢、家长满意、社会认可、特色鲜明"的学校，从而让南关小学实现跨越式发展，让各项工作取得骄人的成绩。

二、学校教育教学改革历程

（一）教学改革止步不前

2010—2012 年，南关小学受应试教育的影响，过分强调教学质量，管理上以封闭为主，教学以讲授为重，教师改革创新意识不强，学生实践探究能力较弱。教师平均年龄 41.6 岁，除了三位教师有课题之外，其余教师都没有课题和项目。教师推进教育教学改革和研究的能力较弱。

（二）推进"人文素养教育"实践

2012—2015 年，北京市小学规范化建设启动，南关小学借助小学规范化建设工程，开始推进"人文素养教育"实践。在这一过程中，初步探索了依托文化建设，促进内涵发展的路径，让干部教师掌握了学校文化建设的方法，为后续的教育教学改革奠定了基础。但此时，南关小学的管理仍然追求封闭式，教师很少有机会走出去，学校也很少有专家走进来。

（三）推进新课程计划和新教材改革

2015—2020 年，学校借助新课程计划的实施和新教材改革的契机，认真挖掘历史，仔细研究优势与不足、机遇与挑战，确立了"实施力行教育，奠基幸福人生"的办学理念，启动了"力行教育"特色实验，以"项目驱动"为策略，通过全方位、立体化的教育教学改革，破解了制约师生发展的瓶颈，实现了学校的跨越式发展。

在推进"力行教育"的实践中，南关小学经历了"问题聚焦—理念架框—外引项目—内生课题—总结经验—固化成果"的过程，促使干部教师实现了被动改革到主动创新的转变。

三、学校教育教学的核心问题及其分析

（一）生存问题

南关小学虽然是通州区的百年老校之一，但由于其地处通州老城区的胡同深处，家长接送孩子极不方便。学校位于回族和汉族混居的南大街，政府拆迁的政策一直不明朗，导致国家对学校的投入停滞，硬件环境明显落后于周边新建校和优质校。另

外，由于学校曾经有五年实行封闭式管理，干部教师只知闭门造车，不知抬头看路，教师们的教育教学理念十分陈旧，教育教学能力不强，只是语文学科有 3 名区级骨干教师，其他学科都没有骨干引领。教师队伍老龄化严重，教学方式陈旧，除语文学科外，其余均为薄弱学科，英语和数学学科尤甚。正因如此，南关小学辖区内的学生都不愿意来就读。招生季，南关小学门可罗雀，而周边学校则门庭若市。每年，学校都有 60%~80% 的非京籍孩子派位到此。这些家长很不满意，有的干脆放弃在京就读，或到私立学校就读。学校的教学质量很不理想，每年的市区级教学质量调研都有学科排在全区的中下等。这种情况加剧了家长和社会的不满，家校关系十分紧张，经常有家长因为一点小事儿找学校麻烦。学校成为通州教育的洼地，被周边优质学校、新建学校包围，随时面临被吞并的危险。区政府和区教委曾经多次提案，希望南关小学与同在南大街上的民族小学合并。能否保存下百年老校这块牌子，成为南关小学最现实的问题。

（二）发展问题

首先，学校的办学理念不能很好地引领各项工作，办学特色不够突出，围绕办学理念的课程体系尚未构建，新课程理念，特别是学科综合实践活动的理念未能很好落实。

其次，绝大多数教师安于现状，因循守旧，缺少创新的动力和能力，面对改革有很大的畏难情绪。音、体、美、信息技术、劳动等专业学科教师缺乏，英语教师积极性不高，语文教师年龄偏大，数学教师水平参差不齐。在北京教育学院协同创新项目组开展的教师专业能力调查中发现，南关小学教师不能对自己所处的专业发展阶段进行清晰的定位。在"发展"问题上，队伍发展成为突出的问题。

最后，学校的工作机制很不健全，讲求平均主义，缺少激励教师的有效措施。日常管理松散，教师对自己的言行缺少约束。校本培训、校本教研的机制缺少针对性。

四、学校教育教学的基本思路

2015 年以来，南关小学坚持"文化引领，以研提质，'五育并举'"的思路，以市区政策为依据，以核心问题为靶向，以学校文化建设为抓手，以项目研究为策略，以学校、教师、学生整体提升为目标，全面推进教育教学改革，切实提升学校的办学品质。"文化引领"，就是要遵循继承与发展的原则，弘扬南关小学的百年文化传统，让其成为学校的品牌，引领学校各项工作的开展。"以研提质"，就是要注重教育教学的研究，让教师在研究中学习，在学习中研究，在研究中觅法，在研究中创新，促使每一名教师都能成为研究型教师，都能不断产出新的研究成果。"五育并举"，就是改变过去只重基础知识，忽视能力培养，只重智力发展，轻视德育、美育的做法，依据素质教育的要求，促进学生核心素养、综合素质的提升。

五、学校教育教学改革的主要举措

（一）以文化为统领

南关小学认真挖掘百年历史，利用 SWOT 分析技术分析学校的优势与不足、机遇与挑战，在此基础上，组织教师进行研讨，反复筛选、解密学校的基因密码。通过大家的共同努力，南关小学确定了"实施力行教育，奠基幸福人生"的办学理念，并且大力推进"力行"文化建设，构建起完善的"力行文化体系"，引领学校各项工作的开展。南关小学认真研学"力行教育"的相关理论，寻觅"力行"文化的理论支撑，对"力行教育"的概念进行了明确的界定。即：以"知行合一"为目标，引导学生在知中行，在行中知，着力培养"通过实践获得知识"和"运用知识解决问题"时所需的关键能力和必备品格的教育。围绕这一概念，学校对"力行"文化理念体系进行了系统架构。办学目标是建设"师生喜欢、家长满意、社会认可、特色鲜明"学校，培养目标是塑造"身心健康、文雅乐群、善思力行、学有特长"的力行学子，共同愿景是让"力行"成为师生的习惯，让校园成为师生幸福的落脚地。南关小学确立了"力行以致远"的核心价值，编辑了"力行者之歌""力行学子歌"，设计了力行娃娃的卡通形象，完善了一训三风，从而让"力行"的理念成为可观、可感、可触、可行的系统，为构建力行实践体系奠定了基础。

学校充分发挥党组织的领导作用，通过五条途径构建力行党建文化。即：确立"力行"价值追求，构筑党建文化之魂；创建"力行"意象标识，构筑党建文化之形；制定"力行"制度规范，构筑党建文化之纲；加强"力行"阵地建设，构筑党建文化之基；组织"力行"教育活动，构筑党建文化之味……这五条途径相互促进，很好地发挥了激励、凝聚、教育、引导的功能。此外，南关小学还基于中国传统力行哲学和党的优良传统，以习近平总书记有关"力行"的讲话精神为根本遵循，以党支部领导力、组织力、凝聚力、创造力、战斗力等"五力"增强为目标，以理念导行、制度正行、意象促行、基地助行、活动践行等"五行"为举措，努力打造"力行"党建品牌，提升学校党建质量，促进干部教师队伍发展，提高办学治校水平。

为了鼓励师生"力行"，学校建立和完善了师生力行奖励制度，努力在"励"上下功夫。在这一过程中，学校以数据治理、督导治理、视导治理、家校共治为手段，推进了治理体系建设，达到了激励教师不断超越、不断力行、不断发展的目的。

学校努力营造"利行"的环境，本着"人与环境互动共生"的理念，让环境成为交互场域、实践空间、隐性课程、研学展区，很好地发挥了激励学生、利于实践、促进发展的功能。

学校明确了"力行"教师的核心素养，制订了教师分层培养计划，明确了各层次教师的发展目标，启动了中老年教师续航计划，推进了青年教师研讨沙龙，建立了青年教师社团和青年共同体，开展了骨干教师展示课，帮助骨干梳理成果，形成经验，从而促进了教师队伍的整体提升，打造了一支合和共进的力行团队。

通过上述措施，南关小学的"力行"文化之树慢慢成长起来，并在学校的各项工作中发挥了统领作用，达到了"文化立校"的目的。

（二）以项目为驱动

教师队伍的发展、办学质量的提升、办学特色的营建都离不开教育科研。所以，南关小学遵循"项目驱动，以研提质"的思路，大力推进教育科学研究，努力深化教育教学改革。

改革之初，学校采取引入项目的方式促使教师开展教育教学研究。比如，引入北京教育学院协同创新项目、北京教育科学研究院科研能力提升项目、北京学习科学学会友善用脑项目、北京师范大学"中国好老师"项目、首都师范大学靠谱项目等，让教师自由选择参与不同的项目，自发组成项目组，在专家的指导下开展研究。在这一过程中，干部教师们同专家一道考察市区优质学校，参观外省市的特色学校，观摩各种会议和活动，聆听各级专家的报告和讲座，参与各种形式的课堂竞赛、经验交流、成果展示……更难得的是，项目的专家会督促学校将教师所学内容应用于学校的教育教学改革当中，激励学校完善了办学理念，建构了课程体系，积淀了丰硕成果。

随着研究的不断深入，南关小学的干部教师们从引入项目、整合资源阶段过渡到研发项目、生成资源的阶段。一些教师受引入项目和专家培训的启发，自主研发了图文日记、整合学习、拓展阅读、三单导学、英文绘写等校本研究项目。教师们自发地组成研究团队，自主地开展各种项目研究。在教师们开展这些项目研究的过程中，学校从人力、物力、财力上给予大力支持，并及时为他们赋能。当教师需要掌握数据处理方法时，学校请来专家帮助他们研发工具。当教师需要理论支撑时，学校为他们购买专业书籍，提供理论资源。当教师需要整合社会资源时，学校便与市基教研中心、通州区青少年活动中心、通州博物馆等单位联系，为他们排除障碍，争取支持。在研究的后期，学校也会积极地帮助教师总结、梳理研究成果，并向《通州教育》《教育》推荐教师的研究经验，积极组织校内的交流展示。学校还积极地帮助教师固化研究成果，协助教师们完成了1~12册的部编版语文教材"快乐读书吧"推荐的45本阅读书目的导读手册编辑印刷，并将教师们自主录制的45本书的135节导读课，45本书的测试题库，45本书的电子书、音频书制作成读伴成长APP，形成了丰富的研究成果。学校将教师们用三年时间研发的部编版教材单元整合学习单编辑成册，形成了1—6年级12册语文整合学习手册，为学生的单元整合学习提供了良好的工具。学校把教师们研发的1—3年级图文日记模板、方法指导等整合在一起，形成了"图文习作手册"，为1—3年级学生的习作练习奠定了基础。学校还将教师们的教育教学改革成果编辑成册，形成了《力行者的向美之路》《力行者的思路心语》教育、教学文集……这些措施极大地调动了教师们开展教育教学改革和研究的积极性。

（三）以课程为载体

在课程改革方面，南关小学将"力行"理念融入三级课程，确立了具有力行特色的课程观、课程愿景和课程体系。"课程要面向未来需要，课程要关注师生成长，课程要为了每个学生，课程要联系实际生活，课程要注重合作探究"这五个课程观为课程体系的建设指明了方向。"经历整合，唤醒自觉；经历探究，实现三变；经历磨炼，砺出个性；经历美好，涵养德行"的"让课程成为一种经历"的课程愿景为南关师生描绘了课程的景象。在此基础上，学校采取"顶层架构＋全员参与"的策略，遵循"多元选择、多维整合、突出力行、关注素养"的原则，积极推进三级课程体系建设。在这一过程中，南关小学努力挖掘国家课程中的力行教育因素，努力探索国家课程的校本化实施途径，校本化的单元整合学习课程、整本书阅读课程、英语绘本绘读课程、科学实验课程、图文习作等以国家课程为基点的学科类拓展课程逐步形成。

在地方课程实施的过程中，南关小学以实践探究为主要形式，通过"调查—交流—展示—实践"的方式，提升地方课程实施的效果。

围绕"力行"文化建设主题，学校积极组织师生结合地域特点，研发南街印象校本课程、"五育并举"线上课程、梨花主题实践课程，形成了系统的校本课程体系，让课程突显了"力行"特色，着力培养学生的创新精神和实践能力。

南街印象校本课程以南大街为背景素材，在师生研学的基础上，利用书法、绘画、泥塑、篆刻等艺术形式展现胡同民风民俗的校本课程，包括以彩泥为原料的南街小吃课程、南街门墩课程，以剪纸为形式的南街门楼课程，以陶塑为形式的南街胡同民居课程，以水墨为原料的胡同国画课程……师生们的研学成果在北京市获得一二等奖，并在通州博物馆进行展览。

"五育并举"线上课程于2017年启动，利用CCtalk网络平台建立起来。其中有班队活动展播课、科技实验操作课、绘本阅读指导课、历史故事研学课、英语线上交流课、纸工艺术创意课、体育健身活动课、全学科阅读分享课、心理健康辅导课、传统节日劳动课等德智体美劳五育课程，让学生利用业余时间自由选择学习。疫情期间，平台发挥了很好的作用，真正实现了"停课不停学"。

梨花主题实践课是以南关小学的校花——梨花命名的课程系列。这些课程围绕"砺行、励行、历行、立行、利行"五个主题，涵盖了运动与健康、美德与习惯、经典与阅读、科技与实验、劳动与服务、游历与研学、网络与信息、艺术与特长、节日与文化、学科与拓展等十个领域，包括以博物馆研学为主要内容的梨花游学课程，以兴趣培养为主要内容的梨花社团课程，以经典诵读为主要内容的梨花诗书课程，以心理拓展辅导为主要内容的梨花心蕾课程，以科技素养培育为主要内容的梨花智蕊课程，以视频微课为主要形式的梨花微视课程等。这些课程突出了拓展性、整合性、实践性，有效地培养了学生的实践能力、兴趣特长和创新精神。

在教学改革方面，南关小学突出了"历"字，倡导教师引导学生通过五感结合、整合探究的方式学习新知、增长能力。教师们通过反复实践构建起"堂堂有目标，环环有评价，生生会质疑、会思考、会探究、会整合"的切问近思式课堂。在每节课的教学中，教师们要将教学目标转化成学习目标并以适切的方式呈现给学生，让学生心中有数。教学中，教师本着"先见森林、后见树木，变教为学，自主整合"的方式为学生提供课前、课中、课后整合学习单，促进了学生自主学习能力的提升。另外，教师们在课堂教学中总结出对比中切问、解决问题中切问、通读后切问、研讨中切问、分享后切问、展示时切问等策略，促使学生学会质疑，善于提问。为了培养学生近思的习惯，教师们注重让学生猜想问题的结果，思考可能的解决办法，思考生活中实际应用的方式等，并探索出"创设问题情境—自主验证解决—汇报展示交流—总结归纳反思"四步近思模式，有效促进了学生思维能力的发展。

（四）以评价为手段

南关小学努力倡导教学评一体化，积极推进综合素质评价改革。日常管理中，南关小学运用智能评价体系，采取家校协作的方式，对学生的日常表现进行评价。即每当学生在某方面有突出表现时，教师会发给学生相应的卡片作为积分，放学后由班主任或家长扫描二维码进行统计，周末对学生表现进行数据化评价。

在课堂上，学校制定了力行课堂教学要求和评价标准，从师生两方面进行评价，促使学生达到会问、会思、会研、会创、会讲、会评的"六会"要求，促使教师做到心中有标、眼中有生、教有整合、评有特点、学有支撑、练有创意。另外，学校还倡导教师注重学生的过程性评价，在教育活动中注重学生的综合性评价。每个学期，学校都会开展综合素质评价课例展示和评优活动，许多教师在北京市的综合素质评价活动中获得优秀课例奖，学校也被评为北京市综合素质评价先进校。

在教师队伍发展的过程中，学校也注重以评价为手段，对教师的师德状况、工作表现、工作业绩进行评价，以此激励和调动教师参与改革的积极性。每个学期末，学校都会组织在各种评价活动中脱颖而出的教师进行风采展示，以便达到互相学习、交流借鉴的目的。

（五）以创新为目标

学校要求教师遵循"创新求进，特色发展"的思路，要求干部教师在工作中要坚持守正，更要坚持创新，每天都有新进步，每周都有新变化，每月都有新成就，让教师们在追求新方法、新思路、新效果的路上不断前进，不断有收获。为了达到上述效果，学校每个学月都会组织有特点、有创意的教师介绍经验。学期末，学校还会组织教师进行各种创新成果展。每年的总结会，学校也会不断创新形式，让大家在变化中总结、反思。

六、学校教育教学的主要成效

（一）教师层面

南关小学从只有 3 名区级骨干教师（均属语文学科）增加到 6 名，且实现了美术、语文、数学均有骨干教师引领的目标。其中，2 名入职不满四年的教师被评为通州区骨干教师；2 名教师于 2020 年底被评为北京市骨干教师，结束了南关小学十年没有北京市骨干的局限。五年间有 2 名教师获得骨干班主任称号，3 名教师获得"紫禁杯"一等班主任称号，5 名教师获得通州区优秀班主任称号，2 名教师获得学生最喜爱的班主任称号。教师们开始走出学校参加各种竞赛，在通州区的"春华杯""秋实杯""启慧杯"课堂教学竞赛中，有 4 名教师捧杯。4 名教师在通州区的国学课竞赛中获得一等奖，15 名教师走向全国的竞技场，参与课堂教学竞赛活动。仅 2018 年一年，教师获奖 400 余人次，超过了 2013—2015 年三年教师获奖总数。每个学期，学校教会有教师到湖北武当山特区、内蒙古奈曼旗送课或培训教师。

（二）学校层面

五年时间，南关小学被评为北京市首批文明校园和首都文明校园，被认定为北京市综合素质评价基地校，获评北京市综合素质评价先进单位；在北京市学习科学学会友善用脑课题和通州区中小学生学习策略与训练研究课题中被评为优秀学校。学校还获得通州区书香校园，通州区师德先进集体，通州区体育工作、卫生工作、档案工作、综合治理先进校，2019 年被评为平安校园。学校少先队被评为全国优秀少先大队，工会被评为先进职工之家，党建品牌被认定为通州区党建示范品牌。在北京市协同创新项目推进的过程中，南关小学两次被确定为项目校，并于 2018 年被评为协同创新示范学校。北京电视台、通州电视台多次报道南关小学的办学经验。2019 年，学校代表通州区 72 所学校迎接义务教育学校管理标准验收，得到市区专家的肯定，成为第二批达标学校。

（三）学生层面

学校的舞蹈队、合唱队结束了不参加市区各种比赛的局面，不仅在通州区艺术节获得奖励，还两次走上国务院参士室组织的诗词晚会，展示了南关小学学生的风采。在通州区阳光体育赛场和通州区棒球比赛中，南关小学棒球队进行表演，并获得冠军。学校长绳队连续四年排在全区前五名，田径队在通州区的田径运动会上获得第七名的好成绩。全校师生表演的武当太极操在通州区的武术比赛中获得最佳团队奖。科技竞赛实现了零的突破，学生在航模、纸飞机、种植大赛中获奖，并在北京市的航模比赛中获得团体一等奖。学生参加园博园和大观园的素质教育成果展受到北京市教委领导的好评。在通州区的法制知识竞赛、通州区的绘画比赛中，学生都取得了突出的成绩。2019 年，学生们的课程成果在通州区博物馆展出。2021 年，在"我宣誓"庆祝建党100 周年主题诗诵会活动中荣获突出贡献奖。2020 年，学生参加国考检测，表现优异。2021 年市区检测，南关小学所有参与测试的年级所有学科成绩均排在前列。

七、学校教育教学的特色与经验

（一）整合资源，借力使力

在南关小学的教育教学改革当中，最突出的特点就是注重整合校外优质资源，有效助力学校的发展。比如，南关小学 2015 年与北京教育科学研究院基础教育研究所建立帮扶关系，成为实验学校。每个月会有教科院的专家深入学校听课，组织教师研学课标，推进实验。2016 年，南关小学与北京教育学院联系成为协同创新项目校，在专家的引领、陪伴下，南关小学确定办学理念，研定文化主题，推进课程建设，落实教学改革，从而形成了学校文化建设、课程建设的经验，促使学校的办学质量得到提升。在北京教育学院协同圈组织的各项交流活动中，南关小学的教师团队每一次都有精彩的绽放。另外，南关小学还借助学习科学学会友善用脑课题，组织教师到全国赛课，指导学生学习思维导图工具，实现思维的可视化。在这些项目研究的过程中，干部教师们积累了很多研究成果，特别是图文日记项目，教师不仅积累了很多学生作品，设计完成了图文日记模板，还在首都师范大学的指导下研发了图文日记量化评价工具，增强了研究的科学含量。教师们借助这些项目，积淀了成果，出版了教育、教学文集，领导者也出版了学校文化建设和党建文集。教师们还研究了整合学习手册、图文日记模板、英语学习单、"快乐读书吧"导读手册、"快乐读书吧"线上程序等多种学习工具，为学生的自主学习提供了支撑。

（二）顶层设计，系统建构

北京市十一学校的李希贵校长讲过，学校一定要有一个上位精神和价值观做统领，才能快速地发展。这些上位精神和价值观都属于学校文化的范畴，所以学校要大力加强学校文化建设，并进行系统思考和建构，这样才能保证制度、环境、课程、课堂、活动文化统一在一起，形成一个整体。而要做到这一点，需要全员参与，全员认同，更需要校长和领导班子的顶层设计。学校要基于学校的实际做系统的思考，从理念到实践，再到环境、制度、课堂、课程和活动文化，都要进行系统的思考，这必须通过顶层设计来完成。由此可见，无论是文化建设还是教学改革，都需要做好顶层设计，进行系统建构。

（三）以生为本，变教为学

学校推进教育教学改革过程中，不仅要重视教师的教，还要注重学生的学，其中，学生的学更重要。教师要把课堂还给学生，让学生真正学起来、研起来，只有让学生站在课堂的中心，才能让学生自主学习，让学生把学习看成自己的事。在这一过程中，教师要做的是尽可能地为学生提供一些工具，让学生利用它去自主学习，这样才能真正促进学生的发展。

（四）注重研究，改革创新

科研兴校，科研兴师，要想让教师真正体会到做教育的幸福，首先要让教师走上科研的道路。让教师用研究的态度来工作，这样才能做得更轻松，才能不断地超越自我，实现创新。

八、教育教学后续改革思路与方向

（一）固化研究经验，转化研究成果

近年来，南关小学教师通过项目研究、课题研究，积累了丰富的经验，有的已经集结成册，固化了成果，并向兄弟学校进行推广，极大地调动了教师的积极性。但还有很多经验尚未进行系统的总结和梳理，比如，周华老师的家校合作、国学启蒙教育、少先队小干部的培养等已经形成了很多成果，需要学校帮助教师们固化下来，交流借鉴。

（二）搭建展示平台，促进队伍成长

通过这些年的实践，南关小学教师已经具备了自主发展的惯性，无论是年轻还是中老年教师，很多人已经形成了自己的教学风格。今后，学校要搭建各种展示的平台，促使教师进一步完善自我，总结经验。在这一过程中，需要进一步加强的就是组织教师走出校门去展示教学和介绍经验，这样能够让教师精心准备，促使他们对自己的工作进行总结、反思，也能够促使他们升华、提高，快速成长。湖北武当山特区、内蒙古奈曼旗以及协同创新项目校之间的交流就是一个很好的平台，学校应该充分利用，并进一步搭建新的平台，以促进教师团队的成长。

（三）挖掘文化内涵，丰富文化内涵

南关小学的"力行"文化虽已形成，并取得突出的成效，但回顾百年的发展史，南关小学还有很丰富的文化基因。在未来的教育教学改革过程中，学校要进一步挖掘这些因素，将其纳入到学校的理念体系当中，让南关小学的"力行"文化内涵更加丰富，让学校、教师、学生力行致远。

深挖内涵，分层分类促进教师专业化发展

——北京市通州区运河中学教学改革个案研究

李卫东[1]

一、学校情况分析

北京市通州区运河中学的前身为 1984 年建立的通县新城东里中学，1991 年迁至运河西大街，并更名为"运河中学"，2003 年跻身于北京市示范性高中行列。2016 年 9 月，运河中学开启"一校两址"的办学模式，实行初、高中分部管理，原址为初中部，高中部迁至通州区梨园镇京洲中街。2019 年高中部开始招收初中学生，更名为"运河中学西校区"。学校初中部占地面积 48667 平方米，建筑面积 25383 平方米；高中部占地面积 60104 平方米，建筑面积 51500 平方米。学校建有综合办公楼、教学楼、学生宿舍楼、体育馆、食堂和 400 米运动场等基础设施。教学环境恬静典雅，现代化教学设施完备。

运河中学是一所完全中学。截至 2021 年 1 月，学校拥有 70 个教学班、学生 2721 人。其中初中 38 个教学班、1421 名学生，高中 32 个教学班，1300 名学生。全校教职工 333 人，专任教师 280 余人，其中特级教师 5 人，高级教师 112 人。北京市市级骨干教师 4 名，区级名师 4 名，区级骨干教师 34 名，区级青年骨干教师 14 人，运河计划领军人才 8 人。教师中拥有硕士学位或毕业于研究生课程班者近百人，教师岗位合格率达 100%。学校办学条件标准、师资配置均衡、教学管理精细、教育质量优质，师资队伍敬业精神强，业务素质高，教学效果好。

在学校领导班子的带领下，运河中学办学质量稳步提升。学校中层以上领导干部全部拥有大学本科及以上学历，老中青相结合，年龄结构合理，专业优势互补，具有丰富的一线教育教学管理经验。学校领导班子在党总支书记、校长李卫东的带领下，秉承"以人为本，和谐发展教育"的办学理念，时刻以"办人民满意学校"为己任，不断守正出新，锐意进取，使得学校的加工能力和办学质量得到社会公认，连续多年

---

[1] 李卫东：北京市通州区运河中学党总支书记、校长。

被评为通州区中高考优秀校，高考本科上线率稳定在 94% 以上。运河中学已经成为在市区有一定知名度、影响力的学校。

二、学校教育教学改革历程

（一）1984—1991 年：初建期的新城东里中学

运河中学始建于 1984 年，建校初期恰逢恢复高考后的改革调整期。为适应人民群众对高中教育的需求，满足更多学生上高中的愿望，学校成立时便是一所偏居一隅的农村高中。建校初期，师生仅 200 余人，但立足通州本土教育，扎根农村，运河中学一点一点做出了成绩。

（二）1991—2003 年：发展期

这一时期，运河中学搬至运河西大街，完成了从农村中学到城镇中学的转变，办学规模持续扩大，先后经历了扩招高中、停办初中、复办初中等过程。学校顺应国家高考改革形势，尤其关注课堂与育人形式的变化，注重学生能力的培养。1999 年，教育部试点并推行 "3+X" 科目设置方案，学校依据国家要求，对高考形式与要求进行了及早预判，主动求变，有些工作已走在全区乃至全市的前面。

（三）2003—2016 年：示范高中品牌建设期

2003 年，学校被评为北京市示范高中，这一时期为学校品牌建设时期。学校主动寻求内涵发展，引进优秀教师，扩大办学规模，改革课堂教学，由强调 "双基" 教学调整为坚持三维目标。在摸爬实践中，形成了学校独特的办学风格与特色，牢筑运河品牌。2014 年新一轮高考改革方案开始试水，学校依据国务院颁布的《关于深化考试招生制度改革的实施意见》等文件进一步谋划学校发展，树立特色发展的目标方向。

（四）2016 年至今：副中心名校特色发展期

2016 年 9 月，学校开启 "一校两址" 办学模式。为顺应新一轮教学改革，学校申报了区规划办 "和谐发展办学思想在课堂教学的应用研究" 课题，以课题引领学校发展。"和谐发展教育" 既是学校 "十三五" 课题的研究内容，也是学校的办学理念。在这一课题引领下，学校进一步优化课程建设，落实立德树人根本任务，进一步谋求学校纵深发展。在此新形势下，学校深挖 "运河文化" "运河精神"，精心打造适应时代发展、符合时代精神的 "运河文化课程"，致力学校特色发展。

三、学校教育教学的核心问题及其分析

（一）教师培养问题

教师队伍建设依托学校青年教师培养计划、名师培养工程、班主任工作坊，主要解决：青年教师如何快速成长，中青年教师如何提高教育教学水平，如何提高班主任管理能力和水平等问题。学校的发展看学生，学生的发展看教师，教师的发展看理念。

（二）课程建设与学科建设问题

学校学科建设依托学校课程建设，落实国家课程、地方课程和校本课程，重点打造运河文化校本课程建设；利用教师优势资源，充分发挥市区骨干教师引领作用，推出重点学科建设。

（三）学生培养问题

学校认真落实国家三级课程，以课程建设统领各类学生社团和学生主题活动，为有不同爱好和特长的学生提供进一步发展和展示特长的平台。

1. 开设丰富多彩的校本选修课和社团活动

以 2018—2019 学年度为例，学校课程处为高一年级开设了校本选修课或特色学生社团共 31 门，涉及人文、科技、艺术、体育等多学科，建立了多层次、多类型、可选择的课程体系，为高一学生提供了丰富的选课机会。例如，学校以北京市高品质学生社团"运河中学金帆书画院"为平台，依据教师们的专长开设以篆刻为主的汇学轩、色粉画为特色的非白阁、水彩技法培训的水彩部落、主打电脑绘画的创世纪创意空间、服装设计制作的成衣坊五个学生社团，并开设校本课程。为了进一步提升校本课程的品质，学校先后多次聘请市区级专家为美术社团学生进行色粉创作指导和传统文化系列讲座，受到学生们的热烈欢迎。学生和教师也在多项市区级比赛中获奖。

学校主要有以培养人文素养为主的社团——春秋学社、春雨文社、硬笔书法初学、模拟政协与法庭、模拟联合国社团等，以培养科学素养为主的社团——航天社团、三维设计与 3D 打印社团、无人机社团、机器人社团、微型生态系统的制作与维护社团、建构真核细胞亚显微三维结构模型等，以培养劳动能力为主的社团——运河烘焙秀、模型设计与制作、成衣坊等。

2. 开展多个领域的学生主题活动

一方面，经过多年的积累，学校的多项学生主题活动已经成为传统学生活动，涵盖体育、艺术等领域，如，一二·九歌咏比赛、运河最强音、校园三对三篮球联赛等。

另一方面，在保留传统的同时，学校也在不断开发更多类型的学生活动，如，校园足球联赛、校园科技节、校园心理主题讲座系列、演讲比赛、书法比赛等，涵盖体育、心理、科技、文学艺术等领域。

3. 开设研学旅行课程

为了落实好新课程改革中综合实践活动课，学校结合"运河文化"校本课程内容，将原有的综合素质提升活动设计调整为"运河文化之运河大课堂研学课程"，将运河文化和学校办学特色融入到研学课程中。在运河文化研学课程的基础上，进一步开展了"探寻丝路起点，领略中华文明"为主题的研学旅行课程。

除了国内的研学旅行课之外，学校还于 2018 年暑期组织学生参与了"赴美文化小使者"项目，拓宽学生的国际视野。研学课程以学生为本，凸显研学体验式学习方式，在实践中培养学科素养。各项活动的设计能够开阔学生的眼界、拓展知识、提升能力，让学生在活动和职业体验中学会合作，敢于创新。研学课程建立较为全面的组织评价体系，包括参与度评价、课程内容指标评价、团体评价、自我评价和导师评价等。

四、学校教育教学的基本思路

（一）加强集体教研，提高备课质量，赢在课前

备好课是上好课的前提。学校加强教研组建设，加强深度备课，进行教研组活动方式的变革与创新，定期举行教研组活动观摩和研讨交流展示，提升教师专业水平，创建探究与合作的教研文化，促进教师集体共同成长；凝聚集体智慧，做到资源共享，如，落实"四定五统一"，教研组活动的网上直播、组内研究课、同课异构等活动。

（二）开展提高课堂教学有效性的行动研究，效在课中

结合选课走班进行开展分层教学、围绕一节好课标准的研究、不同课型的教学实践研究，主要包括常态课、复习课、专题课、试卷讲评课等。

（三）积极开展导师制辅导，功在课下

坚持因材施教，增强针对性，私人订制方式，抓两头促中间，满足学生个性需求。

（四）注重教师教育教学理念更新

坚持"请进来、走出去"进行学习交流，开阔视野，更新教育教学理念。加强与

京津冀教育协同发展共同体之间的交流，如，与天津杨村一中、河北管道局中学定期进行交流学习。

（五）打造品牌学科群

结合高中地理、生物、化学等学科优势特色，骨干教师多，教师专业能力强，凝聚力强，团结协作，实现共赢共成长，满足学生个性化发展需求。

五、学校教育教学改革的主要举措

（一）实施青年教师培养工程，组建青年教师培训班

"独行快，众行远"，专业交往学习可以提升教师群体的专业化水平，促进青年教师成长。学校注重以校本教研引领教师专业化发展，通过实施青年教师成长"八步曲"，促进青年教师专业迅速成长，并在实践中不断丰富完善。课堂是教师专业成长的主阵地。教师只有站稳课堂，赢得课堂，才能赢得专业发展。

1. 岗前培训

主要内容有：校史、教育法规、教学常规、指导备课、试讲或说课。

2. 建立帮学对子

由学校指定骨干教师为青年教师建立"帮学对子"。通过制订帮学计划，严格落实《运河中学"帮学对子"协议》，共同完成听课、评课、观课活动，撰写帮学总结，表彰优秀帮学师徒对子，帮助青年教师过教材关、教法关、学生关。

3. 开学初教学视导

把预约课和推门课相结合。预约课能体现出对青年教师的尊重，在尊重中感受到学校的期盼。

4. 系列培训提升素养

期中、期末时，教师与学生同步限时答题，一方面提升教师学科专业能力，另一方面体验学生答题的感受，增强教学针对性的改进与提高，使教师们能更近地去了解学生，了解教材。通过听骨干教师示范课、名师大讲堂，更新教学理念，引导教学方向；通过参加课改培训活动，提升青年教师专业素质；通过网络教学、微课制作培训等，使教师适应大数据时代的挑战。

5. "三新"教师汇报课

新毕业、新调入、新转岗的教师在校工作满一年后上一节汇报课，全校教师听课、

评课，并及时将听评课的结果反馈给新教师，帮助其改进教学。

6. 学校"新芽杯"教学竞赛

工作1—4年的教师参加"新芽杯"教学竞赛。由最初的评一节课堂教学发展至考查教师的专项基本功、教学设计、说课、教育故事演讲、微格教学等综合能力。一批优秀青年教师不断实践创新，在"新芽杯"教学竞赛中脱颖而出。

7. 参加区级"新蕾杯""启航杯""春华杯"教学竞赛

比赛前，组织参赛教师进行教学设计、现场微格教学等培训。在比赛准备过程中，全学科的教师协助选手备课，通过竞赛锤炼青年教师，开阔教学视野。

8. 进入名师工作室

市级骨干教师、区级名师为核心的骨干教师群体是学校宝贵的人才资源。学校成立了15个名师工作室，工作室吸收青年教师入室学习、参与课题研究，在研修课题的过程中，通过理论研究与教学实践相结合，为青年教师指引发展方向。学校对青年教师实施"一三五培养计划"，即一年站稳讲台（教学基本功过关），三年熟悉教材（胜任学科的全过程教学），五年做出特色（成为学校学科教学骨干）。通过个人反思、同伴互助、专家指导、课题引领等方式，推动青年教师快速成长。

（二）实施名师培养工程

学校依托北京市教育科学研究院基础教育教学研究中心，聘请市级学科专家作为工作室和项目指导教师。学校还启动了"运河计划"领军人才运河中学工作室和初中"骨干教师培养项目"，启动后，收到初步成效。8名"运河计划"领军人才中有2人被评为北京市特级教师，1名教师被评为通州区名师。

（三）实施班主任培养工程

学校成立运河中学班主任工作坊。通过专家讲座、案例研讨、经验交流等活动，加速青年班主任成长，增强班主任理论修养，提高班级管理能力，学习班级管理智慧，打造专家型班主任队伍，扩大学校优秀班主任团队影响，为运河中学班主任队伍的专业化发展提供理论和实践指导，助力年轻班主任专业化成长。

六、学校教育教学的主要成效

（一）形成自己学校独特的办学特色

运河中学在长期的办学实践中，始终坚持"以人为本，和谐发展教育"的办学理念来引领学校各项工作。学校依靠自身优势，充分挖掘和弘扬运河文化，推进课程改革，开发出大量具有学校特色的校本课程和可供学生选择的选修课程，形成了"面向全体，全面育人，打开层次，发展特长"的课程体系，全面提高学生的核心素养，引导学生走自主创新、和谐发展之路。目前，运河中学已经初步形成了以音、体、美等活动类校本课程为亮点，以社会实践类课程、学科拓展类课程等为依托的较为完整的特色活动课程体系。

（二）形成优势学科组

长期以来，学校不仅高度重视学科组建设，而且注重把学科建设和学校教师队伍建设有机结合起来。学校已经形成了在通州区领先，在全市有一定影响力的多个优势学科组，主要有地理学科组、生物学科组、美术学科组、数学学科组合、英语学科组。这些学科组教师专业发展水平高，教育教学综合能力强，在学科教学改革实践探索和教学研究方面都取得了优秀成绩。

（三）校本培训独具特色

学校是北京市中小学教师校本教研示范学校、北京市校本培训基地校。学校首先拥有丰富的校本培训管理经验和方法，其次有比较成熟的进行校本培训的优秀教师团队，第三是有充足的培训空间、完备的专业教室与机房，满足各类教师培训的需求。学校开展校本培训的主要特点有以下几方面。

1. 注重师德培训，规范教师教育教学行为

学校通过制定《运河中学教师师德规范》、签订廉洁从教责任书，规范教师教育教学行为，加强师德建设，增强依法执教的意识和自觉性。学校每学年通过开展"三优教师"（即优秀教师、优秀班主任、优秀教育工作者）、"师德标兵""学生喜爱的班主任"评选，树立良好的师德典范。每年的教师节，学校要组织教师为贫困学生捐款，以此让学生感到教师的爱心，增进师生间的感情。

2. 注重加强校本教研，提升教师专业素养

学校注重按照教师专业标准，有计划地组织教师参加校本研修。针对教学过程中的实际问题，制订完善的教师培训计划，指导教师制定专业发展规划，建立教师专业发展档案。定期开展教研组内集体备课、听课、说课、评课等活动，开展如板书设计、思维导图应用等教学专项培训。为提高教师教学新技术的应用，学校组织了"基于移动互联技术的教与学"实践探索与交流活动，向教师展示利用平板电脑应用"智慧课堂"教学的示范课。通过一系列的校本，培训提高教师专业水平和教学能力。

3. 注重搭建发展平台，形成教师梯队发展

学校有计划地加强青年教师和骨干教师队伍的培养，目标明确，措施具体，工作

落实到位，效果明显。对青年教师的培养通过"八步曲"来实现，为骨干教师培养设置"三个阶梯"，即从校级骨干到区级骨干再到市骨干三个阶梯，并有针对性地进行培养和支持。

4. 注重完善教学常规检查，提高教学质量

学校制定《运河中学教师教学常规管理制度》规范教师的课上教学行为。每学期学校都要开展学生全员评教活动，督促教师不断改进教学。建立以年级备课组为单位的目标管理与过程管理相结合的评价体系，开展教研组考核评优活动，加强对各学科教学工作和教学效果的监控。

5. 注重校兴科研、科研兴校，促进师生发展

学校坚持以"校兴科研"为动力，实现"科研兴校"促发展，组织教师开展课题研究，实现了以课题项目为引领，促进教师专业能力提升。此外，学校教科研处认真组织做好各级课题的申报工作和立项评审工作。学校初中部根据教师队伍实际组建教科研积极分子教师团队，要求每一名骨干教师都要有自己的课题并带领一个团队开展研究，使得初中部的教科研工作迈上新台阶。通过课题研究促使教师不断改革课堂教学模式，突出以学生为主体的课堂教学，课堂教学有效性不断提升。

6. 注重以赛代培，打造优秀教师团队

学校积极组织教师参加市区级教学评优活动，达到以赛代培打造优秀教师团队的目的。在市区及各类教学竞赛中，学校多名教师取得优异成绩。2010—2014年北京市基本功培训和展示活动学校共有8名教师获得一等奖，2016年在北京市首届"京教杯"青年教师教学基本功展示活动中，5名教师获得一等奖。2017年北京市首届"启航杯"教学竞赛中，一位教师获得一等奖，2018年一位教师获得二等奖。

作为北京市示范性高中，学校注重发挥示范辐射作用。现在学校和台湖学校是"手拉手"学校，两校多次组织师生的培训交流活动。运河中学是通州区中学教育发展第二共同体的主持校，多次主持开展共同体内部毕业班交流会和研究课活动。为发挥学校示范高中的示范辐射作用，运河中学成立了包含四所中学、四所小学在内的运河教育联盟，开展中小学衔接和课程贯通培养的尝试。

七、学校教育教学的特色与经验

（一）任务驱动，整体构建德育体系

育智先育人，牢树立德树人根本任务，运河中学有适合学生发展的特色德育体系与德育课程。

（二）人人在培，教师培养机制

教师是办学的基础，运河中学在发展过程中形成了一整套教师培养体系，不同发展阶段的教师人人有目标，各个有发展方向。

（三）深挖学校内涵，丰富课程建设

挖掘、优化、深入、优质——构建丰富的、适应学生发展的"运河文化"课程体系。

（四）课比天大，抓好课堂主阵地

学校改革的基础要发生在课堂上，从培养"双基"到培养能力，到核心素养、立德树人，学校一直把课堂质量放在第一位，抓住了课堂就抓住了改革的精髓。

八、教育教学后续改革思路与方向

坚持党对学校的全面领导，坚持立德树人根本任务，探索党组织领导的校长负责制的办学模式。

（一）探索集团办学模式，引领区域教育发展

学校建设了以运河中学为龙头的区域教育集团，探索集团内纵向贯通培养模式。一是实现集团内小初高直升、贯通、融合的教育模式，在市区招生政策支持下，探索打通初高中学段限制进行教育教学的新方法。二是发挥示范辐射作用，集团内校校之间搭建指导与学习、共享与协作、交流与分享的平台，实现资源互补与共享。三是创建有效机制，集团内学校教师职称评定、干部编制进行整体整合，实现集团内干部、教师流动，解决干部教师结构性冗缺问题。组建、打造集团内跨校的教师、学生、家长的各级各类团队，以课题、主题、项目引领团队发展，引领区域基础教育的发展。四是联合高等学校、职业学校、科研院所帮助集团校提升教师素养，开发特色课程，共建教育资源，协同培养创新人才。

（二）强化师资队伍建设，提高教师整体素质

探索教师队伍建设规划，完善分层分类、覆盖全员、突出骨干的教师培训培养体系。一是推进青年教师（教龄1—5年）培训班建设，把青年教师培训作为市级课题申报项目进行研究，教育、教学、科研全方位进行提升，促进青年教师快速成长，使学校成为名师成长的孵化器。二是积极为中青年教师搭建比赛、展示、交流的平台，鼓

励教师担重任、出特色、出成绩，为每位发展中的中青年教师配备专业发展导师，量身制定发展规划。三是积极推进骨干教师、名师成立工作室，吸纳优秀青年教师加入，对在市区有一定影响力的名师，学校给予奖励。四是推进"北京市中小学教师教育基地学校"建设，要抓住机遇，训学相长，共同提高。

（三）拓宽拓展德育途径，促进学生全面发展

立足副中心建设与本土文化，致力开发贴近学生的德育课程，逐步形成了具有运河特色的和谐德育体系。一是丰富以"运河情、中国梦"为主旨的校园文化，挖掘新时代"运河精神"内涵，使之成为立德树人教育的载体，融入教育、教学、校园建设各环节，创设和谐发展教育的生态环境。二是以"运河文化"德育课程为载体，以"爱校、爱家—爱家乡（运河）—爱党、爱国"为德育链条，加强与社会、家庭的联系，充分挖掘贴近学生的运河名人、民族英雄的事迹，把乡愁、运河精神、中华传统美德与社会主义核心价值观有机结合并植入学生内心。三是拓展、丰富社会大课堂实践育人基地，固化与社区、医院、福利院、社会救助机构等单位的长久合作，积极开展党团组织活动与实践教育活动，走进军营，深入农村开展体验活动。四是对教育主体、教育模式和学习模式进行科学规划、系统整合、资源共享，形成全方位的教育合力，使德育工作系统化、课程化、规范化。

（四）优化三级课程建设，满足学生个性需求

继续挖掘现有资源，优化三级课程，打造"运河文化课程"品牌，突出科技、体育、美育特色，实现特长生贯通培养。一是优化三级课程设置，满足每一位学生选科的需求。开展生涯规划教育与心理健康教育，编写适合运河学子的课程讲义，充分利用大数据、人工智能等信息技术帮助学生认清自己，规划人生，指导学生进行学科选择，对每一位学生提供人生导师，全面指导学生的学习与生活问题。二是强化体育特色教育，打造学校体育新品牌。运河中学是全国足球特色校、全国篮球特色校、北京市田径传统校。学校秉承"体育是最好的教育"的信条，大力开展阳光体育运动，要继续加强校篮球队、足球队、跳绳队、毽球队、羽毛球队等学生体育社团的建设。学校足球运动有优良传统，作为全国足球特色校，2018—2019年作为通州区唯一一支代表队，参加北京市校园足球甲组比赛，成绩喜人，学校希望实现"足球贯通培养"，深入推进校园足球运动，为通州、为国家培养足球后备人才。三是完善美育课程体系，提高学生艺术审美素质。音美艺术教育是运河中学的优势，被教育部评为第二批"全国中小学中华优秀文化艺术传承学校——篆刻"，被中国传统文化促进会、华夏文化遗产保护中心正式授予"民族非遗与课程融合创建工程示范基地"的称号，美术社团有成衣坊、汇学轩、非白阁、创意空间等优秀社团，是北京市学生金帆艺术社团。四是

探索科技教育新路径，培养创新人才。大力发展科技教育，培养学生科技特长，让学有余力的学生走进大学，在自然科学基础学科领域的著名科学家指导下参加科学研究、学术研讨和科研实践，体验科研过程，激发科学兴趣，提高创新能力，树立科学志向，进而培养具有学科特长、创新潜质的优秀中学生。

（五）丰富内联外延形式，拓宽师生心胸视野

以世界为书本，化万物为课堂，走出去，兼容并包，学校坚持"请进来，走出去"，积极走开放办学道路。一是继续丰富"运河文化研学"内涵，以运河教育集团龙头学校的身份联通运河沿岸各校，共筑运河情，打通运河教育气脉，实现师生互研，共同发展。二是积极推进京津冀第二基础教育学校协同发展共同体建设，加强与天津市武清区杨村一中、河北省廊坊市管道局中学互联互学，为京津冀教育协同发展做出贡献。三是继续深化与内蒙古奈曼旗第一中学合作办学，互派师生访学，帮扶共进，互促提升。四是加强与国外学校友好交流，积极开展第四批中美"千校携手"项目学校的实践活动，开阔师生眼界，增强国际视野。

课改为纲，推动学习方式变革

——北京市通州区第六中学教学改革个案研究

王宏岩[1]

一、学校情况分析

北京市通州区第六中学建于 1972 年，是通州区一所普通公立初级中学，隶属于通州区教育委员会。学校地处通州区老城区的中仓街道办事处，占地面积 16567 平方米，建筑面积 7479 平方米。学校教育教学设施完备，育人环境优美。

学校现有 24 个教学班，学生近 1000 人。教职工 113 人，其中，正高级教师 1 人，市级特级教师 1 人，区级骨干教师 12 名，区级青年骨干教师 3 名，首批通州区"运河计划"教育顶尖人才、领军人才 2 人，各类市区级教学竞赛捧杯教师 18 人。

学校坚持"办卓越教育——激励每一位师生主动发展，成为最好的自己"的办学理念，培养"自主发展、具有卓越气质的六中人"，通过课程、课堂、文化、活动、行为、机制六大途径落实"卓越教育"办学特色。如今学校已办成令师生向往，被家长、社会高度认可，具有丰富内涵与办学品质的区域一流学校。

"崇尚先进，争创一流"已成为师生的核心价值追求，教师严谨求精、创新奉献，学生乐学勤思、刻苦创优。自主、合作、探究等主体参与式学习在这里生根、发芽、开花、结果。每年中考有 85% 以上毕业生升入市级优质示范高中校。

几十年来，学校的教育教学成绩稳居通州区前列，多次受到市区表彰和奖励。学校的办学质量得到社会的高度认可与家长的广泛赞誉。

二、学校教育教学改革历程

（一）1972—1977 年：一统模式、摸索前行

中共中央于 1963 年 3 月 23 日颁布了《全日制中学暂行工作条例（草案）》，成

---

[1] 王宏岩：北京市通州区第六中学副校长。

为指导中学教育工作的文件，并制定了新的教学计划和教学大纲。1966 年"文化大革命"爆发，全国中小学教育进入混乱状态，尤其是 1971 年召开的第三次全国教育工作会议，全面否定新中国成立后 17 年的教育工作。这一时期的"教育大革命"使得刚刚建立起来的教育事业遭到重大挫折。由于学校于 1972 年建校，"左"文化思潮还影响着学校教育教学，教育教学改革政策被片面地理解甚至误读，存在随意改变教学组织形式、教学计划、教学内容等现象，致使教育教学实践偏离正常的发展轨道。

（二）1978—1984 年：改革探索、借鉴发展

改革开放之初，学校教育教学改革面临的主要任务是恢复正常的教学秩序。1978 年，教育部颁布的《全日制十年制中小学教学计划试行草案》对基础教育进行了新的调整，规定重新统一教学大纲。在这一政策的指引下，编写和出版了中华人民共和国成立以来第五套国家统一的中小学教材，删除了"文革"中一些不正确的内容，更加关注学生"双基"的培养。学校教学工作逐渐步入正轨，正常的教学活动得以恢复。这一时期的明显特征为以知识本位、教学效率为取向的教学改革成为主流，其中以学生智力与能力培养为取向的教学改革实验初步显现。

（三）1985—2000 年：立足问题、自主完善

1985 年颁布的《中共中央关于教育体制改革的决定》指出，我国教育事业面临课程内容陈旧、教学方法死板、实践环节不被重视等问题。对此，基础教育教学改革政策提出"各级各类教育要改革教学内容、教学方法、教学制度，针对现有的弊端，积极进行教学改革的各种实验。"这项规定拉开了学校的教育教学改革序幕。这一时期的学校教育教学改革理念总体上以系统性、综合性的视角引领学校教育教学改革实践向纵深发展，教学改革的重心由偏重"双基"的知识本位式效率转向关注教学质量的素质本位式效率。1986 年的《中华人民共和国义务教育法》、1998 年的《关于深化教学改革，培养适应 21 世纪需要的高质量人才的意见》、1998 年的《面向 21 世纪教育振兴行动计划》、1999 年的《中共中央、国务院关于深化教育改革全面推进素质教育的决定》等，成为指导学校教育教学改革的纲领性文件，推进了学校分层式、启发式等教学方式的探索与实践。

（四）2001—2009 年：实现转型、全面革新

2001 年国务院颁布的《关于基础教育改革与发展的决定》以及教育部《基础教育课程改革纲要（试行）》的颁布，标志着我国基础教育改革已经进入课程教材时代，育人为本的课程制度正在逐步确立，打开了我国 21 世纪基础教育教学改革的新局面。《关

于基础教育改革与发展的决定》指出"实施素质教育，促进学生德智体美等全面发展，应当体现时代要求"，素质教育的理念成为课程改革的核心理念，深刻地影响着课程改革及教学改革的理论与实践。新一轮基础教育课程改革实验同时启动，突出特点，强调课程的综合性和选择性。从"教学大纲"到"课程标准"的研制，改变了过去只规定"基础知识与基本技能"的内容与要求，更加关注人的素质发展，标志着课程改革从"双基"走向"三维目标"，并指引着学校教育教学改革更加重视以学生为教学的主体、重视教育对学生发展的价值、关注新时代学生的主体性、使教学内容与社会生活相联系、体现课堂的生命价值、着眼新时代背景下师生关系的重构，从而在真正意义上完整地关注教学活动的育人质量。新一轮基础教育课程改革对学校产生了重要的影响，以课程改革带动教学改革成为教育教学改革的主要形式，三维目标也使素质教育在课堂的落实有了抓手。这一时期自主、探究、合作等成为学生学习的主要方式。

（五）2010年至今：突出创新　推进变革

2010年《国家中长期教育改革和发展规划纲要（2010—2020）》颁布，为新阶段的教育教学改革描绘了蓝图，文件要求"把改革创新作为教育发展的强大动力""以体制机制改革为重点，鼓励地方和学校大胆探索和试验""改革教学内容、方法、手段"，着力提高学生的学习能力、实践能力、创新能力，倡导启发式、探究式、讨论式、参与式教学，帮助学生学会学习。激发学生的好奇心，培养学生的兴趣爱好，营造独立思考、自由探索、勇于创新的良好环境。为学校教育教学改革拓宽了思路。

特别是党的十八大以来，提出"把立德树人作为教育的根本任务"，我国基础教育改革进入新时期，确立起育人为本的理念。坚持"五育并举"，坚持立德树人，厚植优秀传统文化。从人才培养的角度更加关注教与学方式的变革，更加关注从三维目标走向核心素养，体现了从学科本位到以人为本的转变。如2017年，中共中央办公厅、国务院办公厅印发的《关于深化教育体制改革的意见》指出："建立以学生发展为本的新型教学关系。改进教学方式和学习方式，变革教学组织形式，创新教学手段，改革学生评价方式"。强调了基础教育教学改革的必要性，提出了基础教育教学改革的基本方式和具体路径。2019年《中共中央　国务院关于深化教育教学改革全面提高义务教育质量的意见》指出，坚持教学相长，注重启发式、互动式、探究式教学，开展研究型、项目化、合作式学习。另外，随着"互联网+"、大数据、人工智能等飞速发展，教学活动与现代信息技术的有机整合大力推动了学校教育教学改革的进程，教与学方式的变革是这一时期的一个突出特征。

三、学校教育教学改革过程中的核心问题及其分析

（一）在教育教学改革过程中遇到的核心问题

新课程改革给予学校更多的课程自主权，使学校课程体系建设不仅成为可能，而且成为必然。新课改突出了课程的选择性，增强了学校在课程开发与设置上的自主权，学校开设什么样的课程、如何安排课程将因校而异，课程的差别最终将成为学校之间最主要的差别，课程的建设也就成为学校长期发展、建立学校特色的关键。

与课程改革配套的中考改革更重视以学生为本，全面推进素质教育，尊重考生的多元选择。"教宽"——促教学以生为本，"考宽"——激发学校办学活力，"学宽"——鼓励学生个性成长。中考改革进一步激发了学校的办学活力，给学生提供了更加自由的成长土壤。然而，学校部分教师未能树立以学生为主体，以全面提高学生素质为根本任务的教育观；未能及时实现三个转变，即教学理念的变革、教学策略的变化、教师角色的转变。教师仍然存在不能深入理解教材、充分利用好教材的问题，过去教学中存在的一些问题在改革背景下显得更加突出。比如，课堂上满堂灌，以教师为主；对学生要求多，引导少，课堂气氛沉闷；缺少情境预设，学生在学习中被动接受；缺乏学法指导，学生在学习上依赖性强，厌学情绪明显，学习效率低下等。

（二）在课程改革中的优势

优势一：学校多年来一直致力于教育教学的探索实验、改革创新，取得了丰硕的成果。在全面推进课改这一大背景下，学校以"卓越 至正"育人目标为统领，用"课程"的形式固化提升已有的教育教学成果，用"课程体系"的总体架构完整、系统地整合学校教育资源和课程资源，对提升学校各类课程的价值、体现学校办学特色和促进学校长远发展具有十分重要的意义。

优势二：学校课改推进有力，实施到位，成效显著，为课程体系开发、构建做好了积淀和支撑。新课改启动后，学校严格按照国家课程方案要求，科学研究、重点突破，迅速开设了综合实践活动（信息技术教育、研究性学习、社区服务与社会实践以及劳动与技术教育）、校本课程（含各学科研究性学习，如通州区交通问题研究、通州区水资源净化问题的研究等）等新增科目，并率先开齐开足所有课程，为课程体系的构建做好了前提和基础。

四、学校教育教学的主要举措

学校的教育教学改革，旨在促进教育进步，不断提高学校教学质量，学校进行的

教学内容、方法、制度等方面的改革有效推动了学校的发展，主要有以下几方面。

（一）构建民主和谐课堂氛围

心理学家罗杰斯曾指出，一个人的创造力只有在其感觉到"心理安全"和"心理自由"的条件下才能获得最大限度的表现和发展。卓越课程的实施，多学科的整合、课堂的整合，使教师们更注重情境的创设。课上，学生们可以在轻松、自由的心理状态下，展开丰富的想象，迸发出创造性思维的火花，民主和谐的课堂氛围促进了高效课堂的形成。例如，王玉荣老师的道德与法治课，就建立了充分体现尊重、民主和发展的新型师生关系。她尊重每一位学生做人的尊严和价值，不伤害学生的自尊心，课上经常赞赏他们的付出所表现出来的微小变化及对教科书的大胆质疑和对自己的超越；并紧紧抓住对学生进行思想教育这一主线，形成了学生谈想法—媒体材料展示—师生分析—事迹感召的教学特色。在她的课堂上，学生说真话、露真情，教师引导，师生沟通，生生互动，学生喜欢上，课堂不枯糙、有趣味、效果好。

（二）促进教师队伍专业化发展

教学改革实践，使教师进一步钻研教材，研究学生，研究教法，教师队伍的整体素质得到了提高，培养出了一批教育教学骨干。学校先后有40余人获得过市区骨干的称号，是通州区骨干教师最多的初中校。在市基本功大赛中，2人获一等奖，9人获二等奖。通州区课堂教学评优活动中，11人获"秋实杯"奖，7人获"春华杯"奖，2人获"新蕾杯"奖，是全区获奖率最高的初中校。

（三）以"生"为本，促进学生个体发展

教学改革实践，为每位学生的成长创造了良好的空间。新的学习方式，如自主学习，互动式、交流式的合作学习，探究学习等不断应用到教学实践中。教师们以学生为主体，引导学生在学习中积极思考，在解决问题中学习知识。教师们为不同层次的学生提供参与学习、体验成功的机会，在合作学习中有明确的责任分工，促进学生之间进行有效沟通。在探究性学习中，通过设置问题情境，让学生独立、自主地发现问题。通过调查、信息搜集及处理、表达与交流等活动，经历探究过程，获得知识与能力，掌握解决问题的方法，获得情感体验。

各学科教师充分挖掘学生的潜能，极大地调动了学生的学习积极性，学生的特长也发挥得淋漓尽致。在艺术和科技教师的指导下，舞蹈队和合唱队分别获得市区级一等奖。学校的民族舞蹈《花鼓闹春》代表北京市远郊区县在天桥剧场展演，受到专家及观众的高度评价。学校的科技小组近几年成绩喜人，如获北京市中小学智能控制（单片机）比赛——智能车接力赛男、女生组一等奖，北京市"阳光校园"节能活动暨

第四届中国尚德创意大赛北京赛区中获团体奖一等奖，第十四届未来工程师博览与竞赛中千机变项目包揽冠亚军，木梁承重项目获二、三等奖等。

地理教师带领学生走出课堂，走入社会，了解通惠河的水资源状况，找到了有效净化通惠河污水的水生植物，进一步拓展了学生的科学实验能力、分析能力以及创新能力。这一研究活动所取得的成果获北京市"科技创新大赛"二等奖。

五、学校教育教学的成效

（一）学生自主学习能力得到提升

教学改革实践，使学生学习方式发生了变化，自主学习习惯逐步形成，极大地开发了学生的学习潜能。几年来，学校的中考成绩，无论是示范高中学校的升学率，还是优秀率、及格率，一直位居区前列。

（二）为通州区其他学校教学改革起到辐射作用

北京市通州区第六中学的教学改革实践为通州区其他学校起到了辐射作用。教学改革实践，使学校十多年来连续在通州区被评为"初三毕业班优秀校"，先后获得通州区初中教师基本功展示活动优秀校，北京市初中建设工程先进单位，通州区注重特色发展、成效显著单位，北京市课程改革先进校，北京市教科研先进校，京城最具加工力中学等荣誉称号。

每学期学校教师为全区教师、"通、武、廊第六教育共同体""通州区中学第五教育共同体"以及与内蒙古准格尔旗八中、翁牛特旗乌丹三中、湖北十堰武当山中学等做研究课、展示课150节以上，带动了周边及合作学校教育教学质量的提高。

（三）带动了地方课程的实施、校本课程的开发，彰显校本特色

目前学校所实施的地方课程主要是通州区地方课程。按照通州区的地方课程实施方案，学校重视地方课程的教学质量，积极探索适合地方课程的教学方法，引导授课教师充分整合地域、社区、家庭等各方资源，保证地方课程的实施质量。例如，在通州地理和通州生物的开设过程中，教师注意打通书本世界与生活世界之间的界限，学生在教师的引导下，到通州区台湖镇，走进农业种植基地，走入生态大棚，真正了解农作物的种植条件、种植环境，引导学生学以致用，树立可持续发展的观念，增强爱家乡的情感。

六、学校教育教学的特色与经验

（一）课程改革为纲

1. 学校课程的顶层设计

（1）课程理念。

学校课程体系建设的主要目标是"办卓越教育，建全景课程"。这里的"卓越"不是成名成家，而是指"卓而不同，超越自我"，是能够不断战胜困难，不断超越自我，不断进步。卓越教育着眼于提高学生的素质，关注学生生活和学生个性化发展，通过三年的培养，使每名学生在自己原有的基础上不断进步，完成自我的超越与蜕变，成为具有深厚科学素养、浓郁人文精神、现代公民意识、创新能力以及广阔国际视野的现代化人才。

（2）课程设置整体框架。

卓越教育以学生为本，关注学生的全面发展与个性成长。"全景"课程是卓越教育实施的途径与保障。"全景"是把相机环360°拍摄的一组或多组照片拼接成一个全景图像，其最大三个特点是：3D的、全方位的，能最大限度地保留场景的真实性，具有360°环视的效果。"全景"课程，顾名思义，就是提供给学生以立体、多元的课程体系，课程的实施形式是真实的、贴近生活的，实施过程是360°的、全方位的、无死角的，有利于每名学生综合素质的提升和全面发展。

（3）"全景"课程的特色。

第一，是课程内容与实施方法的统一，不仅明确了开设什么样的课程，还明晰了如何开好这些课程。

第二，是以新课改要求的课程设置为基础，具有多元性、开放性、选择性，体现了国家课程与校本课程、教学课程与德育课程、学科课程与活动课程、必修课程与选修课程的有机统一。

第三，是既突出课程价值表达，又重视教育教学实践的课程。"全景"课程体系不仅表达了学校办学和教学中要关注什么，培养什么样的人的价值取向，更重要的是通过构建课程体系并落实到教学实践中，从根本上提升教学效果和育人质量。

2. "全景"课程的具体实施

（1）3D的"全景"课程设计。

"全景"课程为每位学生全面而有个性的发展提供了丰富的课程门类和广阔的课程选择空间，从不同角度和"文化基础、自主发展、社会参与三个方面"促进学生的卓越成长，帮助学生完成自我的超越与蜕变。为此，根据不同学生的发展基础、潜能与需求，建构了适合每个学生发展的"全景"课程三大模块，为每一位学生铺就通往自己卓越人生的道路。

文化基础课程，即国家课程相关学科必修课，包括语文、英语、历史、地理、道德与法制、数学、物理、化学、生物、音乐、美术、体育和综合实践活动等。

拓展课程，即在国家课程基础上拓展的地方课程、校本课程。其中市级地方课程含专题教育综合课程、中华优秀传统文化、书法、中国梦、职业生涯、我们的城市、我爱北京等，通州区地方课程含通州历史、通州生物、通州地理、创业；拓展类校本课程含生活中的数学、化学真奇妙——生活健康都需要、车辆模型与航空模型、化学计算技巧、国学教育、通州城的形成与发展、通州新城发展和面临形势、篮球等及各学科研究性学习，如通州区交通问题研究、通州区水资源净化问题的研究等。

发展课程，即利于学生自主发展、注重学生能力培养的德育课程和校本、社团类课程，包括学农与游学、人文社团、科技社团、艺术社团、体育社团等。德育课程包括"卓越之始""卓越之钥""卓越之路"课程，校本课程有"好习惯""好品质""好人生""做最好的自己""做优秀六中人""学习方法指导"等。

3D"全景"课程注重"人文底蕴、科学精神、学会学习、健康生活、责任担当、实践创新"等中国学生六大素养的培养，使学生的学习不是片面地停留在书本知识的习得上，让学生能够在实践中立体地感悟社会和人生，在体验中丰富自己的经验和阅历，开阔自己的视野，提升自身的素质。

（2）逼真的"全景"课程实施形式。

"全景"课程的实施形式注定是多样的，以往单纯的闭门造车的教学很难给学生提供一个逼真的、贴近学生生活的课堂学习环境。"全景"课程让教师们关注学生学习体验、动手实践及创新意识的培养，通过整合，提供给学生贴近他们生活、满足他们未来发展的课程。

整合学科，为学生筑牢宽厚的文化基础。学校依据各学科的内容特点，大力加强跨学科的整合。英语、语文学科在排练课本剧、校园剧时，与音乐、美术、历史、地理学科共同活动，既增强了课本剧、校园剧的艺术性、准确性、真实性，又增强了学生的学习积极性。数学学科与思想品德学科组织学生收集侵害消费者权益的典型案例，以"如何维护消费者权益——生活中的数学打折问题研究"为题，共同开展教学活动。地理学科教师组织学生探究了"通州的交通状况"，生物组进行了"泡菜制作的研究"等。艺术和体育学科以体验艺术、丰富体育生活为主，充分利用已有的校本课程、科技节、艺术节、体育节、文化节及各类社团资源，进行合理整合与规划，形成具有六中特色的实践活动课程。

整合课堂，让学生有广泛的社会参与。在实践中培养学生科学精神与问题解决能力，为学生构建开放性的学习空间，提供丰富、多元的科学实践活动。在校内，教师们组织学生进行实验小发明和制作的展示，科技论文的撰写和电子报的制作，科普读物阅读和交流。在校外，教师们组织学生参观自然博物馆、中国科技馆，组织学生到植物园、污水处理厂、现代农业园、化工厂等开展实地调研，培养学生的创新精神和实践能力，推进课程实施。

在活动中培养学生责任担当与家国情怀。每学期三个年级都要参加"走入自然，了解社会"活动。道德与法治、社会学科的校内外实践活动以道德、法治和情感的真实体验为主，校内安排时事讲坛和电子报制作、模拟法庭、社会主义核心价值观知识测试等活动，校外与参观国家博物馆、首都博物馆、抗日战争纪念馆等历史社会类博物馆活动进行整合，共同实施。

（3）360°的"全景"课程实施路径。

以生为本，因材施教。"全景"课程的实施路径是360°的、不留死角的。不抛弃一位学生，不让一位学生掉队，就要做到"以生为本，因材施教"。"以生为本"就是要面向全体学生，关注每一位学生；"因材施教"就是注重每一位学生的成长，发展每一位学生的个性。

学校始终关注学生的差异，面对来自不同的家庭，有着不同的性格特征和行为秉性，有着不同的发展潜能，不同学习特点、学习需求的学生，进行有针对性、有差异性的教学，为一个个有差异的学生个体搭建起一座座通往知识的桥梁。

在教学过程中，教师们采取有意注意的方式，关注不同层面的学生，针对他们的潜能、知识层次、学习态度设置不同的教学目标，采取不同的教学方法、反馈方法，使学生在这种有针对性的教学活动中，找到自信，获得成功的个人体验。

建设360°的卓越德育课程——让学生有自主发展的能力。学校德育课程秉承"办卓越教育——激励每一位师生主动发展，成为最好的自己"的理念，将"学生"的发展作为一切工作的逻辑起点和最终落脚点，帮助学生不断完成自我蜕变和自我超越。

"卓越之始"课程——梦想从这里起航。每年四五月份，学校主动与周边小学联系，了解毕业生情况，与学生见面，为学生答疑解惑。7月中旬，利用新生家长会让家长对分班的公平性、教学的实施情况等进行深入了解。9月，新生一到校就会收到《做优秀六中人》《初中学习方法指导》读本，班主任、德育干部负责讲解，教育学生要遵守纪律；教会学生如何与同学相处，在学习中如何互相支持和帮助。11月，期中后的新生家长会，学校领导、班主任、学科教师要与家长交流，让家长了解学校发展史、班级发展目标、新生入学半学期的表现。

"卓越之钥"课程——学会自我发展。利用校会、年级会、班会，学优生、进步生、优秀往届生经验介绍等活动分享成功者的经验，帮助新初三学生尽快适应紧张的学习生活。利用班队活动教育学生要热爱学习，重视学习，努力使自己不断进步。教会学生自我调节，增强抗挫折能力。通过开展形式多样、生动活泼的专题教育活动，促进学生发展，激励学生的集体荣誉感。分享《感动中国》里感人的故事，了解奥运会运动员的优秀事迹，帮助学生树立正确的人生观和价值取向观。

"卓越之路"课程——留下闪光足迹。①好习惯。以《做优秀六中人》德育课程读本学习为抓手，全面抓实、抓牢养成教育。②好品质。用"通州六中学生20个好品质"引领学生的价值取向。③好人生。通过模拟政协、社会实践挑战赛、时事辩论赛、丝绸之路挑战赛、渴望宣言国际活动、通惠河污水改造、模拟实验室等树立学生理想信念、人生目标、社会服务意识、社会参与意识，引导学生坚定人生理想，明确努力方向。

（4）360°的课程评价。

"全景"课程的评价是360°的、全方位的。学校关注学生的发展，建立了学生、教师、家长、管理者、社区和专家等共同参与、交互作用的评价制度，以多渠道的反馈信息促进学生的发展。学校倡导发展性评价、综合性评价、分层评价、多样化评价、多元化评价，重视学生知识以外的综合素质的发展，尤其是创新、探究、合作与实践等能力的发展，以适应人才发展多样化的要求。

卓越教育注重激发学生内在的发展动力，促进其不断进步，实现自身价值，"全景"课程为国家培养出一批批关注社会、具备宽广视野、有创造力、有目标、有责任感、能自我发展的合格人才。

（二）人才培养为本

推进教育教学改革，关键在教师。学校坚持狠抓团队建设，按照"坚持一个目标，突出两个重点，关注三人群，落实五大课程十项措施"的培训思路，多项措施并举，培育出了一支优秀的教师队伍。

1. 坚持一个目标

建设一支政治素养好、理念先进、专业能力强、具有开拓精神的卓越教师队伍。

2. 突出两个重点

（1）师德为先。

引导教师认真学习党的教育方针、政策，严格遵守国家法律、法规，热爱教育事业，争当"有理想信念、有道德情操、有扎实学识、有仁爱之心"的"四有"好教师，做好学生的引路人。

（2）理念为重。

通过现代教育理论的学习，让教师们了解课程改革的新理念、新要求，逐步形成新的教育观念，重新审视自己的教育行为，反思自己的教育理念，及时修正自己的教育教学工作，使之符合新课程改革的要求。

3. 关注三类人群

（1）关注新教师发展。

关注入职近三年的教师，即发展初期的教师，帮助他们了解本学科的发展趋势，完善知识结构，提升知识层次，使他们具有较强的教育教学能力、实践创新能力和教育教学科研能力，成为觉悟高、观念新、业务精、能力强、善创新的教育教学骨干。

（2）关注瓶颈期教师发展。

针对瓶颈期教师队伍的现状和发展要求，注重强化职业态度与精神，唤醒、激活教师对专业的卓越追求。帮助瓶颈期的教师在学科教学中落实现代教育理念，提高他们的创新意识。

（3）关注骨干教师发展。

从教师可持续发展和终身学习的战略高度出发，本着前瞻性和实效性相结合，整体提高与重点突出相结合的原则，分阶段、有步骤地进行骨干教师培训，促使骨干教师理念先行，能力提升，发展自我，形成特色。

4. 落实五大课程十项措施

（1）五大课程，铺设教师快速成长通道。

依据"办卓越教育——激励每一位师生主动发展，成为最好的自己"的办学理念，学校谋求建设一支具有健康的心理品质、健全的人格、扎实的科学文化基础、较强的创造能力的有特色的卓越教师队伍。学校学科研修工作室将校本培训课程分为五大类，以此谋求学校"卓越教育"的办学特色。

一是师德提升课程。针对所有教师的教育思想、职业道德修养、教育法规培训。二是能力养成课程。针对新教师的教育教学基本技能培训。三是能力再升课程。针对发展瓶颈期教师、骨干教师的现代教学理论、现代教学方法、教学模式、名家教学风格培训。四是理念先行课程。针对所有一线教师的学科最新的基本理论及教改信息、中高考改革政策培训。五是实践提高课程。针对所有教师的现代教育技术、科研课题研究能力培训。

（2）十项措施，助力教师稳步发展。

学校通过"听、说、读、写、学、带、做、练、思、查"开展校本培训。"听"，即听专家报告、听讲座和听骨干教师的教学公开课。"说"，即组内讨论和评课议课。"读"，即文献学习。"写"，即撰写学习总结、教学设计。"学"，即学身边榜样。"带"，即专家引领。"做"，即做课题研究。"练"，即实践应用。"思"，即总结反思。"查"，即师德师风检查。多年来，通过开展各种形式培训，青年教师迅速成长，骨干教师不断提升，对外辐射能力和示范引领作用显著增强，一支高素质的教师队伍已形成。

七、后续改革思路与方向

（一）带动教师队伍的整体提升

近年来，新调入、新毕业的教师陆续充实到教师队伍中来，如何使他们尽快接受新课改理念，掌握中高考改革方向，适应教育教学生活，如何使他们尽快成熟起来，直接关系到学校未来的发展。中、高考改革以来，教师对改革总体思路、中考考试与命题方面的变化、改革的进程安排不甚了解，直接影响教育教学工作的顺利开展。学校通过聘请有关专家、名教师对以上内容进行分析、解读，引导教师进一步钻研教材，研究学生，研究教法，在实践中，提升教师队伍的整体素质，造就一支通州区教育战线上令人瞩目的教师队伍。

（二）使每一位学生都得到了良好的发展

为每位学生的成长创造良好的空间。学校充分挖掘学生的潜能，调动学生的学习积极性，使学生的特长发挥得淋漓尽致。

（三）使学生学习方式发生变化

学生自主学习习惯逐步形成，学生的学习潜能得到极大开发。

（四）对区其他学校起到良好的辐射作用

通过与其他课改实验校相互交流，分别展示教学研究成果，促进校际间的互助互动与共同发展，带动周边学校教育教学质量的提高。

综合施策，提升学校办学质量

——北京市通州区大杜社中学教学改革个案研究

李志强[1]

一、学校情况分析

北京市通州区大杜社中学是一所农村初中校，服务范围为通州区马驹桥镇东部地区 16 个自然村。学校 1971 年建校，1991 年迁入现在校址。学校占地面积约 40000 平方米，建筑面积 14343 平方米，足球场、篮球场等运动场地总面积 15780 平方米，教学及辅助用房面积 8011 平方米。学校现有 12 个教学班，学生总数 321 人，是一所小规模的农村初中校。学校现有教职工 64 人，其中干部 10 人，校级 4 人，中层 6 人。教职工中中共党员 27 人，约占教职工总数的 42.2%。学校有市级骨干教师 1 人，市级骨干班主任 1 人，区级骨干教师 7 人。专任教师中，研究生学历 10 人，本科学历 52 人。中年教师是学校教师队伍主体，干部平均年龄 45 岁，专任教师平均年龄 37 岁。

学校立足农村学校的生源特点和发展现状，依据通州区副中心教育发展要求，建构了学校的办学理念系统。学校的办学理念是全接纳、慢引导、乐心态、创佳绩，学校办学宗旨是提升教师、教育学生、服务社会；学校的办学目标是让学生在优质教育中全面发展；学校育人目标是行有规、言有礼、学有法，会健身、会劳动、会欣赏，能律己、能合作、能做事；学校发展的共同愿景是构建民主的学校"家"，将学校建设成为适合师生共同发展、身心和谐并有持续生命活力和幸福感的学校。学校整体发展注重规范有序、欣欣向荣，管理干部注重德才兼备、开拓进取，教师发展注重温文尔雅、博识多通；学生培养注重遵规守纪、诚信上善。

自建校以来，经过全体教职工的不懈努力，学校教育教学成绩始终名列通州区农村校前茅，得到社会各界的广泛认可。

---

[1] 李志强：北京市通州区大杜社中学校长。

二、学校教育教学改革的历程

20多年来，伴随着国家和北京市基础教育教学改革与发展的逐步推进，在国家和北京市相关政策的大力支持下，学校紧扣时代教学改革的脉搏，紧跟市区教学改革的步伐，始终秉承成就学生、造福家庭的理念，坚持脚踏实地地进行教育教学改革。学校教育教学改革历程共经历了以下三个阶段。

（一）2000—2010年：规范发展阶段

2000年前，学校办学条件比较薄弱，学校教职工队伍原始学历普遍偏低，教师队伍专业发展水平整体比较低。在这个阶段，学校着力推进规范发展。学校办学实践的主要任务有三项：一是提升学校硬件办学条件，二是提高教师的整体学历水平，稳定教师队伍，三是完善学校内部管理。

从2000年开始，根据《北京市中小学校办学条件标准》，借助北京市教委大力改善学校办学条件，特别是农村学校办学条件的契机，学校努力提升硬件办学条件，硬件设施逐步走向规范化和现代化。2006年，借助北京市推进"初中建设工程"的政策契机，学校完成学校基本建设工程提升，软硬件均达到或超过《北京市中小学校办学条件标准》。

2009年，学校开始实施绩效工资改革，改革后由于课时标准统一，农村教师与通州区里的教师收入差距消失。在这种情况下，教师队伍逐渐稳定，调离学校教师人数逐渐减少。2000年至2010年的十年间，学校逐步提升教师的学历水平，教师队伍年龄年轻化，教师队伍建设走向规范化，并逐步迈上新台阶。

在这个阶段，学校逐渐完善各项规章制度，实施制度化与人性化相结合的管理，教育教学管理逐步规范。

（二）2010—2016年：稳健发展阶段

在这个阶段，学校办学实践的主要任务是扎实落实国家和北京市基础教育教学改革的政策要求，乘势而上，促进学校规范化发展，着力促进学校教育教学改革的扎实推进。

2012年，《国务院关于深入推进义务教育均衡发展的意见》发布。文件指出，深入推进义务教育均衡发展，着力提升农村学校和薄弱学校办学水平，全面提高义务教育质量，努力实现所有适龄儿童少年"上好学"。这个文件的发布和实施，对于坚持以人为本、促进人的全面发展，解决义务教育深层次矛盾，推动教育事业科学发展，促进教育公平发展，具有重大的现实意义和深远的历史意义。乡村教师待遇稳步提高，岗位吸引力大幅增强，乡村教育质量明显提升。在这样的政策背景下，学校抓住改革契机，积极争取进一步改善办学条件，硬件上了一个新台阶，与通州区里学校的硬件差异缩小。在硬件条件改善的同时，学校切实加强内部管理，学校管理不断完善。

2016年，《国务院关于统筹推进县域内城乡义务教育一体化改革发展的若干意见》要求，按照全面建成小康社会目标，加快缩小城乡教育差距，促进教育公平，统筹推进县域内城乡教育一体化改革发展。文件指出，到2020年，城乡二元结构壁垒基本消除，义务教育与城镇化发展基本协调；城乡学校布局更加合理，大班额基本消除，乡村完全小学、初中或九年一贯制学校、寄宿制学校标准化建设取得显著进展；城乡师资配置基本均衡，乡村教师待遇稳步提高、岗位吸引力大幅增强，乡村教育质量明显提升。在这样的政策背景下，2017年，通州区乡村教师补助下发，根据地域划分，乡村教师每月补助1800元。教师待遇的提升，一方面稳定了学校的师资队伍，另一方面吸引了研究生来此就业，学校教师队伍的学历结构和整体水平都得到提升。同时，随着教师岗位吸引力的增加，学校教师专业对口率有了很大改观。教师队伍的稳定对学校扎实推进教育教学改革、切实教学成绩提升起到了积极推动作用。

2016年，在北京市教委大力推进学校章程建设的背景下，学校制定和发布了学校章程。学校章程是学校管理的总纲，是实行自我约束机制的重要途径，也是学校成为独立法人的基本前提。学校章程对学校办学宗旨、目标任务、内部管理体制及人事、财务活动等主要问题进行了明确的规定，也为学校的稳健发展提供了治理保障和依据。

（三）2016年至今：完善发展阶段

在这个阶段，学校办学实践的主要任务是综合施策，着力提升教育教学质量。根据国家和北京市基础教育教学改革的大背景和发展方向，这个阶段学校教育改革确定了两个重点切入点：一个是教学方式的变革，另一个是考试和评价的改革。

2016年，《北京市"十三五"时期教育改革和发展规划（2016—2020年）》（以下简称《规划》）发布，学校迎来了第三个发展阶段。《规划》指出，到2020年，要基本建立符合首都实际的现代教育考试招生制度，形成分类考试、综合评价、多元录取的考试招生模式。北京市改革中考科目和分值，改革考试内容与形式，加大招生政策向高中资源比较短缺的区域和一般初中倾斜。2018年，北京市教育委员会发布《推进义务教育学校管理标准化建设实施方案》，该方案指出，到2020年全市义务教育学校全面达到教育部《义务教育学校管理标准》，以标准促规范、强内涵、提质量。完善义务教育学校管理标准体系，构建"政府依法履责、学校依法办学、社会有序参与"的义务教育治理体系，促进义务教育优质均衡发展，全面提升育人质量和办学品质，努力让每个孩子都能享有公平而有质量的教育，不断增强学生的实际获得感和群众对教育的满意度。

针对教学方式变革的需要，学校全面改变传统单一的教学方式，在课堂教学中倡导和推广多样化的教学方式，包括小组合作学习、项目式学习和探究式学习等方式，激发学生课堂学习的兴趣，提升学生的核心素养。针对考试评价改革的需要，学校将过程性评价与终结性评价相结合，丰富考试测评的手段，全方位测量学生的学业成就。在这样的发展态势下，学生有更多机会进入优质教育高中。近几年，优秀学生开始进入北京师范大学附属实验中学、北京一零一中学就读，同时，进入区域内优质高中学生入学率不断增加。与此同时，学校管理沿标准化方向前行，对学校管理模式、管理方法提出更高要求，学校从管理理念到管理模式逐渐发生改变，学校教育教学质量得到稳健提升。

三、学校教育教学改革面临的核心问题

（一）教学方式陈旧单一

在课堂教学中，大部分的教师方式陈旧单一，基本都采用传统的讲授式教学，满堂灌现象比较突出。在这种情况下，学生死记硬背、被动学习比较突出，学生的学习积极性不高，学习效率比较低。

（二）教师缺乏自主学习和自我提升的动力

学校教师普遍存在职业倦怠，工作积极性不高，在教育教学工作中普遍存在工作缺乏热情，方式方法陈旧落后等问题。学校教师在教育教学工作中缺乏自我提升的意识，缺乏学习动力。教师不提高自身水平，就无法适应教育发展和学生成长的需求，最终无法提升教育教学效果。

（三）学生缺乏学习动力和学习中的成就感

在学生的学习过程中，缺少积极情感的获得与体验，成就感和幸福感不足，导致学生缺乏学习动力，学习效果差。

四、学校教育教学的主要举措

（一）构建"五精"和谐高效课堂

课堂是教育教学改革的主阵地、主渠道，课堂教学质量是教育教学质量的主要保障。学校针对农村学校学生特点和学校发展现状，特别是课堂教学中存在的突出问题，构建了"五精"和谐高效课堂。"五精"和谐高效课堂源自教师课堂教学实践的实际工

作进程和主要环节，是学校对教师设计和实施课堂教学提升了规范、细致的要求。"五精"和谐高效课堂包括五个要点。

一是精通备课。重点抓教学目标设定。教师要严格对标课程标准，充分学习和借鉴其他教师的教学经验，科学制定教学目标，并用规范的学科教学语言表述教学目标，同时要聚焦教学目标设计教学内容、教学进程、教学方法和教学产出。学校倡导和践行"三次备课发法"，第一次是"有我"，自己看课本，根据自己理解的重点、难点设计教学过程；第二次是"有他"，网上学习，看参考书，向其他教师请教，博采众长改进自己的教学设计；第三次是"有人"，根据课堂教学的实际发展和学生学习的实际成效改进教学设计，边教边改，逐渐丰富完善。

二是精通上课。学校根据课堂教学流程和主要环节，提出"前测—展标—新授—练习—小结—检测"六步课堂教学法，规范课堂教学要求，完善课堂教学过程。同时，学校运用思维导图清晰呈现课堂内容结构，提升课堂教学整体性。在大力推进六步课堂教学法的同时，学校也注重学科教学差异和教师教学特点，强调六步课堂教学法既有常规模式，又无固定模式。学校通过专题培训、学科教研和教学经验分享交流等方式，促进六步课堂教学法的有效实施。通过校级引领课、市区级骨干教师示范课、教研组内研究课、新教师汇报课、全员评课等方式，扎实提升课堂教育实效。

三是精通辅导。根据学生学习起点和特点分层设计和有效实施课下学生学习辅导，课下学生学习辅导充分利用学习小组，强调因材施教、分层学习。学校提出给"吃不饱"的优秀学生一些"零食"，给"没吃好"的薄弱学生一些"副食"。

四是精通鼓舞。学校倡导教师在课堂学习和课下辅导中，想方设法引导学生自主思考、自主学习，根据学生特点和学习现状，采用不同的方法、策略激励学生积极投入学习，不断提升学习成效。

五是精通反思，倡导教师开展教学反思，积极反思、及时反思，随时撰写教学反思日记，把自己课堂教学的成功之处用文字固化下来，把失败之处、遗憾之处用行动修正过来。同时，针对自己课堂教学的实际情况，特别是存在的问题，及时开展有针对性的学习和研究，持续开展课堂教学改进的实践探索。

（二）推进"五常"德育工作法

根据农村学生特点和学校德育工作现状，学校提出"五常"德育工作法，以学生校园学习生活的关键之处、细微之处为抓手，及时跟进和教育指导，以小切口有效改进学校德育工作。

一是常观察。在每日常规教育教学实践中，教师常观察要关注以下九个要点：一是学生到校无缺位，二是校服整体无违规，三是仪表端庄无饰物，四是眼神清澈无异常，五是地面干净无杂物，六是设施完好无损伤，七是玻璃干净无污渍，八是桌面干净无乱放，九是整体氛围在学习。

二是常谈心。教师要经常跟学生谈心，教师常谈心要关注以下六个方面：一是了解学生家庭情况，二是了解学生身体情况，三是了解学生交往情况，四是了解学生思想情况，五是了解学生兴趣爱好，六是了解学生面临困难。

三是常引导。教师要常引导学生健康全面发展，教师常引导要关注以下八个方面：一是丰富学生的精神，二是积极乐观的态度，三是乐于助人的表现，四是关心集体的情怀，五是荣誉面前不骄傲，六是困难面前不低头，七是同学优越不嫉妒，八是他人困难伸援手。

四是常激励。在校园学习生活中，教师抓住学生身边发生的事情，激励学生不断发展自己。教师常激励要基于以下四个要点：一是班内事无大小，二是事事有标准，三是学生无好坏，四是人人有光芒。

五是常帮助。教师不仅要做好自己教育教学工作，而且要关注、重视帮助学生。教师常帮助要注意以下四个方面：一是心理问题要疏导，二是学习困难要帮扶，三是家庭因素要了解，四是所有困难要插手。

（三）优化教师教学能力提升培训

教师队伍建设是学校办学和教育教学改革的基础和保障。学校以教师教学能力提升培训为切入点，促进教师队伍建设。学校从两个方面着手优化教师培训。一方面，学校针对教师队伍现状，积极鼓励教师参与各级各类培训项目，从时间和管理制度上给予大力支持，培训是教师增强理论水平、提升教学实践能力的主要手段，因此学校积极支持教师，尤其是青年教师参与培训和学习。另一方面，学校着力强化教师的自我发展，强化教师自主学习意识，培养教师终生学习能力。

学校努力为教师持续学习和发展提供条件和资源。一方面，学校提供市区级教师培训机会，努力形成"学习型学校"；另一方面，提供交流分享机会，促进学校教师之间交流分享，形成学习共同体，提升教师的学习意识，为教师学习提供机会。除此之外，学校广泛利用在线学习平台，为教师提供慕课和专题讲座等在线学习资源和机会。

学校在切实开展教师培训活动开展的同时，不断强化教师的自我发展。教师自我发展的"加油站"在哪里呢？是教师之间的"分享"。学校通过经验介绍、主题论坛、沙龙等形式，让教师们以交流者或者专家的身份进行"分享"，可以使教师产生持续提高的动力。同时，教师通过分享，也学会用众人之力，促自我成长。另外，兴趣胜过所有道理。关心教师工作、生活的点点滴滴，做好服务者，多组织一些看似与教育教学"无关"的活动，是教师专业发展的"润滑剂"。

（四）开发多元校本课程体系

为了丰富学校的课程供给，完善学校课程建设体系，在扎实推进国家课程和地方课程的同时，学校立足学校所在地区的区域特点和文化传统，自主开发了系列校本课程。

比如，"京南明珠马驹桥"以校本课程为载体，培养学生热爱家乡、了解家乡、关心家乡发展的意识和情怀。"初中生心理健康教育"聚焦初中学生心理常见问题，促进学生身心健康发展，培养学生积极心理品质。该课程获得通州区精品课程二等奖，心理教师张颖华老师被评为"北京市骨干教师"。"枣园尚好"以枣为主题，使学生了解枣的用处，同时开发拓展课后服务活动，训练学生蒸制枣花馍。另外，学校通过这个课程从三个要点开展劳动教育：一是培养学生劳动能力，树立自食其力的思想，认识到劳动是一切社会财富的源泉；二是明确按劳分配是合乎正义的分配原则，不劳而获、少劳多得则可耻、不义；三是要发挥劳动的教育性价值，强调参加劳动促进个人健康成长，不愿劳动、不爱劳动则会阻碍个人全面发展。

（五）强化学生养成教育

养成教育就是培养学生良好行为习惯的教育。在小学阶段教育基础上，在初中学段强化养成教育对于初中学生的发展非常关键。

学校从两个视角强化学生的养成教育。一是学生发展视角。学校从学生的行为训练入手，综合多种教育的方式方法，全面培养和提高学生的知、情、意、行，强调知行统一，最终形成良好的行为习惯。二是校园生活视角。学校从环境卫生、文明礼仪、安全、学习等方面对学生进行行为习惯的养成教育，以培养学生良好习惯，树立良好校风，做到校风、校容、校纪有较大改观。各班在抓学生卫生习惯、文明礼仪、安全习惯、学习习惯的养成等方面有较大的进展，并以此建立养成教育的长效机制。

五、学校教育教学的成效与特色

（一）教师队伍快速成长

学校为教师专业发展提供了丰富的资料和积极的外部环境，教师们成长迅速，尤其是青年教师，更是加速成长。在各级各类比赛和展示活动中，学校成绩突出、表现良好。整体来看，教师们学习的积极性普遍提高，自我提升意识也普遍加强。

（二）课堂教学质量提升

随着教学方式的变革，课堂氛围逐渐活跃，学生的学习积极性也提高很多。除了传统的讲授式教学方式外，小组合作、探究式学习和项目式学习等多元化的教与学的方式走进了课堂，提升了课堂教学的质量。

六、学校后续发展思路与方向

（一）基于中国学生发展核心素养规划学校发展

学校基于中国学生核心素养开发教师培训指南，持续加强教师教育教学能力综合素养校本培训，主要关注四个方面：一是在教学方面，锻炼教师的课堂调节力，革新命题设计，依据核心素养构建教学内容，激发教学活力，促进互动交流，支持学生学习方式转变。二是在教育评价方面，要体现差异与共性兼顾、学业与素养并重，引导学生自评互评，从素养角度构建学生的行为及学习计划的有效评估，通过评价改革促进教师素养不断完善。三是在学科课程标准中贯彻核心素养的要求，充分发挥学科组、备课组的作用。四是在中国学生核心素养引领下开展教育教学改革，从知识中心转向素养中心。

（二）加强党建对教育教学改革的引领

面对学校办学实践中重业务轻党建、重形式轻质量、重理论轻实践、重宣传轻行动的实际问题，以及业务与党建"两张皮"、形式与质量"两张皮"、理论与实践"两张皮"、宣传与行动"两张皮"，加强党建对教育教学改革的引领。主要关注以下四个方面。

一是建立党建学习机制。其一，强调多样性学习。把学习文件、读报为主的方式与研讨、典型事迹演讲、观看电教片等多样性学习方式结合起来，使党建学习形式从单一走向多样。其二，强调动态性学习。采取走出去、请进来的做法，如组织党员参观红色文化、参加公益活动、现场观摩等动态方式，组织干部人才听讲座，请专家来为干部人才做学习辅导，使党建学习形式从静态走向动态。其三，强调互动性学习。在组织生活过程中，适当安排时间让党员集中讨论，通过轮流或自由发言，谈体会、谈感受、谈收获、谈打算，开展支部工作的交流活动或工作上的相互参观学习，让每个党员都能感受到自己是组织生活的主角，在互动中产生共鸣和同进，使党建学习形式从灌输走向互动。其四，强调开放性学习。开放的党建活动，党员不再局限于本人所属的党小组，可根据自身关注程度、兴趣爱好、工作便利等实际情况，自主选择参加任何党小组的组织生活，同时，适度向入党积极分子和党外群众开放，增强党组织生活的透明度，使党建学习形式从封闭走向开放。

二是建立党建运行机制。在党组织集中统一领导下，强调"融合"，解决机制问题。一是党政一起谋划，推动目标"融合"，用教育教学业绩来检验党建工作成效，把教育教学目标融入到党和国家整体战略的大局中。既要多出人才，出好人才，又要落实党和国家的教育方针。二是党政一起部署，推动责任"融合"，推动干部教师"一岗双责"落实，发挥干部示范引领作用、人才先锋模范带头作用，引导干部教师始终牢记学校是共产党领导的学校，始终牢记自己的第一身份是教师。三是党政一起落实，推动管理"融合"，通过"双向进入，交叉任职"的方式，议事、决策规则的订立，以及"三重一大"工作程序的规范，将"党对一切工作的领导"重大政治原则落到实处。四是党政一起检查，推动考核"融合"，围绕党建和教育教学"两促进"开展党建和业务检查。在考核评价上，做到党建考核中有业务，业务考核中有党建，把教育教学工作的难点作为党建工作的重点。

三是建立活动研判机制。通过党对干部教师所开展活动的管理来实现对干部教师队伍建设的管理。其一，突出"稳"字。学校内开展的所有活动都要经过审批立项，过程之中有监管，活动之后有评估。活动任务清单的第一项就是贯彻党的教育方针，完成立德树人根本任务。其二，抓住"准"字。所有活动开展之前都要书写计划书，统一模板，对活动政策理论依据、必要性、可行性、目的意义、预期效果进行详细阐述，对实施过程做出周密设计，对可能出现的特殊情况做出预案。其三，凸显"效"字。严格审批程序。全校性活动由支委会研究决定，年级性活动由年级党小组会研究决定，班级性活动由党小组长与班主任协商决定。其四，体现"实"字。监督实施过程，评估活动效果。对所有材料、观点进行把关监督，活动结束要进行总结，对预期效果进行评估，若没有达到预期效果，则要安排其他活动进行弥补。

集团办学，实现城乡一体化发展

——北京市第二中学通州分校教学改革个案研究

王凤鸣[1]

一、学校情况分析

北京市第二中学通州分校位于长安街延长线东端，美丽的京杭大运河畔，北京城市副中心核心区。学校建于 2006 年 8 月，是通州区引进的第一所市级"名校办分校"项目，最初设计为十二年一贯制学校；2012 年 8 月被北京市教委确立为首批"北京市城乡新区一体化建设学校"，转为一所完全中学；2016 年 4 月加入北京市第二中学（以下简称"北京二中"）教育集团，迈进集团化办学新阶段。

学校占地 79746 平方米，建筑面积 39700 平方米，建有初高中教学楼、艺体楼、餐厅、宿舍、室外活动场地等基础设施，实验室、小型电影放映厅和心理健康服务中心等各种教室功能齐全，校园网和 4G 录课系统等现代技术广泛应用。

学校现有 38 个教学班，1485 名学生，196 名教职工。其中高级教师 67 人，一级教师 51 人，特级教师 1 人，市骨干 6 人（含市骨干班主任 1 人），区骨干 33 人（含区青年骨干 15 人）。教职工平均年龄 41 岁。未来将达到 42~48 个班规模、1800~2000 名学生、200~220 名教职工。

学校认真落实立德树人根本任务，在北京二中"空气养人"这一总的办学理念的引领下，始终坚持"一切为了学生发展"的办学宗旨，积极践行"面向全体，尊重个体，共生共长"的办学理念，以"五个学会"（即学会做人、学会学习、学会生活、学会健体、学会创新）为育人目标，努力培养有健全人格与终生发展能力的人，是一所理念先进、硬件达标、作风务实、质量优良、特色鲜明、百姓认可的发展中学校。

---

[1] 王凤鸣：北京市第二中学通州分校书记。

二、学校教育教学改革历程

（一）2006—2012 年："名校办分校"阶段

教师是学校教育教学改革实践的直接承担者和实施者，是决定教育教学改革成败的关键。教师的专业发展是校长领导力实施的主要途径，更是学生全面发展的根本前提。学校以"学习型组织建设"为抓手，始终把师资培训作为重点工作之一，提升教师业务水平，以良好的师德风范和优秀的教育教学成绩赢得学生和家长的尊敬与信任。

2006 年 8 月建校之初，学校青年教师所占比例达 90% 以上，尤其是高中一线教师，以新毕业大学生为主。年轻、富有朝气、精力充沛、学科知识扎实是他们的优势，但教育教学经验不足，进取心强、发展愿望强烈，但缺乏专业引领和指导。如何有效、广泛、深入地开展校本研修活动，促进教师专业化发展，促进学校教育教学水平的提高，成为学校建校初期在实践中亟待解决的课题。为此，学校制定了"依托本校，博采众长"的师资培训策略，在加强与北京二中联系的同时，紧紧依靠区教师研修中心和兄弟学校的优质教师资源，并结合具体实际和发展需要，构建了以教科研处为核心，以教研组为单位，以教师为主体，各职能部门积极辅助、共同参与的"教科研修一体化"的校本研修机制，希望在学校校本研修制度的建设上寻找一条适合、有效的途径。

（二）2012—2016 年："城乡一体化"阶段

2012 年 8 月，学校被北京市教委确立为首批"北京市城乡新区一体化建设学校"。在探索"城乡新区一体化"办学模式下，面对"北京城市副中心"的崭新定位，如何激发不同层次教师自我效能，激发教师专业发展的主体意识，提升教师工作的有效性，满足社会对高质量教育的需求成为学校工作重点。为此，学校在教师培训、课程建设、有效课堂和课题研究四个方面进行了强化工作。

（三）2016 年至今："集团化办学"阶段

2016 年 4 月，北京二中教育集团成立，学校成为集团成员校之一。学校在教师评价、教学活动、学生活动、教材使用、集体备课、教学进度、检测分析等方面与集团完全接轨，保持一致。为进一步满足城市副中心对优质教育的更高需求，学校借助集团办学优势，锐意改革，积极进取，实现跨越式发展。

三、学校教育教学改革过程中的核心问题及其分析

（一）持续关注教师职业精神和专业素养的不断提升

教师是学校发展的第一资源，是人才培养的关键力量，只有高素质的教师才能培养出具有社会责任感、创新精神、实践能力，担当民族复兴大任的时代新人。教师职业精神与专业素养提升的过程，是教师经由职前培养、终身专业训练，不断习得教育专业知识与技能，逐步提升自身综合素质的过程，是从一名新手逐渐成长为具备专业知识、专业技能和专业素养的成熟教师并实现可持续专业发展的过程。建设高素质专业化创新型的教师队伍，是学校教育教学改革中始终关注的核心问题，加强入职培训和在职培养，也是学校发展各阶段工作重点。学校自建校伊始，在教师培训中就坚持全员、全过程、全方位的宗旨，通过课题引领、专家培训、同伴互助、影子跟岗等多样化方式，引导教师反思教学实践，在教学实践和反思中实现不断地成长。2006年8月学校落成时，高级职称教师仅11人，市级骨干教师、区级骨干教师、特级教师均无。经过十几年对教师专业化培养的持续关注，学校现有正高级教师1人，市级骨干教师5人，区骨干18人，区青年骨干15人，区骨干占一线教师人数22.4%。这些都是学校推动教育教学改革的中坚力量。

（二）优化评价机制，激发教师内生动力，实现教师共同发展

学校经过建校初期的发展，进一步明确学校要长远、持久发展，就必须优化教师队伍规模结构、知识结构和学历结构，激发不同层次教师自我效能感，由内而外促进教师专业发展。教师的自我效能感，是教师产生自主工作动机的内在原动力，直接影响着教师的自主成长。自我效能感较强的教师对工作常抱有积极的态度，具有较强的自我期望与胜任感，产生的往往是促进性的、适应性的工作动机。自我效能感越高，教师对自己所从事职业的认同感、情感依赖与投入也越高，能够取得满意的工作效果和成绩。为此，学校一方面通过建立有利于激发不同层次教师自我效能感的校本研修制度，激发教师专业发展的主体意识，提升教师工作的有效性；另一方面，探索建立以帮助教师改进教学为宗旨的发展性评价制度与以促进教师专业素质提高为宗旨的自我评价制度，科学地构建一套检测、监督和促进教师专业化发展的运行机制。

（三）加强学校课程顶层设计和特色建设，体现鲜明育人导向

学校在发展过程中，紧紧围绕立德树人这一根本任务，及时关注学生发展需求，不断调整和完善课程设计，形成由特色课程群支撑、具有学校特色文化基因的课程生态共生圈，并以课程为载体，促进学校特色文化的形成。

自 2007 年实施高中课程改革以来，学校开始探索以"学涯规划"教育引领校本课程建设工作，尝试通过校本课程的开设，满足学生多样化发展的需求，在实现办学目标的同时，逐渐形成学校文化和办学特色。学校根据学生问卷反馈情况，深入分析，综合学生自我需求，结合师资及学校硬件设备情况，着力构建生命教育课程等八大课程体系，满足学生学习的个性化需求及未来职业规划选择需求。学生通过"选课系统"自主选择感兴趣的校本课程，打破班级界限，实行"走班制"学习。学校在提供多样化校本课程的基础上，不断提高校本课程的质量，鼓励教师打破学科界限，围绕不同主题，形成主题课程，推动校本课程向精致化、特色化方向发展。在校本课程的实施中，丰富课程实施方式，给学生提供走进自然、走进社会的学习机会，实现学习与生产、生活实践的联系。2014 年，学校"自主选修课程与学涯规划教育研究"课题成功结题，标志着学校以学涯规划教育为主导，立足服务学生多元化发展，构建适合学生特点的学涯规划教育特色课程体系初步形成。

2017 年，教育部发布《普通高中课程方案和课程标准（2017 年版）》，体现了鲜明的育人导向，强化了学科的育人功能。学校秉承北京二中"空气养人"教育理念和"课比天大"教学理念，创建三类课程，即基础课程、拓展课程和发展课程。三类课程以"立德树人"为宗旨，以"培德·增智·育慧"为目标，旨在落实"五育并举"基本要求。"培德"重在明德，明德修身是根本；"增智"是由"知"到"智"，格物致知是发展；"育慧"是由"智"到"慧"，正心诚意、实践创新是目的。

（四）秉承以学生发展为本的理念，不断拓展学生多样化培养路径

人才培养模式多样化是关注人的全面而有个性发展的需要，是遵循教育规律和人才成长规律的重要体现。面对社会对多样化人才的发展需求，学校在发展中不断探索和实践多样化的培养路径，助力学生多路径成长需求。为此，学校通过集团内留学机制，为学有余力的学生搭建更高的学习平台。通过"翔翔计划"、K16 项目，为具有学科特长的学生创造与大师对话的机会。通过开设美术专班，为倾心于艺术追求的学生打通实现梦想的通道。依托社会资源，为学生多翼发展培育多彩土壤，让学生在实践体验中展现多样才智。

（五）以信息化建设为平台，提高学校办学效能，助力学校优质发展

学校作为一所新型的现代化学校，建校之初就将数字化办学、无疆校园作为学校的建设目标之一，并努力形成办学特色。围绕教育信息化工作，学校在软、硬件建设上，投入了大量的人力、物力，信息点位遍布教学区、活动区和生活区。学校不仅拥有一流的现代化教学设施，而且还有一支专业素质高、教育理念先进、信息技能强的优秀师资队伍和管理队伍。为了有效地整合并扩大优势，持续推进学校管理与教育教

学的改革和实践，提高办学质量与效益，体现学校数字化办学特色，学校一直借助市、区信息发展项目平台，坚持以学习为先导，以研究应用为核心，以实践—总结—反思—提高为策略的信息化工作思路，不断开拓创新，走出一条教育信息化特色发展之路。

四、学校教育教学的主要举措

经过十几年的探索与实践，学校教育教学等各项工作均得到实质性发展，这些举措成为学校发展的宝贵经验。

（一）积极推进合作办学实践

无论是建校伊始的"名校办分校"阶段，还是后来的"城乡一体化""集团化办学"和推进党组织领导的校长负责制等时期，北京二中通州分校在先进办学理念传承、管理效能优化、队伍建设提升、课程活动对接、学生发展培养、文化特色打造等方面都进行了有益的探索，为跨区域办学提供了宝贵经验。

（二）推行校园智慧管理实践

学校工作千头万绪，通过借助信息技术等现代手段来支持日常排课、考勤签到、高效课堂、命题组卷、成绩分析、学生评价、图书借阅、社团管理、课后服务管理、用餐管理、健康管理、安全管理等工作，既节省了人力、物力，也提高了工作效率，成为学校实施综合治理，建设智慧型校园的可靠保障。

（三）坚持全面育人，促进学生个性化发展

学校坚持全面育人，通过丰富的课程、丰实的活动、丰厚的文化让学生得到全过程、全方位的滋养。在学好文化课的基础上，学校鼓励学生多元发展。学校目前建有羽毛球队、篮球队、足球队、花样跳绳、跆拳道等七个学生体育团队，管乐团、合唱团、舞蹈队、话剧社、书法社、绘画社等八个学生艺术团队，东风机器人竞技社团、追星天文社、化学探秘社等九个学生科技社团，并定期举办运动会、体育节、艺术节、科技节、读书节、朗诵比赛、演讲比赛、歌咏比赛、模拟政协、"迈入青春门"仪式、毕业季和五四表彰等活动，旨在给学生搭建张扬个性、展示才华的广阔舞台，真正实现全面、快乐、健康成长。

（四）积极推动区域教育优化提升

学校连年增班，从建校之初学生只有几百人发展到现在近 1500 人。学校初中部几乎接收了附近两所规模较大小学（芙蓉小学和北京小学通州分校）的所有京籍毕业生和部分非京籍毕业生，中考连续十年受到表彰，绝大多数学生能升入高中阶段继续学

习。高中部主要面向全区招生,生源虽然日益多元化,但基本保持90%以上的学生能圆大学梦。

五、学校教育教学的成效

学校积极推进合作办学实践,使之成为一所跨区域办学先行校。学校推行智慧校园管理实践,使之成为一所注重技术融合应用示范校。学校坚持全面育人,促进学生个性化发展,使之成为一所追求全面育人品质校。学校积极推动区域教育优化升级,使之成为一所扩大优质资源供给校。

十几年来,学校先后获得北京市普通高中课程改革实验市级样本校、北京市普通高中新课程新教材实施(通州)示范区基地校、北京市中小学教育教学资源建设与应用先进学校、北京市中小学教师校本培训示范学校、北京市教育信息化融合应用示范基地、北京市体育项目传统校、北京市中小学科技教育示范学校、北京市健康促进校(五星)、北京市节约型示范学校、全国青少年校园足球特色学校、全国青少年校园篮球特色学校、首都市民学习品牌友善用脑首批实践基地、首都文明单位等荣誉。

六、学校教育教学的特色与经验

学校在发展过程中,坚持"依托名校,博采众长,超长发展"办学策略,以"追求卓越,崇尚一流,拒绝平庸"为工作标准,借助信息化平台,围绕课程、课题、课堂三大途径,致力于教师的专业化发展,致力于育人水平的实际提升,积极推进教育教学改革,全面实施素质教育,走出了一条跨区域办学特色之路。

(一)校本培训务实高效

学校把校本培训作为学校发展的重要策略,写入了学校的发展规划。同时学校确定了校本培训的基本指导思想:营造有利于全体教师终身学习和可持续发展的良好环境,切实落实"培训即福利"和"培训即服务"的思想,提供充足的经费和制度保障,实现通过校本培训来培养研究型、专家型的教师队伍。

学校坚持"任务驱动"为主的培训策略,培训内容确定为教与学的定位、师生关系、教学策略等。学校自主构建的"2-4-1"校本培训模式如下。

"2"指两个专家主导的专题培训项目,包括:(1)友善用脑专题培训。学校与北京市学习科学学会友善用脑课题组部分专家开展了为期两轮的友善用脑项目培训。(2)课堂教学改革专题培训。学校同北京二中、首都师范大学、北京教育学院等专业团队合作,聘请市级专家、市级学科带头人和市骨干为主体的专家团队,全面指导课堂教学改革。

"4"指四个学校主导培训项目,具体包括:(1)课程建设培训项目。这个项目包括国家课程的校本化实施项目和校本课程研发两个子项目。(2)骨干教师队伍培训项目。运用公开课和展示课活动,进行研讨,促进教师课堂教学改革,并为教师发展提供平台。(3)技能提升培训项目。结合市区级项目,开展教师教育教学技能培训,提升教师教育教学技能。(4)课题研究培训。每学期制定教师课题研究培训项目,充分利用校本培训资源库和自身教师优势,开展课题研究培训。

"1"指菜单式自选微型培训。这是学科教研组和班主任自我主导的培训项目。各学科教研组和年级班主任团队按照各自的需求上报培训项目,培训负责人按照培训需求安排培训内容和形式,并组织实施。

(二)课程建设高位引领

学校的课程结构以学科统整为方向,以致广大而尽精微为发展目标,共开设三类课程,即基础课程、拓展课程和发展课程(见下表)。

学校课程体系

课程类型	课程内容
基础课程	1. 人文与社会领域　2. 科学与技术领域　3. 艺术与审美领域　4. 身心与健康领域　5. 综合实践领域
拓展课程	1. 学科思维训练课程　2. 学科整合课程　3. 职业体验课程　4. 劳动体验课程
发展课程	1. 羽毛球课程　2. 艺术课程　3. 机器人课程　4. K16 课程　5. 博物馆课程

学校课程在三类课程框架下,四条主线——"德育—学涯—实践"课程、"学科—实践—创意"课程、"古都—古城—古运河"研学课程、"艺术—体育—科技"课程相辅相成,形成课程内容体系。

基础课程:在开足开齐国家课程的基础上,整合国家课程为人文与社会、科学与技术、艺术与审美、身心与健康、综合实践五个领域,加强基础知识融通、内容衔接整合,让学生全面发展,落实国家教育的基本任务,为所有学生打下学校育人目标——"五个学会"的共同基础。基础课程重在"四基",即基础知识、基本技能、基本学科思维和基本品性的生长。进行学科间整合,如整合政治、语文、英语、历史、地理五个学科为人文与社会领域,整合数学、物理、化学、生物、技术五个学科为科学与技术领域。领域内学科间凝练学科教学目标,增加学科实践和综合实践,整合课程,学科内整合教学内容,缩减课时,保障了拓展课程和发展课程的学习时长,促进发展。

拓展课程:面向全体学生的个性发展,在基础课程的基础上拓展学生的学科能力和素养,以满足学生个性化发展需要。拓展课程是基础课程的拓展,从学情需要出发,旨在满足学生的兴趣和个性的发展，是基于学生学习基础、学习能力、学习兴趣、个性发展等差异上的拓展。在学生课程学习的菜单上突出选择性，关注差异发展，差的补、优的培，兴趣发展，特长突出。各学科根据学科核心素养和学生学习力的培养，依据学校的课程体系开发学科课程群，旨在拓宽学科和深挖学科育人内涵。

发展课程：目标是面向有潜质学生的专业发展，培养学生创意、创新、创造、创作的创造性思维。针对艺术特长的学生，设置管弦乐、艺术、戏剧等课程；针对体育特长的学生，设置羽毛球、篮球、田径等课程。机器人课程是学校致力打造的特色课程，其以"社团"为组织形式，教学硬件资源包含能力风暴、乐高、鲸鱼等机器人套材，能够满足学生动手搭建及编程创新的需求。教学内容资源为学校专职机器人课程教师设计，经过多年实践，贴合当前学生认知水平，能够发挥激发学生主观能动性、培养学生创新精神的效果。

（三）教育科研深入人心

学校教育科研坚持"两个致力于"：一是致力于教师反思力提升的科研。教育科研的目的是培养"智慧"教师，纷繁的工作头绪很容易让教师陷入"程式化"，"程式化"的教育生态很难让教师找到"做课题"的乐趣，因为教师已经对很多教育问题都感到"麻木"了，"没问题的教育"致使教师失去了提升教育智慧的机会。教育科研要培养教师发现问题的"眼睛"，提升"多角度"分析问题的能力，培育"反思"的教育文化，最后通过课题引领教师成为"智慧"教师。北京二中通州分校的科研一直致力于教师"反思力"的培育，把每次的集体备课、教研活动、年级培训作为"研究"的起点，把一个个"小问题"积累成大问题，把大问题转化成课题。

二是致力于"关键问题解决"的科研。新课程实施以来，重大变化之一是教学组织形式的变化，行政班和教学班平行存在。一直以来，稳定的"行政班"建制是学校培养学生集体意识、精神和团队合作能力的自然组织单位，是培养学生归属感的重要载体。如何平衡个性和集体的关系是教育的重要命题，同时也挑战教育智慧。学校以此问题为课题，通过深入研究，多方学习，确定了"定2走1"的模式。该模式以"行政班"为主体，兼顾学科班，既满足学校教师配置、进修等条件限制，又能确保学生利益的最大化。

七、后续改革思路与方向

（一）坚持立德树人，进一步探索初高中一体化育人新模式

一是整合学校目前已有的德育活动，结合新时代育人要求，进一步开发完善学校德育课程，打造学校育人特色。

二是以健全生命、完满精神和社会担当为总体思路和价值导向，建立健全学生习惯养成培养方案。依托通州区教师研修中心学生学习心理研究中心资源，研究制定学科学习习惯养成细则与学科学习策略指导。

三是以"奠定学生发展基础，促进学生健康成长"为理念，在学校教育教学整体框架下，整合学校现有的心理健康教育课程、主题教育活动资源，加强生涯规划师资培训，成立学校心理中心，建立科学量表，对全体学生进行心理健康筛查，建立特殊学生专属心理档案。

四是建立完善学校艺体生培养的方案。针对学校羽毛球、足球、舞蹈、合唱、书画社等团队，制定专项培养方案，主要涉及学生培养规划、教练职责和行为细则、具体训练安排和管理制度等。

五是依托社会大课堂资源，搭建实践育人体系。组织学生开展学军学农，志愿服务活动；依托通州区教委"政协委员进校园"项目，积极开展模拟政协活动；尝试管理创新，建立年级、班级、学科一体化实践育人管理体系。

六是凝聚家、校、社育人合力，加强家庭教育指导。依托区研修中心家庭教育中心，借助"名师成长大课堂"平台，进一步丰富北京二中通州分校家长学校活动，强化家庭教育指导。

（二）坚持课程育人，进一步探索新课程建设与实施的新途径

一是以优势学科为引领，采用"学科+"的模式，实现特色学科建设，主要包括学科＋高校平台、学科＋微型实验室、学科＋创新实验室、学科＋实践活动、学科＋项目平台、学科＋教育技术、学科带头人＋学术团队等，不断提高学科育人品质。

二是在国家大课程架构下，加强校本课程建设，给学生发展提供多样化的选择机会，在实现学生个性发展需求的同时，凸显学校课程育人特色。统筹初高中通用技术、信息技术、劳动技术、综合实践等学科内容和课时，以提高创新思维、提升动手能力为目标，以任务式、项目式教学活动为主体，参考大学相关学科内容，研发适合高中学生年龄特点的校本课程。

三是开发优质社会资源，寻求与高校合作机会，不断拓展学生培养路径，为学生搭建多样化的成长平台。以"双百"示范行动项目为抓手，整合现有初中劳动技术、信息技术和高中信息技术、通用技术以及有兴趣的教师，组建校内教师团队，与清华大学等高校达成合作框架，输入部分专家教师资源。通过与大学专家教师交流，提升教师团队综合能力。选拔综合素质优秀或基础学科拔尖的学生，到大学实验室与大学教授共同进行项目研究和实践。同时，积极发挥智能制造辐射工作，智能制造中心对"手拉手"合作校有计划地开放，让更多的学生和教师享受优质资源。

四是关注教育政策，抓住机遇，设计全链条人才培养方案，探索"理念引领、整

体设计、制度保证、开放共享"的全链条人才协同培养模式，打开卓越创新人才培养通道。

五是将大数据和不断发展的智能信息技术嵌入教学全过程，实现技术与教学的深度融合，探索因材施教、个性化学习的新型教学方式。

（三）坚持评价育人，进一步探索激励师生成长的新方式

一是完善学生综合评价体系，加强学习发展反馈指导。发挥评价育人功能和导向作用，注重初高中育人体系的贯通衔接，把学生综合素质评价作为发展素质教育、转变育人方式的重要载体；依托市区教科研院所资源，完善学生综合素质评价方案，将劳动教育等内容及时纳入学校学生综合素质评价体系。

二是引领和带动优秀教师群体的成长，培养和锻炼一支师德修养高、教育理念新、教学能力强、教育科研意识与实践能力强的教师队伍，为学校科学、持续、和谐、优质发展提供强有力的人才和智力支持。学校将继续推进"班主任心理教育学识与技能塑造和应用"等项目，以此提升教师自我状态调试、心理关怀和教育教学等方面技能。继续聚焦课堂教学效率提升，坚持开展学校"青蓝杯"和"红烛杯"课堂教学竞赛，以课堂为主战场，提升学校教学质量。通过课堂教学竞赛，以赛代练，以赛代培，不断提升教师专业水平。对涌现出的优秀教师适时调整进学校名师工作室，充分发挥所有名优教师和骨干教师示范引领作用，打造名师教师团队。

第四部分　密云区

立足课程建设，打造求真教育品牌

——北京市密云区太师屯镇中心小学教育教学改革个案研究

张玉静　郭春梅　张　永[1]

一、学校基本情况分析

北京市密云区太师屯镇中心小学位于密云区北部山区，是一所山区农村寄宿制学校。学校由中心小学本部、东庄禾小学（辖第二幼儿园）、桑园小学（辖第三幼儿园）、第一幼儿园、第四幼儿园共五个部门组成。三所小学共 36 个教学班，773 名学生，其中，中心小学、东庄禾小学是完全小学，属于学校寄宿，共有寄宿生 500 余人。幼儿班级 15 个，在校幼儿 350 人。全校共有在岗教职工 175 人，北京市市级学科带头人及骨干教师 5 人，小学区级骨干教师 11 人，幼儿园区级骨干教师 3 人，小学及幼儿校级骨干 17 人。

近几年，随着基础教育改革的深度推进，学校的教育教学工作有了很大的发展。学校重视课程建设，学校的课程立足农村寄宿制学校特点，本着"对学生的意义""五育融合"的思路，教给学生学习生存的本领，获得生活的智慧，体验生命的意义和尊严。重视课程建设的同时，教师专业素质不断发展，学生质量明显提升，社会满意度逐年提高，正逐步朝着品牌化的北京市山区寄宿小学的发展目标迈进。学校顺应时代发展的要求，结合自身实际，提出了"求真教育"，即：做人求正，尚信尚忠；做事求真，尚实尚勇的办学理念，走以教师发展促进学生发展、以师生共同发展促进学校发展的办学之路，追求建设"健康、和谐、进步、优质"的山区农村寄宿小学目标。

二、学校落实基础教育改革要解决的核心问题

教育要为人的成长、发展服务。学校如何为学生的发展服务，怎样促进学生的发

---

[1]　张玉静：北京教育学院思想政治教育与德育学院副教授、博士；郭春梅：北京市密云区太师屯中心小学校长；张永：北京市密云区太师屯中心小学副校长。

展？这就需要一种"中介物"，它是学校真正的产品。因此，课程作为学校提供的产品，要为学生学习服务，应该基于学生的学习需要、立足学生的学习可能、遵循学生的学习规律、服务学生的学习进步。作为一所农村寄宿制学校，在新课程改革、教育信息化推进的过程中，取得了相对令人满意的成绩。但是随着时代的进步，学校课程建设也面临着一些新的问题和挑战。

（一）学校课程建设缺少整体细致的规划

学校的课程规划对课程实施目标、学校发展目标、学科建设目标、教师与学生生涯发展目标等还需要进一步明确整体规划，对如何依据农村寄宿制学校实际实现国家课程校本化、如何依据学生需求和学校实际能力开发并实施行之有效的校本课程、如何科学制定科学的学校课程实施方案缺乏认识和科学的指导。

（二）学校课程建设没有依据自身区域特点去建设

太师屯镇中心小学是一所远郊农村寄宿制学校。学校 80% 以上的学生都生活在山区，并且一校多址。学校的课程建设在如何结合学校自身的区域特点设计课程、凸显区域优势、凸显区域文化方面思考较少。

（三）学校课程建设与实施的教师队伍亟待提升

在学校发展的过程中，在学校三级课程的建设与实施过程中，影响最大的一个因素就是人的因素，教师队伍的整体情况影响了学校课程建设与实施的进程：一是教师的专业发展水平与教育教学改革的需求不相适应，现实教学中仍存在一些问题。一部分教师在工作中不能处理好新旧教育思想、新旧教学方法的矛盾。教师的教学效率偏低，还在用时间来换取质量的提升。相当一部分教师在课堂教学上"穿新鞋走老路"，拿着新课标，喊着新理念，却依然用着老教法，换汤不换药。变了样的满堂灌、填鸭式、照本宣科，以及不考虑学生的切实感受等现象在教学中依然存在，学生依然是被动学习。二是教师在教育教学改革的实践过程中自我发展动力不足。作为一所远郊区的农村寄宿制学校，从空间上来说，距离市区较远，获取资源困难，区域内的资源相对不是很方便。教师展示、交流的机会相对较少，获取优质资源的途径较单一，致使工作中面临的实际问题和困难不能得到很好地解决。同时，教师渴望展示自己和外界对自身工作的认同，能够在较大规模平台上交流的机会较少，这些都造成了部分教师自我发展动力的不足。三是教师自我认知的角色没有跟上时代的要求。部分教师在工作中还停留在一本教参、一本书、一种方法教到老的状态，在工作中缺乏思考，主观对于教学方法的思考、课程建设的意识不足，更谈不上有创新。

三、学校改革发展的基本思路与主要阶段

（一）基本思路

作为一所农村寄宿制学校，太师屯镇中心小学要想发展形成自己的特色，继而成为一所品牌化的学校，除了要依托国家级和上级部门的改革政策与有力领导，学校自身的内涵发展更为重要。因此，学校以课程建设为重要切入点，全面带动教师队伍建设和教育教学质量提升。

1. 以课程顶层设计和体系建设撬动学校的整体发展

学校的课程就是学校组织成员为学习者发展而创设的学习（生活）环境和学习活动。"课"指课业，是学校提供给学生的学习内容；"程"指进程，是学生学习、经历、体验、获得和改变的过程，没有经历、没有过程，课程就没办法实现。因此，学校应该进行课程顶层设计，建立适合学校发展的课程体系，给学生提供更优质、可选择的课程"产品"，以此来撬动学校的整体发展。通过优质的课程，教师教会学生学习，教给学生生存的本领、生活的智慧，让学生领悟生命的意义。

2. 以教师发展促进学生发展和学校发展

学校的发展终归要看教师和学生的发展，而学生发展的根本是教师的发展。教师是一个学校永恒的资源。如果每个教师的事业心、责任心很强，都能尽心尽力地工作，这个学校自然就会更好地发展。得人才者，得天下。没有一流的教师，就没有一流的教育。挖教师，不如去培养教师。提升教师队伍的整体建设是学校工作中的重中之重。

（二）主要阶段

第一阶段：初步构建"求真教育"文化体系

学校文化体系是课程建设的重要源头，也是学校标准化的过程，目的就是完善学校管理机制，丰富学校文化内涵，促使全体教师认同"求真教育"的文化体系，形成共同的愿景。

第二阶段：建立适合学校发展的课程体系

太师屯镇中心小学倡导"求真教育"理念，力求将学校办成学生思想起步的地方，办成影响学生终身成长的地方，办成一个充满智慧的地方、一个促进学生精神成长的地方。如何结合农村寄宿制学校的特点，完善课程体系建设，形成适合学校发展的课程体系是学校的首要任务。

第三阶段：形成学校"求真教育"品牌

太师屯镇中心小学地处美丽的密云水库北岸，卧佛山下，清水河畔，地域美丽的生态自然景观滋润了学校。依据地域的特色优势，以"课程建设，求真教育"为抓手，初步形成了"求真教育"的品牌，成为京郊农村寄宿制学校的一面旗帜。

四、学校改革发展的主要举措

（一）设计"求真"课程体系

推进学校课程建设，必须明确好学生需要什么、学校能做什么和如何做好等问题。在"求真教育"理念的指导下，学校设计出了独具特色的"求真"课程体系（见下图）。

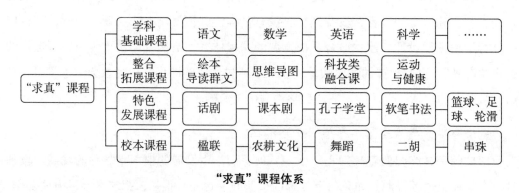

"求真"课程体系

（二）学科课程层级化

学校领导与学科教师有学科整体视野和学科规划，实现了学科内深度融合。通过三年一体化的学科规划，整合每个学科的目标、内容、评价及资源，实现学科课程体系的科学构建和学科教师的专业发展。同时依据学生的水平和考试选择，实现目标、内容的分层分级，实现学科课程层级化。

语文学科落实两个课题的研究。"预习与课堂教学整合"方案阐述了学生初次预习如何与第一课时整合，二次预习如何与第二课时整合的教学思路。实施中要求学生学习一篇课文要依据已有的经验，按照一定的方法，本着具体的任务和目标，先行系统学习、思考、反思。课堂教学中教师要依据学生现状有目的地提升。"作文教学七步走"方案逐步要求所有语文教师要掌握方法，有"法"进行作文教学。

数学学科以《数学质量保障方案》指导数学教学工作，抓好学生课前准备、课堂练习、课后辅导环节，落实教学过程，同时抓好教师研课、上课及课下学习环节，不断提升自身素质。

强化英语学科教学的研究，要注重一些基本知识的教学。同时，教师仍要下功夫研究学生的"学"，在学生学习的态度、学习的方法上着重研究，让学生感受到学习英语的乐趣。

科学学科首先解决的是科学课怎么上的问题。教师在课堂教学中首先要按照"了解现象—猜想—验证—得出结论"这个循环往复的过程进行；其次要注重科学知识的积累；最后要注重学生参与科学探索过程的始终，要在参与中掌握知识、形成能力。

道德与法治课程要注重学生知识的积累，注重学生对现象的分析、判断、总结、归纳；要尝试依托社会学科教材，提高学生的社会思考力；要与当前时事整合起来。

音乐及美术学科在课堂教学的基础上，要努力营造一种艺术氛围，使学生喜欢音乐、喜欢美术，注重培养有艺术天分的学生，使其潜能得到很好的发展。

劳技课仍旧以串珠为主，在培养学生技能素养的基础上，培养学生的研究意识，同时积极打造学校串珠文化的学科特色。

信息技术及综合实践学科注重学生自己的研究意识和自我发现能力的培养，同时关注学生的基本技能，培养审美意识、创新意识。

体育学科通过课堂教学，培养学生基本的体育技能，如球类、竞技类、艺术类等。关注学生的体质水平，使体质达标，达到国家规定标准。要利用周边消防队资源，抓实学生军体操、队列及跑步工作，树立积极向上的校园风尚。

（三）校本课程特色化

学校依据学生兴趣、选拔需求及学校教师的课程开发与建设的实践能力，开设"课程超市"，建设校本化课程。学生依据自己的兴趣爱好和特长，实现课程建设的特色化，构建适合学生个性发展的课程体系。

除此之外，太师屯镇中心小学的美术教师借助学校优势，积极进行跨学科探究。同时，学校把求真尚美渗透到各个学科，以美育为切入点，研究其他学科课程与"尚美"教育的契合点，把"尚美"渗入到各个学科，来提升各学科的教学效果，引导学生发现美、运用美。学校建立多样化的"尚美"课程，开设多样的美术活动，如水墨画、纸浮雕、油彩画等一系列的美术活动。

学校开设的美术相关社团也在逐年增加。目前开设的社团除了由两位专职美术教师担任的水墨画和儿童画社团外，还有由学校兼职美术教师和外聘兼职美术教师担任的串珠、电脑绘画、摄影、剪纸等社团，以此来激发并发展学生的想象力、创造力、观察力、专注力、自信心及自我表达能力。

（四）综合实践课程区域化

2015年暑期，太师屯镇中心小学研究决定，在国家课程之外，开发以"寻梦农耕文化，醉美学校田园"为主题的综合实践课程，目的是认识、探究农具并亲自参与适当的田间实践，观摩现代农业基地，让学生体验农耕、感受农耕。

"寻梦农耕文化，醉美学校田园"的农耕文化综合实践课程隶属于校本课程。由校长任组长，课程规划小组分工清晰、任务明确，以确保课程的落实（见下图）。

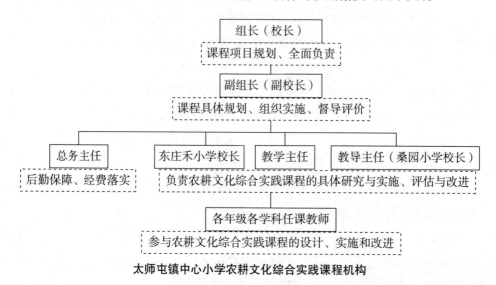

太师屯镇中心小学农耕文化综合实践课程机构

根据太师屯镇中心小学课程参与教师对中国农耕文化的理解，结合学校实际情况以及学生生活经验等，学校的"寻梦农耕文化，醉美学校田园"的农耕文化综合实践课程分为五个部分：

（1）农具的历史。以农具为线索，从认识农具（感知）、农具中的故事（文化）、农具的用途（智慧）、模型制作（科学）、生产劳动（实践）五个方面进行课程设计，以此体验农具中蕴含的智慧和科技因素，感受中华民族农耕文化的力量。

（2）农作物种植与二十四节气。以农耕为线索（仅限当地农耕），以农作物种植为载体，了解农作物的生长与土质、水分、肥料等，与二十四节气的联系，进一步提升学生的科技素养，感受劳动人民的智慧。

（3）现代农业技术。通过外出观摩现代农业基地，畅享未来农业等活动，开阔学生视野，增长学生的现代农业种植知识，激发学生学习现代科技的兴趣。

（4）趣味农耕运动会。通过农耕与体育的整合，不仅锻炼了学生的身体，更让他们懂得劳动人民的智慧是从实践中获得的，劳动中蕴含着无穷的乐趣。

（5）收获与品尝。学生通过亲自采摘、收割与品尝，感悟到只有付出辛勤的劳动才会有丰硕的成果，更加懂得"粒粒皆辛苦"的道理。（见下页图）

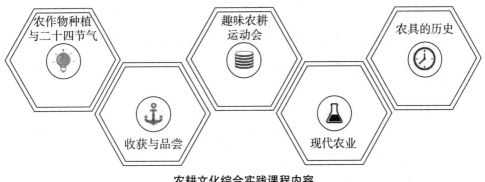

农耕文化综合实践课程内容

五、学校改革发展的主要成效

（一）"寻梦农耕文化，醉美学校田园"成为区域特色课程品牌

太师屯镇中心小学的"寻梦农耕文化，醉美学校田园"农耕文化综合实践课程开展后，学生在相关活动中开阔了视野、锻炼了各种能力，身心均得到了发展，为今后学习和发展打下了坚实的基础。2017 年 12 月，农耕文化综合实践课程获得北京市基础教育课程建设优秀成果一等奖，并在 2019 年 6 月密云区教委表彰会上做经验介绍。

两所完全小学的教师按照年级、学科进行课程实践，用 2~3 年时间使课程趋于成熟，并编写校本教材。学生在实践体验中动脑、动手、动情。实践活动贴近学生、贴近生活、贴近社会，趣味生动、充满生活气息，给予学生丰富的情感体验，真切感悟新农村生活，感恩自然、感恩师长、感恩社会，激发学生热爱家乡、热爱祖国、热爱社会主义的真挚情怀，强化了集体观念和团队意识，培养了协作精神。

（二）"守护天鹅"生态课程成为行走的思政课

密云区于 2019 年出台了《密云教育现代化 2035》《加快推进密云教育现代化实施方案（2019—2022 年）》《关于加强和改进新时代德育工作的指导意见》《关于强化学校体育促进学生身心健康全面发展的实施意见》《关于深化新时代教师队伍建设改革的实施意见》《进一步加强名校、名校长、名师建设的实施意见》等六大文件，为密云区推进教育现代化提供坚强制度保障。明确到 2035 年，密云将建成生态文明教育典范之区、思政课建设典范之区、义务教育优质均衡发展典范之区、优秀教育工作者培育典范之区以及学校特色建设典范之区，最终实现密云教育现代化水平走在全市前列的目标。

在这样的教育背景下，太师屯镇中心小学依据学校地域特色，为保护密云水库，开展了生动且具有实效的生态文明教育课程。学校在开展生态文明教育过程中，将"天鹅"元素融入社团与课堂。此外，还开展"我给父母讲环保"活动，成立"生态使者"团，走进社区，走进村镇政府、集市、公园等公共场所进行生态文明宣传。

守护天鹅的过程中，学生们制作的纪录片获得科学影像节北京市一等奖，在北京市展播。2019年10月参与清水河测量的学生还远赴湖南长沙参加全国现场科技大赛，获得全国二等奖，并在全国平台展播；同年，学生参加第九届北京国际电影节青少年科学影像单元暨首届北京国际青少年科学影像展评展映活动，获得一等奖和最佳导演专项奖。太师屯镇中心小学保水护水小队开展的"守卫野生白天鹅，保护家乡河流——清水河流域湿地环境调查及水质检测科技实践活动"获得第三十四届全国青少年科技创新大赛青少年科技实践活动比赛全国三等奖。

（三）"阶梯式"人才队伍逐步形成

在课程建设与实施过程中，学校教师的专业成长和教育研究能力都有了显著的提高。学校不怕教师成长慢，就怕教师不进步、不成长，通过评价不断肯定教师的努力和进步，合理评价教师的科学劳动和道德良心。通过动态、过程、变化、发展、生成的眼光来看待教师，注重分析教师的专业成长轨迹和能力提升前景，注重对教师工作的反馈，让更多的教师感受自我实现和发展的过程，达成更好的教育教学质量。截至现在，学校具有正高级教师1人，市级学科带头人3名（全区6名），市级骨干教师、班主任2人，区级骨干教师11名。教师队伍的不断提升也促使学校的教学质量不断攀升，成为京郊农村寄宿制学校的一面旗帜。

六、学校改革发展的主要经验

（一）加强教师队伍建设，为课程改革提供专业人力基础

2016年初，北京市政府办公厅印发了《北京市乡村教师支持计划（2015—2020年）实施办法》，其实施对于学校的发展无疑起到了巨大的推动作用。太师屯镇中心小学这所京郊东北部最大的农村寄宿制小学也成了该实施方案最大的受益者。以此为契机，学校的教师队伍建设获得了突破性进展。之后，学校着重进行了教师团队文化建设的实践探索。首先，为充分调动教师的发展动力和积极性，依据马斯洛需要层次理论，建立了一套良性的管理机制，逐步实现教师绩效工资的合理分配，工作环境的最优化建设，建立健全教师体检制度、评优、评职、评先制度等。同时，强化干部的服务意识，为教师的发展创造机会、搭建平台，努力创设和谐的干群关系。其次，把倡导的"求真"文化理念融入到常规的管理工作中，关注细节，不断增强教职工的使命感、责任感。各部门一方面通过开展系列以"求真"理念为基础的活动，强化教职工的团队意识，强化干部、党员、骨干教师的带头作用，另一方面依托师德评价手册的实施，彰显先进的师德风尚，弘扬先进教职工的事迹。同时，以"求真教育"办学理

念为指导，把理念渗透到常规管理的各个环节之中，反之，各个活动及常规管理的各个过程又促进了"求真"文化的形成。第三，为促进教师发展，学校为教师专业成长不遗余力地搭建平台，广泛联系市区专家指导，让更多的教师得到发展的机会；与市里的名校景泰小学及区域内密云区第三小学建立"手拉手"关系，通过异地上课、互动研究等形式促进教师发展；与河北滦平县第二小学建立"手拉手"的联系，给更多教师创造锻炼的机会。政府及学校每年拿出20万元用于教师专业发展建设。在各学科及校本课程学科中，努力打造出一批名教师，为"塔尖"位置的教师成长创造更多的发展机会。学校启动了教师发展的"造血"功能，利用本校教师彼此带动，促进学校整体教师队伍建设的提升。

（二）推动学习型组织建设，为课程改革提供组织保障

创建学习型学校，构建校园学习型组织是学校管理模式变革的必然选择，是学校发展的内在需要。这种组织形式实现了管理扁平化。一方面，教师积极参与到学校的建设和决策中来，学校所有教职工形成了共同的愿景；另一方面，学校领导直接和教师面对面，亲身示范，作为学习的示范者、组织者和促进者，激发全体教职工的工作热情和创造力，促进了教师的专业发展，提升了教师的专业素质，从而也促进了学生质量的发展，师生的共同发展促进学校的发展和整体工作的向前推进。教师的学习力、研究力得到提升，形成了一个学习型团队。学习型团队的文化就是以人为核心，通过干部、教师的发展促进学生的发展，促进学校的整体工作推进。

七、学校未来改革发展的思考与展望

（一）进一步规划和设计学校课程

1. 抓实、抓牢国家课程的校本化实施

数学课程、科学课程从规定性知识、规律性知识两方面的特点进行教学，增加规律性知识的实践探究时间，加强指导。备课中标注出思维培养要点，设计好突破的具体措施。数学、科学类课程突出几个关键词：强化实践、问题意识、创新意识、思维素养。语文、英语、道德与法治等人文性的课程，要"宽"起来，要以点带面。成语故事、古诗词积累、楹联欣赏与仿写不能丢，群文阅读和绘本阅读更要广泛涉猎。

根据"双减"政策落地落实的要求，学校要充分利用课后服务时间，积极开展丰富多彩的综合素质拓展类活动，全面提升学生的综合素质。其中，组织开展体育锻炼和艺术类活动非常重要。学校着力抓好体育、美育两项基本活动，抓实艺术、体育类课程，基于农村学校的特点，保证规范。体育课从韵律与健美、球类与生活、体质与

健康三大板块的教学，让学生学一些体育技能性知识，要与课外活动整合起来。美术、音乐类美育课程要加强本学科内的整合，让学生在课堂教学中有更多的实际获得。利用学校新引进的舞蹈教师，让民族舞走进农村学校，让校园舞动起来。

2.加强综合课程区域化实践与课内的结合

学校每一个教师心中都会有一幅最美的乡村画卷——清水河畔，美丽的天鹅自由自在的嬉戏，学生在河边读书，尽情吟诵"采菊东篱下，悠然见南山"。社团的孩子们研究农耕用具，讲授粮食的耕种节气，画天鹅，唱天鹅，和天鹅一起舞蹈，尽情享受学习的快乐。让课堂随着孩子的脚步行走，实现课内外的结合。

（二）形成学校的课堂文化品牌

学生核心素养培养的主阵地在课堂。好的课堂应该是学生精神得到成长的课堂，应该是学生智慧得到提升的课堂。也就是说，好的课堂不仅要让学生习得知识，还要让学生引发一些思考，帮助学生运用联系的方法、辩证的观点思考人文、自然、思维领域的一些问题，促进思维水平的提升，提高思维方式的灵活性。学校多年来秉承的是"求真教育"。"真"是什么？是科学，是规律。求真，追求的是法，是道，是善，是美。学校的"求真"课堂文化如何来实施，学校需要持续思考。

（三）加强新时代的学校教师队伍

教育改革的关键因素是，教师角色要从知识的提供者转变成思想的促进者，教学过程要从提供知识转变为培育思想。新时代对于教师的要求更高了，建立一支高素质的、德才兼备的教师队伍，始终是学校坚持不懈的工作核心。

"三动"课堂研究助推学校教育教学改革

——北京市密云区第三小学教育教学改革个案研究

陈　丹　魏国民　曾　进　王海荣[1]

一、学校发展的基本情况

北京市密云区第三小学（以下简称"密云三小"）独立建校于 1992 年，位于密云县城正中心。学校占地面积近 13 亩[2]，是一所规模较大的县城中心小学。学校现有 41 个教学班，1787 名学生，在岗教职工 118 名，市、区、校级学科带头人、骨干教师 33 人。学校以"健康自我"理论为学理，从满足学生的需要出发，积极开展"三动"课堂改革，实施学生发展目标引领下的活动设计，建立学生发展目标评价体系，构建"爱·美"课程体系，开展学生健康成长课题研究，培育"健体　尚学　乐群　爱国"的三小人。

近十年来，学校认真落实国家和北京市基础教育课程改革精神，在全体干部教师的共同努力下，学校的教育教学质量得到了家长的赞誉，社会的认可，曾先后荣获北京市课改先进校、北京市教育科研先进单位、北京市少先队工作特色示范校、北京市艺术教育先进校、密云区教育教学管理先进校、密云区教学质量先进校、密云区精神文明先进单位等荣誉。2018 年度，学校以"布艺京韵"课程为特色，成功申请北京市学生金帆书画院。"布艺京韵"课程多次走进北京博物馆、北京山水艺术馆、密云区博物馆，受到同行和专家的认可。

二、学校课堂教学实践的核心问题和推进改革的基本思考

教育的目的不是给受教育者多少知识，而是教他们如何做人，做一个心智健全的人：懂得感恩，有责任心，有正义感，有良知；懂得理解他人，关心他人，服务他人；

---

[1] 陈丹：北京教育学院教育干部学院副教授、博士；魏国民：北京市密云区第三小学校长；曾进：北京市密云区第三小学副校长；王海荣：北京市密云区第三小学副校长。

[2] 亩为非法定计量单位。1 亩约为 666.7 平方米。

懂得如何做事，如何生活，如何学习，如何生存。秉持这样的教育理念，观察和分析课堂，学校在课堂教学中还存在以下问题。

（一）生本理念落地不到位

教师更多地重视知识的传授，常常依据教参进行教学，把知识分解成一个一个知识点，每节课教给学生一个或者几个知识点，每学期按部就班地教完一本书。这样的课堂，教师易于操作，便于把控，学生按指令行动，学得简单，但却忽略了学生的认知特点和学习方式，学生学习的主体地位没有得到凸显。

（二）师生关系融洽度不够

教师是课堂的"权威"，占据课堂的绝对话语权和评价权，学生被动、孤立和机械地接受知识，学生和教师体验不到"亲其师，信其道"的融洽课堂生活，课堂效率不高。

（三）学生自我发展目标不清晰

学生因为没有清晰的自我发展目标而表现出在学习中缺乏学习兴趣和积极态度，缺乏主动搜集和整理相关学习背景知识的意识和动力，鲜少主动进行交流、独立完成作业等。

针对这些问题，学校对课堂教学的发展方向及思路不断深入思考。课堂教学不仅有学习，还有生活；不仅有知识，还有人。其中，生活和人更重要！课堂教学应该通过课堂生活的建构实现人的生长。围绕"人"的教育，教师的主要行为应该是对学生需要的激活、发现、引导、升华和实现；实现对学生机制的观察、认识、养成、使用、协调，培养学生对机制的综合使用水平，并使机制的使用控制在合理的范围和频度以内。这些内容的实现标准就是使学生从内在心理到外在行为符合健康自我的主要特征（见下图）。教师的活动内容、教学组织和方法选择，应该尽可能贴近并有利于学生健康自我养成的条件。唯此，学校才有可能科学地展开教学活动，才有可能实现培养"人"的目标。这些思考成为学校后续课堂教学实践改革的重要指导思想。

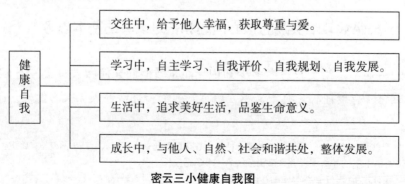

密云三小健康自我图

三、学校课堂教学改革的主要历程

为落实国家和北京市基础教育改革的系统要求，结合学校"三动"课堂教学的思考，学校开启了课堂教学实践改革，主要经历了三个发展阶段（见下图）。

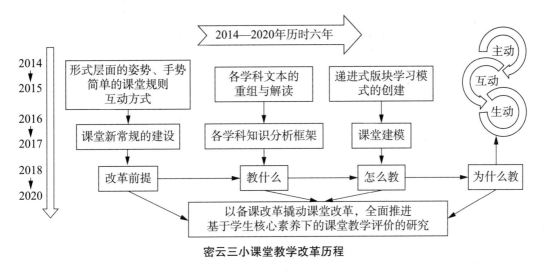

密云三小课堂教学改革历程

第一阶段：科学诊断找准问题，系统梳理明确路径，打造"三动"课堂

基于对学校课堂教学核心问题的梳理和改革目标的深切认识，学校开展学生、家长、社会调研，在继承原有课堂改革成果的同时，试图解决"教师教什么、学生怎样学、学生收获什么"。由此提出了"三动"理念，以期实现课堂教学的深度变革。

"三动"，即主动、互动、生动。其中，主动是指能够自觉、自主地采取行动，使事情向自己需要的积极方向发展的态度和行为。教师的主动表现有：主动理解、把握和建构教材，主动分析学生学情，主动设计和精心安排教法、学法以及教学手段、教学用具，主动把握和积极应对课堂生成的资源，主动关注学生的身心健康等。学生的主动表现有：具有主动学习的兴趣和积极态度，主动搜集和整理相关的学习背景知识，主动思考、实践和创新，主动交流、共享和借鉴，主动、独立完成作业等。

互动是一种使对象之间相互作用而产生彼此发生积极的改变的过程。主要表现为教师、学生和学生的互动，教师、学生和教学用具（教材、课件等）的互动，教师、学生和环境的互动……互动是学习方式（学习过程展现），是师生之间、生生之间的平等互动，师生与各种教学因素之间的协调互动。通过彼此尊重与努力创造良好的协作关系，在这种协作中自觉担当，亮出自己的精彩，并互相支撑，从中体验共同成长之乐。

生动是教学过程体现教与学的方法多样，师生语言的鲜活、思维的发散、活动的不拘一格。教的生动表现有：教法的因地制宜灵活多变、对课堂上生成资源的捕捉和驾驭、对学生生命成长的关注等。学的生动表现有：学的方法个性化和多样化，思维的发散性和批判性，情感态度与价值观的正向性和积极性，作业的自主性、多样性和拓展等。"生动"追求"主体多元"，鼓励不同见解，让思维激荡思维，让思想冲撞思想，让方法启迪方法。课堂价值尽在"不可预设"的"现场生成"上，在快乐、幸福、生动的生命成长上。

第二阶段：建构课堂秩序、师生关系，规范师生交往、互动方式

课堂教学结构方法、环境的全要素接入才能生成好的课堂。因此，学校从八个方面进行推进，探索出操作要点、年段标准，形成了《课堂新常规指南》，教师依据《课堂新常规指南》进行操作训练，做到心中有标准，操作有要点，很快学生就在训练中形成技能。课堂上，学生在秩序中建立规矩，在关系中学会交往，在学习中学会做人。

第三阶段：具象师生发展目标，形成指导量规，以表现性的评价推动深度变革

在实践的基础上，学校再次对课堂进行了反思，发现课堂评价不到位导致课堂教学行为的随意，直接影响课堂效率。于是，学校围绕学生发展目标，聚焦"表现性评价"，形成《密云三小师生行为表现评价指南》，推动"三动"课堂落地。用"学生行为表现"和"教师行为表现"来具体化师生发展目标，"学生行为表现"真实描述学生干什么、用什么方法完成；"教师行为表现"依据学生行为表现展开，清晰地呈现学生实际与教师指导之间的关系，做到教师进退有度，教与学的同步成长过程清晰可见。

四、学校课堂教学改革的主要举措

（一）三维切入推进"三动"课堂改革

学校从"文本解读、课堂建模、实际获得"三个维度切入，构建主动、互动、生动的"三动"课堂，聚焦学生实际获得，促进学生全面发展。

1. 文本解读：教材重组与解读——教什么

教师认真研读教材，以一个点或组为议题，依据文本特点将内容进行重组，落实"教材是个例子"，完成教学任务。一是学科内知识重构（一篇带多篇、版块组合），二是知识立体化（知识的四个层面）。

以《挑山工》一课为例，分析文本的"理想构造"，发现作者为实现"写作意图"而采取了"具体内容"和"语言表达形式"恰切性的手段，这样将"作者为什么写这

篇文章""文章写了什么""是怎样写的"三者完美地建立起联系（见下图）。任何一篇经典文章一定有理想的构造。语文阅读教学强调"两个来回"，即读进去，理解内容，知道文章写了什么，作者为什么写；读出来，领悟表达，探求作者是怎样写的。这也就是学校引导教师分析文本的理想构造，教给学生文章的布局谋篇的方法。每一种文体都有其内在的理想构造。只要把握住文本的理想构造，就是在建构不同文体的知识体系。这样就实现了对教材知识理解的立体化。

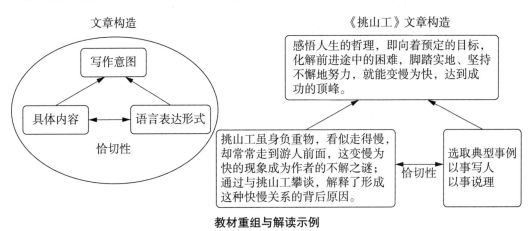

教材重组与解读示例

学校组织教师针对各个学科教材特点，从不同的角度进行深入地文本解读与重组，包括：（1）语文学科的以阅读积累和理解表达为核心的学科整合课程；（2）数学学科的领域知识整合课程；（3）美术学科的传统美术与非遗传统文化整合课程；（4）书法学科的汉字故事与汉字书写整合课程；（5）音乐学科的传统音乐教学与音乐剧、音乐欣赏与表现的整合课程；（6）品德与生活、品德与社会的"概念教学"引领下的课程整合；（7）科学学科突出培养学生基本科学素养的校本化实施；（8）1—6年级的学习生活技能发展课程，5—6年级的EQ管理课程；（9）体育学科的体育教学与特色技能训练课程，篮球、足球、武术、轮滑、形体等课程；（10）舞蹈课程的推进与舞蹈教育校本化实施；（11）英语学科的情境表达课程。

2.课堂建模：板块式递进——怎么教

学校以"建构主义理论"为指导，让学生的学习在体验中，成长在过程中。学校还建构语文学科"递进式版块学习"模式（见下页图），这种教学模式将教学目标分解，每一个版块一个目标，版块呈递进式，直至最终完成整节课的教学目标。这样的学习结构使每个版块目标清晰，便于教师设计组织"以学为主"的学习活动。特别是"元认知反思"引入每个版块间，使得学生在学习过程中学会反思与调控：这个内容我是怎样学习的？学习中遇到了怎样的困难？我是如何调控的？这样，将方法内化到意识层面，从而学会主动学习。元认知反思思维是学生主动学习的动力源。通过这种备课版块设计，撬动了师生教与学方式的转变。

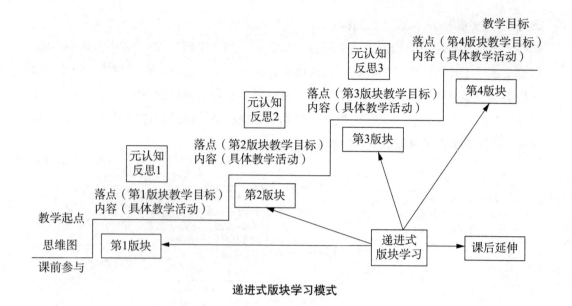

递进式版块学习模式

（二）建构课堂秩序和师生关系

基于广泛的理论学习与深度的教育教学实践，学校认为，课堂教学中人与人之间、人与知识之间、师生之间、生生之间营造一种严谨的、安全的、开放的、包容的、互动的环境才能让学习更有效，让成长真实发生。经过探索，学校研制了课堂教学常规，改变过去课堂"师讲生听"的常规，以"情绪健康理论、落实立德树人"思想为指导，通过秩序建构和关系建构，从"姿势、举手、倾听、合作、表达、朗读、写字、展示"八个方面，建设"三动"课堂新常规，形成了学校《课堂新常规指南》。每个方面列出详细的操作要点和年段标准，学生在训练中形成技能，在关系中学会交往。课堂就是一个缩小的社会，在课上学习生活，学会做人，从而突破育人手段的空洞化。每个班级形成良好的班风，班级主动、互动、生动的学习文化逐渐形成。

（三）以表现性的评价推动深度变革

教学设计中的教学目标和学生行为表现、教师行为表现是教师在进行文本分析和学情分析的基础上依据课标要求自己做出的。教师在制定学生的行为表现和教师的行为表现是课堂教学评价标准的同时，就成为教学评价的设计者，设计的"行为表现"也就成为教师的自觉主动追求。这样通过自我评价，教师可以看到自己的活动及其在活动中的行为与评价标准的差距，这种差距在评价标准内化的情况下，可以直接激发教师的内在动力，并促使教师不断调节自身的行为和心理状态，对与评价标准相左的行为和内在动机进行有效的抑制，对符合评价标准的行为和内在动机不断强化，进而促进学生的发展和教师的成长（见下页表）。

密云三小教学设计框架表

课　题	知识分析		
	事实性知识		
	概念性知识		
	方法性知识		
	价值性知识		
课　时：	课　型：		授课时间：
教学目标			
教学重点			
教学难点			
教学资源			
板书设计			
教学结构与过程设计	学生行为表现		教师行为表现
教学反思			

教学设计内容节选

教学结构与过程设计	学生行为表现	教师行为表现
版块一：回顾前参，梳理问题 目标：通读课文，利用"六要素"法概括文章的主要内容。试着从内容、主题、表达等角度提出自己不懂的问题，培养学生的质疑能力。 1.请同学默读课文，思考课文主要讲了什么故事。 学生默读、批注，组织语言。 2.指名学生读，并用简练的语言说说课文主要讲了什么。（六要素） 其他学生认真倾听，适时补充或提出建议。 3.展示学生提出的问题，进行问题梳理。 学生边听边思考这些问题可以按哪些角度归类以及为什么。 **设计有学习空间的活动，串起来落实目标。**	1.学生能够边默读、边思考、边批注，利用思维图、关键词梳理主要内容，养成不动笔墨不读书的习惯。 2.学生能够整体感知课文内容，按时间、地点、人物、事件、结果的方法清晰地概括故事内容。 3.学生能够专心倾听，适时补充；或修改完善建议。 4.学生能够明确从内容、表达、主题等不同角度提出真问题。 **真实描述学生干什么，用什么方法完成的；围绕学科核心素养——罗列。**	1.教师巡视学生批注情况，随机指导。 2.倾听学生发言，若概括不全，指导利用"六要素"法概括；或引导其他同学进行补充。 3.针对提出问题，进行反馈与评价，鼓励学生大胆质疑，提出真问题。 **教师通过观察学生的行为表现，指导何时进退；教师的作用在于倾听、点拨、引导、评价、提升。**

　　在实践之初，学校认真分析"学生核心素养"内涵要求，把学生"核心素养"的内涵整合成"知识学习、思维发展、关系建构"三个内容，确定了学校"课堂教学的表现性评价"的内容基础。依据知识结构理论、目标分类理论、思维品质的有关知识以及人际关系理论分别确定每个评价内容的评价要点，构建学校的"课堂教学的表现性评价"指导量规（见下页表）。

密云三小"课堂教学的表现性评价"指导量规——以知识学习为例

内容	维度	评价标准（按照从高到低标准排列）				学生行为表现描述方式列举	教师行为表现描述方式列举
		A	B	C	D		
知识学习	知识完整性	事实性知识					
		能够用自己的话清晰地说出是什么。	能够用自己的话大概说出是什么。	能够照着书上的内容说出是什么。	不能用自己的话或照着书说出是什么。	说出、辨认、指出、鉴别……解释为什么；背诵、回忆、复述……	倾听……判断……引导……（如，倾听学生发言，判断对与错，引导对所学知识形成认识，并正确解释。）
		概念性知识					
		自己能够从事实性知识中分析、概括、提炼出观点、规律、价值等。	能在别人的帮助下从事实性知识中分析、概括、提炼出观点、规律、价值等。	能接受从事实性知识中分析、概括、提炼出的观点、规律、价值等。	不能理解，也不能接受从事实性知识中分析、概括、提炼出的观点、规律、价值等。	归纳、总结……形成、建立……	倾听……引导……鼓励……（如，倾听学生发言，引导从知识中提炼观点，鼓励学生说出真实想法。）
		方法性知识					
		能从知识中发现、总结、提炼解决问题的多种方法。	能在别人的帮助下从知识中发现、总结、提炼出解决问题的多种方法。	能理解从知识中发现、总结、提炼出解决问题的多种方法。	不能从知识中发现、总结、提炼出解决问题的多种方法。	采用（分类、比较、评论、举例、讨论……）多种途径，发现、总结、提炼出解决问题的多种方法。	创设……启发……解决……（如，创设情境，启发用……的途径，多种方法解决问题。）
		价值性知识					
		自己能自觉把知识（概念、原理、方法、理论）应用于新的情境解决实际问题、解释某种现象。	能在引导下把知识（概念、原理、方法、理论）应用于新的情境解决实际问题、解释某种现象。	大概能把知识（概念、原理、方法、理论）应用于新的情境解决实际问题、解释某种现象。	不能把知识（概念、原理、方法、理论）应用于新的情境解决实际问题、解释某种现象。	能在新的情境中解释、解决、运用、证明、设计、重组、鉴别、评价……	创设……启发……解决（解释）……（如，创设新情境，启发学生把知识与生活、成长对接，解决问题或解释现象。）

经过近两年的教学研究与实践，学校的课堂发生了很大的改变。学生站在了课堂的中央，教师能够做到勇敢退下来、适时进上去。"主动、互动、生动"的课堂文化逐渐形成，学校成为密云区小学课堂教学改革的先锋和旗手。

（四）课堂教学改革推进校本课程体系化建构

首先，"主动、互动、生动"既是课堂文化，又是学生的发展目标，因为学生年龄不同，身心发展呈现不同的特点，学生在成长过程中也面临着不同阶段的问题。针对不同特点和面临的不同阶段的问题，聚焦学生"主动、互动、生动"的目标，解决学生实际面临的问题，助推学生发展，服务学生成长，学校确定了六个主题（见下图），以实现学生成长发展的连续性和阶段性。每个主题都是以"经典活动"开启，明确发展阶段的目标。

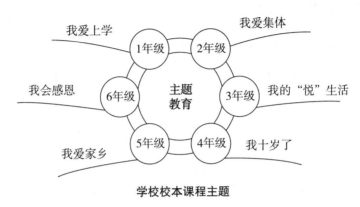

学校校本课程主题

其次，学校迁移"表现性评价"的研究成果，实施"课程逆向设计"。学校遵循三点：一是目标在先，评价跟进；二是评价是用尽可能的、可视化的成果来反映学校课程设计和实施的效果；三是根据评价来设计学校的教学过程。以"学生成长礼"活动为例，学校做了如下设计：一是目标定位为学生了解、知道"成长礼"的意义；学会用书面方式，与父母进行沟通；能够理解别人对自己的情感，认识自我；初步获得对自己未来的思考。二是评价方式为学生会朗诵"我十岁了"诗歌，能给父母写一封信，让学生做自己的书，能写出自己的目标和规划。三是设计安排活动内容，包括"走过成长门""成长礼致辞""读父母写给自己的信（礼物）""梦想与小树""朗诵少年中国说""中空拓展训练——挑战自己"等。这样的"课程逆向设计"，增强了课程设计的针对性和实效性。

最后，学校开发技能课程，为"主动、互动、生动"提供有力支撑。技能课程主要针对学生学习的"空心化"现象，也就是现在学生学习的是远离生活的抽象概念和知识，脱离了真实的生活，缺少真实的生活经历。另外，从对学生培养的方式上看，学校习惯于对学生提要求，但缺少具体的指导。这两种情况造成了学生很难理解教师具体要求的内涵。教师要求的内容，因为学生没有亲身经历，很难感同身受，难以打动自己的内心，成为自己的一种真实体验，更没法把这种要求内化成一种行为自觉。因此在对学生培养过程中，学校不能单纯地要求学生做到"是什么"，而是追求在这个过程中，让学生明白"为什么"和"怎么样"。为此，学校针对学生的发展需要设计开发了"密云三小学生基本技能课"。"密云三小学生基本技能课"的内容共设七个单元：物放有序、遵规守纪、学会倾听、学会表达、学会交往、学会合作、认识自我，每个单元依据学生特点进行持续性、有梯度的技能训练，为学生"主动、互动、生动"地学习提供能力保障。

五、学校推进教育教学改革的主要成效

（一）课堂文化悄然形成

1."课堂新常规"建立健康安全、积极向上的班级学习文化——落实立德树人的途径

学校从八个方面（见下图）进行研究，探索实施策略，形成操作指南，助推班级学习文化的形成。

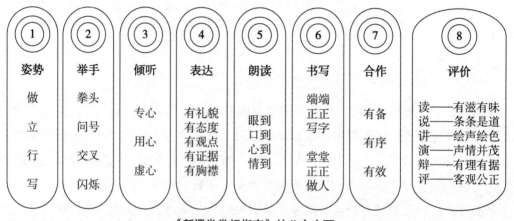

《新课堂常规指南》的八个方面

教师依据《新课堂常规指南》进行操作训练，做到心中有标准，操作有要点，很快学生就在训练中形成技能。课堂上，学生在秩序中建立规矩，在关系中学会交往。课堂就是一个缩小的社会，在课上学习生活，从而学会做人。每个班级形成良好的班风，班级"主动、互动、生动"的学习文化逐渐形成。

2."教材重组与解读"教给学生有意义的知识，解读到基本理解层面

基本理解指的是学校对文本的概念性、价值型知识的理解，也是可以更广泛迁移使用的"理解、分析和评价"的方法性知识的理解。教师认真研读教材，以一个点或组为议题，依据文本特点将内容进行重组，落实"教材是个例子"，完成教学任务，促进学科内知识重构和知识立体化。

3."递进式版块学习"引入"元认知反思"——学生爱学习、会学习，形成学习能力，培育核心素养

学校建构"递进式版块学习"模式，从把握学生的学习起点开始，到清晰每一个学习版块的目标和内容，每个版块之间呈递进式是体现学习知识的层层递进，也是学

生思维发展的层层深入，直至完成整节课的教学目标。在每个版块之间，教师都引领学生进行"元认知反思"，让学生反思一下之前的学习过程、遇到了怎样的困难、是怎么解决的，让方法内化成意识，逐渐形成能力，从而学会主动学习。

此模型广泛应用，效果显著。总的来看，学校实现了将课堂还给学生，形成了以学生为主体的学习舞台；建构了知识能力体系，有效提升了学生的能力；实现知识的价值意义，成就了学生，也成就了教师。

（二）教师课程实施能力提升

在参与学校教育教学改革的过程中，教师的专业成长十分显著，每个学科团队都形成了相应的教育教学改革成果。如，数学团队积累了"三动"课堂七个秘笈，包括：（1）做好知识的四个层面和四个水平的解读；（2）用精彩展示引领课堂精彩；（3）在恰当的情境中学习有价值的知识；（4）用问题串起数学课堂，实现精彩互动；（5）评价与回应是对话交流的"助推剂"；（6）具有画龙点睛作用的回顾与反思；（7）用传统文化提升数学课的品位。相关文集也即将出版。语文团队探索了"理想类型"视角下的各类文体的文本解读及教学策略，教学研究专著已经出版。英语团队探索了文本再构的研究策略：（1）贴近生活情境的文本再构；（2）利用童话故事的魅力进行文本再构；（3）运用教材中相关知识整合的方式进行文本再构；（4）新旧知识相互衔接，融合进行再构。艺术团队创设了"布艺京韵"课程，走进展览馆、博物馆，赴北京、青岛进行巡展等，更重要的是走进孩子们的生活。

（三）学生素养初步养成

在学校"全人"理念下，学生的核心素养初步养成。课堂上，学生的倾听能力、思维的多角度能力、有理有据地表达能力、与伙伴的友好交往能力、愉悦地接纳别人建议的能力、自主与挑战的能力、自信地参与能力……得到充分体现，课堂见证了学生生命的成长。学生习惯良好、兴趣广泛，爱读书、会读书，底蕴丰厚；积极参加市区级各项竞赛，均荣获一、二等奖。学校的舞蹈团、合唱团、管乐团走上全国少儿春晚；结合布艺、国画、京剧三种形式，以布为"纸"、以纺织颜料为"墨"的艺术实践坊在青岛展演，在郭沫若纪念馆、密云区博物馆展览，受到教育部领导的认可，媒体也纷纷报道。

（四）学校内涵品质凸显

"以爱育爱，美美共美"，这是密云三小所有师生共同的价值追求，也是学校的文化核心（见下页图）。

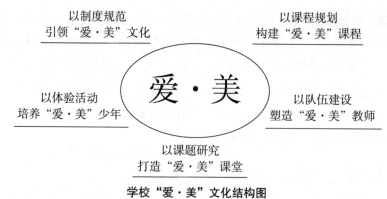

学校"爱·美"文化结构图

六、学校推进教育教学改革的特色与经验

（一）明确改革思路，建立有效工作方式

课堂改革中，学校始终围绕清晰的学生发展目标，秉承科学的质量观，在持续探索与实践中形成了"聚焦问题→拿出办法→系统思考→深入研究→稳步完善"的明确改革路径，形成持续研究的有效方式。

（二）明确成果导向，形成动态研究机制

研究过程中，学校根据核心问题明确研究目标，出台研究成果式的自我参照评价标准。然后，依据标准形成研究思路、确定研究方法，并在实践中不断完善评价标准。以成果引领研究，又在研究中完善成果。

（三）持续成果转化，促进实践研究落地。

"三动"课堂的课题研究已结题，研究过程中，学校看到了不同班级改革力度与学生整体表现的正相关关系。同时，成果的完全转化需要一个较长的过程，学校在转化方面一直在持续努力，如提升不同学科、不同教师的理论素养及解读能力，让文本解读研究成果在各学科转化；不断深化"递进式版块学习"的课堂模型认知和实践应用；不断加强课堂新常规的落实和发挥常规对质量提升的重要作用。学校以改革先锋教师为核心，辐射全体教师，持续研究和推进成果转化路径，让"三动"课堂的成果在全校生根开花。

（四）整体思考构建，全要素推进改革

整体思考教育教学改革的全要素，全面推进，形成合力。其中，学生的情绪课程开发，让学生学会认识自我和理解他人，融洽师生关系和同学关系，构建起和谐学习

关系，为教育教学改革提供关系保障；家长课程开发，促进家校理解，融家庭教育之力促教育教学改革。

七、后续改革的思路和方向

密云三小课堂教学的整体框架现在已经形成，课堂文化在每一节课上的体现也愈发清晰，后续学校要努力的重要方向是持续关注课堂中的细节问题，从"目标描述的精准""课堂互动的深度、广度""表现性评价的细化"等方面进行精致打磨，让课堂质量不断提升。同时，面对新的基础教育改革形势和"双减"政策要求，学校在课堂教学改革方面需要不断深化和拓展，重点聚焦在三个方面。

（一）深层推进"结构化"课堂教学全过程

紧贴"知识类型"，做到进一步厘清"教学目标"，明确单元及课时的知识目标、方法目标、方法目标、能力目标、情感态度与价值观目标、自我发展目标，使目标清晰明确。目标要描述清晰准确，用可观察、可检测的外显的语言进行描述；目标要系统全面，要以育人为基础。进一步厘清"师生行为表现描述"，让教学目标真正落地。

（二）研究丰富作业形式内容

加强目标导向，对标教学目标，让作业真正成为教学目标的有效载体。真正实现根据知识类型提供不同的问题解决路径和方法策略，帮助学生形成不同能力素养。事实性知识以识记为主。刻意练习为主要形式，必需的重复性训练不可或缺；方法性知识以运用为主，操作为主要练习形式，说方法和反思过程需要跟上；概念性知识形成于观察、体验、分析、对比、评价、归纳、总结等活动中，这样的过程设计和方法指导是重点；意义价值性知识蕴含在解决问题、解释现象、预测趋势、扩展联想、表评价、观察发现等过程中，教学中需要这些过程设计，同时教师准备好必要的方法指导。

（三）提升课后辅导实效性

精准关注不同发展群体，分层提升课后质量。建立科学提优系统，力求通过课堂教学环节设计、作业分层、数据精准分析三个方面，面向学有余力的优秀学生建立进一步提升系统，为优秀的孩子更优秀搭建平台；精准定位每名学习困难学生，分析学生具体情况，确定提升方法。

课堂之美，在目标清晰，在关系融洽，在主动生动，在止于至善。以"三动"课堂研究为载体的密云三小教育教学改革还将继续，学校在持续的探索与实践中更系统地思考，更深入地研究，且行且思，稳步前行！

从"灌输式"课堂到"生动"课堂的转变

——北京市密云区太师庄中学教育教学改革个案探索

张玉静　赵德利　马保青　章芳云[1]

一、学校情况分析

北京市密云区太师庄中学始建于 1958 年，坐落在密云区太师屯镇太师庄村，原是密云水库以北地区最大的完中校，2017 年撤并高中成为水库以北最大的纯初中校，现服务于太师屯镇 34 个行政村。学校教育教学设施齐全、设备先进，是北京市第二批数字化校园。学校现有教学班 18 个，学生 423 人，其中住宿生 145 人。学校现拥有一支师德高尚、业务精湛、结构合理的教师队伍。全校现有教职工 91 人，专任教师 65 人，其中正高级教师 1 人，高级教师 21 人，特级教师 1 人，市级骨干教师 2 人，区级骨干教师 7 人，区级青年骨干教师 2 人，区级骨干班主任 3 人，校级骨干教师 9 人。

学校拥有鲜明的教育理念。多年来，一直秉承"崇真尚德，务实创新"的办学理念，坚持"全面贯彻党的教育方针，以人为本，立德树人，促进师生幸福成长，为教师专业发展助力，为学生终身发展奠基"的办学指导思想。倡导"明理、尚善、尊师、爱生"的校风，"博学、严谨、厚德、敬业"的教风，"勤学、善思、尚美、笃行"的学风，发扬"自强不息，追求卓越"的学校精神，以"建设生态文明校园，构筑幸福完整人生"为发展愿景，积极建设"生态校园、幸福教师、美丽学子"学校文化，努力把学校建成"生态文明、民主开放、师生幸福、社会满意的密云名校"。在全体干部教师的不懈努力下，学校的办学水平不断提高，如今已跻身密云初中校的前列。

二、学校教育教学改革要解决的核心问题及其分析

（一）基础教育改革背景及要求

2010 年发布的《国家中长期教育改革和发展规划纲要（2010—2020 年）》指出，

---

[1] 张玉静：北京教育学院思想政治教育与德育学院副教授、博士；赵德利：北京市密云区太师庄中学校长；马保青：北京市密云区太师庄中学教务干事；章芳云：北京市密云区太师庄中学教务副主任。

"坚持以人为本、全面实施素质教育是教育改革发展的战略主题"，要"深化教育教学改革，创新教育教学方法，探索多种培养方式"。同年，《教育部关于深化基础教育课程改革进一步推进素质教育的意见》进一步明确了深化基础教育课程改革的主要任务，其中在第（六）条"大力推进教学改革"中要求："把教学改革作为深化课程改革的核心环节，使新课程的理念和要求落实到课堂教学中。"并在第（八）条"全面提升教师队伍实施新课程的能力"中要求，要"充分发挥广大教师在深化课程改革中的主力军作用，把促进教师专业发展作为重要目标和任务。加大教师培训力度，不断改进培训模式，组织开发以教学实际问题为核心、以优秀教学案例为载体的培训课程，增强教师培训的针对性和实效性。大力推进以校为本的教学研究制度，促进教师的学习、研究和交流"。

2010 年出台的《北京市中长期教育改革和发展规划纲要（2010—2020 年）》强调，要"提高课堂教学质量"，要求"突出学生的主体地位，探索适应学生身心特征和课程要求的有效教学模式，改进教法、学法，引导学生主动思考、乐于探索、勤于动手，培养学生的学习兴趣、创新思维和实践能力"。2011 年，北京市发布的《北京市"十二五"时期教育改革和发展规划》把"全面推进素质教育"作为基础教育的重点工作之一，强调要"保证课堂教学质量，提高教学水平，激发学生学习兴趣"。2016 年《北京市"十三五"时期教育改革和发展规划（2016—2020 年）》将"全面深入实施素质教育，提高学生综合素养"作为第一条主要任务，同时强调要"落实北京市义务教育部分学科教学改进意见的精神，提升学科教学质量"。

从上可见，从中央到地方，无论哪一级政府或教育部门，都非常重视教育教学的改革。正是在这种教育改革不断推进和深入的大背景下，太师庄中学紧跟时代的步伐，融进轰轰烈烈的基础教育改革的洪流之中，在不断学习中探索，在不断探索中改革，在不断改革中发展。

（二）学校要解决的核心问题及分析

1. 陈旧的"灌输式"课堂教学方式普遍存在

十几年前的太师庄中学教师，大多数教师教学观念陈旧，只注重对学生知识的传授，忽视对学生各种能力及情感的培养。课堂教学以教师为中心、以知识为中心，"满堂灌"的现象严重，忽视学生的主体地位，忽视交流、合作、主动参与、探究等学习方式在课堂中的运用。教师的课改意识淡薄，大多只考虑教师的教，不研究学生的学，教备组也缺少良好的科研氛围，大多停留在"跟随研究"的层面，收效甚微。从教育教学改革的要求来看，教师的教学观、学生观、质量观仍没有彻底跳出应试观的怪圈。

2. 学校缺乏研究型的教师队伍

学校地处山区，条件艰苦，能力强的教师不愿来，来了也留不住，名优教师的引进和培养任务十分艰巨。部分青年教师有较大的发展潜力，个人素质较好，但缺少名优教师的引领和培养，努力目标不明确。因此教师的专业化水平需进一步提高，队伍建设任重道远。

3. 学生的综合素质总体偏低

学校生源来自周边的各个山村。这里经济相对落后，单亲、离异等特殊家庭较多，家长文化水平低、教育理念滞后。受诸多因素的影响，学生在学习目的、学习兴趣、学习习惯、学业水平等各方面均与城区、平原地区的学生存在较大差距。但众多家长对孩子的期望又很高，都希望自己的孩子学习有大进步，成绩有大提高，初中毕业能够考入一个好一点的高中学校。学生的发展离不开学校，学校的发展离不开教师，教师的发展离不开课堂。如何转变教师的课堂教学理念和教学方式，以提升教师教育教学能力，提高学校教学质量，促进学生全面发展，成为学校教育教学改革的核心问题。

三、学校教育教学改革的基本思路与发展历程

（一）基本思路

1. 以教研科研推动课堂教学改革

通过学习研究更新教学理念，通过校本研修落实新教学理念，充分发挥教师主观能动性，提高教师课堂教学能力。以深化课堂改革为核心，以师生发展为本，让每一个教师享受职业的幸福，让每一位学生体验成长的快乐，让学校生活的每一分钟都张扬生命的活力，让学校焕发出蓬勃的生机。

2. 以教师为本，造就素质优秀、善于探究、和谐进取的教师队伍

"百年大计，教育为本；教育大计，教师为本。"教师的素质是实施素质教育的根本保证。在新课程改革的背景下，教师的素质关乎改革的成败。重视和提升教师师德师风水平和教学专业素质，尤其重视青年教师的培养，形成发展梯队，是学校可持续发展的保证。为保证课堂教学改革的顺利进行，学校遵循"尊重年长教师，依靠中年教师，培养青年教师"的基本原则，让每位教师，尤其是青年教师，通过自身修炼，通过学校开展的各种教科研活动，通过课堂教学的探究、尝试，不断更新教育教学理念，提高业务能力，练就过硬的教学本领。为营造教育教学改革的良好氛围，学校努力做到以下几点：（1）加强干部队伍建设，营造严谨与宽松相融的和谐管理氛围；干部深入教育教学第一线，力争成为教学骨干型的管理者。（2）树立校本意识。校本研究、校本培训、校本管理是深入推进课程改革的需要。（3）以教师发展为本，以教师专业化发展为出发点，以课堂改革为突破口，为教师的专业化发展助力。（4）加强学校团队文化建设，培养坦诚、信任、尊重、协作的团队精神，提升教师对学校发展的认同感。

（二）主要阶段

太师庄中学的课堂教学改革大体经历了两个阶段：第一阶段是学习模仿，构建"学习型课堂"；第二阶段是开展有效的校本研修，构建"生动课堂"。

1. 学习模仿，构建"学习型课堂"

回首 2010 年以前太师庄中学的教育教学，教师"满堂灌"和"满堂问"的现象还比较普遍，学生智力的培养目标落脚于知识的掌握上，学生能力的发展被考试所需要的知识传授替代。学生被动接受的教学方式，不仅制约了学生的主动发展，而且还很大程度上导致学生厌学情绪的产生。教育教学改革已迫在眉睫。学校认为新课程改革的关键在于课堂教学实践，即：按照新课程改革的精神，努力改变传统的教学模式，不断完善学生的认知结构，逐步培养学生自主、合作、探究、创新的能力，最终构建体现以学生学习活动为中心的新型课堂。

太师庄中学从 2011 年起，开始进行"构建充满生命活力的学习型课堂教学模式的研究"。学校先后派干部教师到山东、河北、山西、北京市区等地学习考察"高效课堂"等新型教学模式，学习、借鉴他校教改经验，并结合本校实际，开始尝试"学习型课堂"教学模式的研究。其意义在于调动学生的学习积极性，发挥小组合作学习的优势，体现学生学习的自主、互动特征，构建充满活力的学习型课堂。学校力求通过这种课堂教学模式，提高学生的合作学习意识，发展学生的想象思维和创造性思维，为学生的发展创造一个良好的成长环境；提高教师专业化水平，提高学校教育教学成绩。

"学习型课堂"从形式到内容也在不断发展。2013 年，学校又提出了学习型课堂的新要求，即"学科本质指导下的学习型课堂"，并将学习型课堂教学模式的核心思想概括为"一个中心、两个原则、三维空间、四个教学环节"。"一个中心"是指师生合作共赢，共同成长；"两个原则"是指把握学科本质，利用学案导学；三维空间是指教学内容——学科本质指导下的学案导学、教学方式——学习型课堂的展示、教学价值——人的全面发展，三者和谐发展；"四个教学环节"依次是创设情境、问题定向，自主探究、合作交流，展示评价、归纳整理，检测反馈、拓展延伸。

经过四年的探索研究和改革，教师的课堂授课水平有了很大提升，尤其是学生学习的积极性、主动性有了很大的提高。通过专家面对面、手把手的指导，课堂学习气氛活跃，课堂交流丰富多彩，课堂教学有了质的飞跃。对这种学习型课堂的研究实践虽然改变了过去"一言堂""满堂灌"的陈旧课堂教学模式，取得了一定的教学效果和成绩，但是，这种模式下的课堂教学，环节程式化，缺少灵活性，教师易追求课堂的"热闹"而忽视学生的实际获得。因此学校课堂教学还需进一步深入研究。

2. 开展有效的校本研修，构建"生动课堂"

正在学校的改革遇到瓶颈、难以继续前行的时候，2015 年，密云区教委提出"生动课堂"教学理念，要求在课堂上要充分体现学生的主体地位，关注学生的实际所得。这一理念给学校极大的启发，也指明了学校课堂教学改革的方向。那么，什么样的课堂才称得上是"生动课堂"呢？通过不断地学习思考、研究讨论、实践总结，学校认识到，"生动课堂"是通过师生、生生之间积极的互动和交往活动，达成一种和谐有序而又有效的课堂。它包含以下四个方面的内涵：

（1）学生动。学生动是课堂之本，包括学生外显的"行动"和内隐的"心动"。"生动课堂"首先表现为学生外在的行动，如动眼观察、动耳倾听、动口交流、动手操作等，但更重要的是，学生的"心动"是在调动学生学习兴趣的前提下，在学生存在疑问时，对教学内容所进行的积极思考和反馈。

（2）互动。互动是指师生、生生在特定的课堂情境下的相互影响和作用，从而达到师生在认识、情感和行为上的改变。

（3）有序的动。"生动课堂"不是热热闹闹的、秩序混乱的课堂，而应该是学生有序的动，是教师精心设计的在教师主导下的有明确目的的动。

（4）有效的动。"生动课堂"不是灌输式的收效甚微的课堂，也不是为热闹而热闹的课堂，它要求教学目标要明确，备课要充分，教师要通过各种教学手段让学生在"动"的过程中有最大的收获，达到预期的目标。

要把"生动课堂"理念落到实处，就要开展更有效的校本研修。学校领导班子通过讨论，决定在吸收前一阶段课堂改革的成功经验的基础上，借助首都师范大学的"春雨计划"，实施行动研究。这几年，学校在行动中研究，在研究中行动，对基于学校现状的校本研修方式进行了有益的探索和实践。

四、学校课堂教学改革的主要举措

这些年来，太师庄中学在课堂教学改革上不断探索研究与总结完善，主要是通过抓实校本研修来改革课堂教学，提高教师课堂教学能力。

（一）学科联动，开展"大教研"案例研究

"大教研"即开展全校的大教研。大教研的问题（主题）应该是通过研究有解决的可能性，且这些问题应该是全校教师共同关注、亟待解决的问题，具有一定的典型性，有利于形成"人人参与、共同研究、合作攻关"的格局和浓厚的校本教研文化。

1. 学科联动，开展主题"走进"活动

"走进"活动，即干部、教师走进教研组，走进年级组。"走进"活动既关注学校教学工作的整体，更注重教学的过程和细节，将学校各教学工作环节紧密地联系在一起，形成教学改革的合力。在"走进"活动中，上课教师要展示集体备课成果，落实

"生动课堂"理念，每学期都制定相应的凸显主题，如凸显学生自主活动（要有学生的动笔），凸显课堂检测，凸显总结提升等。"走进"活动分为两个环节：第一个环节是教学干部，本学科、本年级无课教师参加观课；第二个环节是课后年级主任、班主任，或是备课组长要汇报交流本年级、本班级、本备课组工作开展情况和存在的问题，观课教师及时对上课教师进行反馈（包括班级学生学习状态、教师集体备课情况、学生自主学习及课堂检测情况），对教师提出的困难给予解决，对存在的问题给予指导。"走进"活动对教师落实生动课堂教学理念起到了很好的推动作用。

2. 挖掘优质课例资源，开展集体观课、议课活动

有效专业引领是校本教研的关键。为此，学校一方面积极与上级研修部门进行联系，获取优质的外出学习信息，选派教师参加学习；另一方面，联系相关领域的专家来校进行讲座解惑。除此之外，还在"走进"活动或区研修学院来校视导过程中努力发现优质课例，将该课的录像从教室监控中截取出来组织全体专任教师观看、研讨、反思、交流，使教师的教学能力在活动过程中得到提升。后来学校发现组织全校教师集中听课在时间上有一定困难，而且部分教师对跨学科听课兴趣不高，于是就分文、理科组织研究课。组织理科教师听课研讨，文科教师班中上课；组织文科教师听课研讨，理科教师班中上课。教师的活动时间有了保证，参加活动的积极性也就高了，参与率可达到100%；教师们能听得懂，点评也更有针对性。

3. 开展"2+2+1"课例研究活动，促进教师深度反思

经过探索与实践，学校发现"2+2+1"课例研究模式对教师的课堂教学能力的提升有很大的帮助。所谓"2+2+1"，即两次上课、两次议课、一次反思。具体做法是：开学初，每个教研组确定本学期重点培养的教师；该教师自己先备出一节课并在上午选一个班上课，同组教师听课；听课后马上评课，指出亮点与不足；上课教师立即修改自己的教学设计，然后在下午再选一个班上这节课，本组教师再次听课、评课；最后再由上课教师写出教学反思。这样做的好处是：不仅授课教师能够进行更深度的反思，提升整体教学设计的能力，而且听评课教师能够在分享别人经验、积累反思素材的同时开始研究自己，在实践中自觉地调整教学行为，解决课堂中的问题，在行动中提高课堂教学效率。这样的校本教研将原来分散的研究形式变为有计划、有主题、有选择、有反思、有转变的校本教研方式。

（二）发挥专家和名优教师的作用，提升校内专业引领水平

1. 请专家助力

2017年，学校有幸成为首都师范大学"春雨计划"项目的种子学校，杨朝晖等几位教授的报告不断地给学校带来先进的校本研修的理念，特别是"春雨计划"项目

的专家团队走进校园、走进班级、走进学生，帮助学校分析课堂教学、校本研修工作中存在的问题，为学校提出宝贵的意见，大大地提升了干部教师发现问题、分析问题、解决问题的能力，也更明确了校本研修的方向。此外，学校平时在与教师的交流过程中，还注意发现教师在教学中的困惑，积极联系相关领域的专家来校进行讲座解惑。

2. 名优教师引领

学校的骨干教师是教师队伍中的精英，是教育教学的领头雁。为此，学校成立了"两室一团队"。其中，特级教师齐春平负责的特级教师工作室，主要培养新的区级骨干教师；市级骨干教师高光辉带领的英语卓越团队负责培养青年英语教师。"两室一团队"每月开展一次活动，一学期不少于四次，即一次讲座、一次读书论坛、一次教学课例研究展示、一次论文撰写交流。

3. 骨干教师指导

为了充分发挥骨干教师的作用，学校每学期都要根据教师需求安排骨干教师上示范课，做专题讲座。由学校牵线，每位区级以上骨干教师带 1~2 名徒弟，对青年教师在备课、上课、作业批改等方面进行指导，帮助他们迅速成长起来。

（三）搭建平台，以竞赛展示等活动激发教师发展内驱力

1. 成立"青年教师联盟"

"青年教师联盟"是指近三年参加工作的青年教师自愿加入的学习团体。它提供专家引领、专业探讨、项目研究与学习经验、体会分享的良好场所与机会，坚持在实践中探索、在困惑中学习、在研讨中反思、在领悟中创新的原则，集"自我反思""同伴互助""专家引领"三位效能之合力，使之在浓厚良好的学习氛围和切实可操作的实际行动中深化教育教学感悟，构建"生动课堂"的教学理念，增强生命体验，丰富和提升教育教学理论水平和技能，以适应新课程改革的要求，力争在较短时间内建设一支师德高尚、业务精良、创新实干的青年教师队伍。"青年教师联盟"每学期开展的活动很丰富，其中包括一次教学展示课，一次读书交流，一次讲座会。"青年教师联盟"的成立，使青年教师找到了一个展示自我、完善自我、升华自我的平台，给了他们一个舞动青春活力的竞技场。

2. 举办课堂教学展示与竞赛活动

为了推进对"生动课堂"教学理念的理解与落实，促进广大教师尤其是青年教师的专业发展，提升导师带教水平，展现教研组、备课组的团队合作精神，从 2016 年开始，学校为教师特别是青年教师搭建教学展示平台——每学期举办一次"卓越杯"教

学比赛教学展示评比活动，每次一个主题。几年来，学校先后举办了"卓越杯"史地政生教师说课大赛、"卓越杯"青年教师评优课、"卓越杯"党员教师评优课、"卓越杯"骨干教师评优课、"卓越杯"非骨干教师评优课、"卓越杯"教学基本功大赛等。一系列的大赛平台，让教师有了成功感、获得感，有效激发了教师的发展愿望。

以上是学校在改革课堂教学，开展"生动课堂"研究实践方面的一些主要举措。每学年，学校都会在暑假安排 3~5 天的校本培训，其中一项重要的活动就是对本学期的课堂教学进行总结反思，固化好的做法，探讨如何改进不足。这既是教师创造性再学习的过程，也是教师取长补短、自我矫正、不断提高的过程。

五、学校改革发展的主要成效

（一）广大教师的教育观念和教学方式发生了深刻的变化

一方面，广大教师真正学有所得，学以致用，教育理念发生了深刻变化，教师要研究教育、研究课堂教学，不仅要研究自己如何教，更要研究学生如何学；教师们深切地认识到，接受终身教育不仅是教育改革与发展的需要，也是自身生存、自身发展的需要。许多现代教育思想和先进经验已经转变为教师的教育教学实际行动，提高了教师迎接课改的自觉性。

另一方面，"灌输式"教学在课堂上早已销声匿迹。现在的课堂上，师生、生生互动贯穿始终，学生的发言多了，动手多了，交流多了，相互鼓励多了，展示也多了，课堂气氛温馨和谐，学生感到轻松愉快，思维活跃，注意力集中，并用积极发言的方式来表现自己。在这种和平融洽的氛围中，学生充分表达自己的心声，展现自己的个性；教师也能准确地把握每个学生的心理需求，有针对性地点拨指导，从而使学生得到全面的、健康的发展。

（二）学校教育教学质量稳步提升

学校这些年的教育教学改革实践的效果正逐步显现出来。教师对学生的引导和塑造能力越来越强，太师庄中学的中考成绩逐年提升。学生由初一入学时的下游水平，到初二年级的中等偏下，再到初三的中等偏上，一年上一个台阶。2017 年中考，147人中有 55 人升入北京市优质高中校；2018 年中考，129 人中有 62 人升入北京市优质高中校；2019 年中考，125 人中有 70 人升入北京市优质高中；2020 年中考，151 人中有 63 人升入北京市优质高中。学校教学质量逐年提高，中考综合成绩跻身密云区前列，缩小了与城区学校的差距，实现了义务教育的均衡发展。学校也荣获北京市课程建设先进单位、北京市科研先进校、北京市身边的好学校等称号。

六、学校改革发展的主要经验

（一）团队精神聚力量

这些年来，学校在推进教育教学改革的探索实践中，深切感受到：当代教育已不是教师个人的英雄主义时代，更多的要谋求团结与合作，因此，要摒弃教师单打独斗、各自为战的做法，充分培养和发挥师生的团队精神。古人云：人心齐，泰山移。教育事业是一项良心工程，任重而道远，教师只有团结合作，才能凝聚力量，克服困难，做好工作，取得胜利。太师庄中学的"英语卓越团队"就是一个很好的例子。"英语卓越团队"是由区级学科带头人高光辉老师领衔，全体英语教师和 72 名学生组成的师生研修共同体。其宗旨是通过卓越团队的引领，带动学生学习英语的兴趣，最终爱学英语。英语教师经常在一起切磋提高学习英语的方法和激励学生学习的金点子。卓越团队师生共同策划、组织"英语风采秀"大型展示活动，使师生们相互影响、相互促进、共同提高。

（二）教师的专业成长在课堂

校本研修对象是课堂教学中亟待解决的具体问题，是教师自己的问题。教师在教学实践中，能够直接了解到教学的困难和问题，能立刻感知问题的所在。校本教研问题应该来自真实的教育教学情境，而不是凭空设想、杜撰或是某种理念的翻版。这些问题（主题）通过研究有解决的可能性；这些问题应该是全校教师共同关注、亟待解决的问题，具有一定的典型性，有利于形成"人人参与、共同研究、合作攻关"的格局和浓厚的校本教研文化。所以学校组织多种形式的走进课堂活动，开展即时研修。

（三）分层研修，整体提升

如何让不同年龄阶段的教师、不同群体的教师都得到相应的发展呢？党员教师、骨干教师有经验，就要在工作精神、课堂教学中更好地发挥示范引领作用，在示范展示中促使自己提升。为此，学校成立"两室一团队"，开展骨干教师、党员教师示范课等活动；青年教师在新中考改革中有热情，有课改创新的意识，但缺少工作经验，需要有人指导，于是学校成立"青年教师联盟"，每学期聘请学校骨干教师或校外专家给予指导，帮助青年教师提升。

由此形成学校教学改革的基本经验是：团结协作，发挥集体智慧；立足课堂，即时教研；展示评比，分层提升；从学校、教师的实际出发，采取多种形式，提高实效性。

七、学校未来改革发展的思考与展望

（一）继续坚持"务实创新"，促进高质量课堂教学

继续坚持"全面贯彻党的教育方针，以人为本，立德树人，促进师生幸福成长，为教师专业发展助力，为学生终身发展奠基"的办学指导思想，致力于打造一支有文化、有智慧、高素质的教师队伍；发扬"自强不息，追求卓越"的学校精神，以"建设生态文明校园，构筑幸福完整人生"为发展愿景，整体构建与实践"生态校园、幸福教师、美丽学子"的学校文化。

党的教育方针明确了"为谁培养人""怎样培养人"和"培养什么人"的教育方向，归根结底，需要实现高质量的课堂教学。在未来的发展中，学校要继续坚持"生动课堂"的实践，关注学生整体发展，关注教育公平公正，关注生产劳动和社会实践对学生全面发展的作用，关注学生整体发展的教学基本策略的形成。同时，作为一所山区学校，要响应好北京市和密云区对地区教育均衡发展的政策号召，通过课堂教学，切实提高学生综合素质。

（二）继续坚持以教师为主体的校本研修

在认真总结、固化原有研修好方法的同时，用心学习和借鉴他校有关校本研修方面的好的经验，努力探索更加有效的校本研修模式，以更好地激发教师热情，发挥教师积极性和创造性，最大限度减少对教师自主性束缚，为教师的专业成长不断创造更好条件，把校本研修工作做得更精致。

（三）实现家校协同育人

随着社会的发展，很多农村中青年人因为工作或为了子女教育等原因而在城里买房落户。作为山区初中学校，其生源水平也越来越成为制约学校发展的阻力。留守儿童、特殊家庭（包括单亲、离异、重组家庭等）儿童所占生源比例越来越高，这些学生很难接受到良好的家庭教育。家长对孩子疏于教育或管理不当，造成了学生学习动力不足的问题。为了改变现状，近几年，学校努力做好家访工作，但收效甚微。"双减"政策指出"强化学校教育主阵地作用，深化校外培训机构治理"，在"双减"背景下家校如何联合起来、如何发挥教育合力，对学校来说既是老难题，也是新挑战。学校要立足本校实际，去推动和主导家校协同育人的过程，克服阻力，形成一套有效的实践体系，引领家庭教育。学校要继续在高质量的学校教育建设中明确家校教育的使命，发挥主导作用，推进家校协同育人的建设和认同，制定好长期推进本项工作的计划和措施。

"精彩教育"成就学生精彩

——北京市密云区第三中学教育教学改革个案研究

刘博文　王立敏　郭云瑞　郑香军[1]

一、学校基本概况

北京市密云区第三中学（以下简称"密云三中"）始建于 1973 年，至今已有 50 年的历史，是一所积淀优良传统，有着丰厚文化底蕴的传统初中名校。学校现有 36 个教学班，1500 余名学生，159 名教职工。其中，特级、正高级教师 1 人，市级骨干教师 1 人，区级骨干教师 21 人，校级骨干教师 18 人。

密云三中遵循面向全体、教有特色、全面发展、学有特长的办学思想，树立"让每个人成就最精彩的自己"的办学理念，以"传承、发展、创新"为工作思路，引导教职工不断发扬"志存高远、团结协作、无私奉献、勇争第一"的三中精神，从"精致课堂、精微德育、精细管理、多彩生活、喝彩行动、出彩人生"等层面不断完善精彩教育模式，用"质量一流，学生向往，家长放心，社会信任"的办学愿景感召和激励全体师生。

二、学校教育教学改革实践要解决的核心问题

（一）师生层面

就教师而言，受传统应试教育的影响，部分教师认为升学考试是教育的根本，认为除了中考，其他一切都无关紧要，可有可无。同时，繁重的教育教学工作让教师的职业幸福感降低。如何让每位教师在工作中体会到幸福与成就感，成为亟待破解的关键。

就学生而言，初中学生精力充沛、好奇心强，渴望得到周围人的认可。但通过调

---

[1]　刘博文：北京教育学院教育干部学院副教授、博士；王立敏：北京市密云区第三中学校长；郭云瑞：北京市密云区第三中学副校长；郑香军：北京市密云区第三中学教师。

研发现，部分学生不愿与父母及师长交流，处于一种半封闭的状态等，这些问题十分突出。如何让每一位学生在学校教育中都能展示精彩自我、实现自身价值，成为亟待解决的问题。

在教育均衡化不断推进、优质教育资源不断整合、优质学校不断增多、课程模式不断改革的背景下，学校意识到必须进一步提高办学质量、办出特色，才能更好地满足学生、家长、社会对义务教育阶段优质教育资源的渴求。从 2016 年起，学校着眼于学生的兴趣和需要，关注学生的成长与发展，结合初中学校的特点和实际，开始思考初中多元化课程体系建设的实践研究，以促进学生自主学习，满足学生多元化需求，构建了"精彩教育"模式。

（二）学校层面

在学校教学成绩连年提升的过程中，社会上出现了一些"其他"的声音。例如，密云三中只有教学成绩好只会抓教学，密云三中的成绩都是作业堆出来的，密云三中学生的学习压力太大等。虽然学校在文艺、体育、科技等方面一直在进行积极探索，但是还是在一些人心目中产生了密云三中只有教学成绩好的固有印象。为此，如何满足人民对美好生活的向往，如何培养德智体美劳全面发展的合格人才，是学校必须破解的难题。

三、精彩教育模式实践探索的历程

学校一直坚守"让每个人成就最精彩的自己"这一办学理念，励志打造精彩教育。学校主要从"精致课堂、精微德育、精细管理、多彩生活、喝彩行动、出彩人生"六个方面推进精彩教育模式。整体而言，其发展经历两个重要阶段。

（一）2013—2016 年：探索期

1. 背景

在教育改革之初，密云三中有着骄人的战绩，升入高一级重点高中的人数连年攀升，赢得了社会的认可。但是随着教育改革的深入，单一的教学质量优异，越来越没有可持续发展的力量，教师疲于授课，学生负担过重，师家校的矛盾日益凸显。如何在高位求得发展，如何寻找到密云三中的第二发展曲线，是每个三中人不得不面对的问题。

2. 探索实践

（1）培训促进与文化引领。

学校一直坚持每年春季通过"教育教学论坛"及时总结经验，利用暑期"教育教学研究"和培训的机会，查找不足、剖析成功秘诀、提出发展新目标。

古人云：园无绿不美，园无石不雅。密云三中正对门的门口矗立着一块高近5米宽3米有余的花岗岩文化石，上面刻着"志存高远"四个醒目的大字。文化石每天在朝阳的沐浴下，微笑地迎接高高兴兴走进校园的师生，鞭策教师发扬三中精神——有远大的志向，大气的格局，站在文化潮头答疑解惑引导人生；激励学生从小励志——立大志、立长志，能做大事，为人要大气，做人要诚实，争做对社会、对国家有用的人。一块石头寄托了三中人更高、更大、更远的追求目标。

（2）"精细"管理与"精致"课堂。

学校四名校级干部和七名中层干部都下沉到每个年级和每个教研组，协助年级组长和教研组长开展工作。学校赋予年级组长很大的管理权。学校在安全、教育教学、财务等方面进行网格化管理，达到了管理的闭环效应。

虽然学校没有固定的教学模式，但以培养学生的综合素养为目标，更多关注学生的实际获得。学校的教研组和备课组工作很有时效性，在教备组建设和文化上在全区都名列前茅，具有示范作用，很多教备组都是全区的优秀群体。每周开展的教研活动都围绕课前"三备"——备目标、备方法、备检测，课上"三度"——站高度、拓宽度、挖深度，课后"三问"——问自己、问学生、问家长来进行。

3. 成效

通过上述举措，学校管理变得井井有条，教师们开始潜心钻研教学，突破固有模式。一位青年教师曾在"青年教师论坛"上写下这样一段话：密云三中是一个很小的学校，小的像一个家，领导、师父、同事都像家人一样关爱我，我的每一点、每一滴的成长都能收到家人的笑颜；密云三中又是一个很大的学校，大的像一个世界。教师们不仅满足于业务精良，更在争做四个"引路人"的过程中，不断反思提升，努力追求成就最精彩的自己。

（二）2016年至今：完善期

2016年，密云三中迎来新任校长王立敏同志。她带领密云三中全体干部教师、学生和家长，用实际行动诠释了三中精神的丰厚内涵，开启了"让每个人成就最精彩的自己"的精彩教育模式的新探索。

1. 背景

密云三中各项活动及成绩在区里一直名列前茅，第一的位置无可撼动。那么，如何进一步提高办学质量、办出特色，以便更好地服务学生，满足学生、家长、社会对义务教育阶段优质教育资源的渴求？学校办学如何创设更广泛的空间？如何促进教师更加自由开放、富有创造性地工作？如何让学校的发展更加全面？在这样的背景下，学校开始思考改变，并逐步丰富了精彩教育的内涵。

2. 探索实践

2017 年是密云三中创新发展的关键之年，此后学校进行了一系列探索。首先，以"课外活动"为契机，建立密云三中的特色课程体系。学校采用本校教师资源与校外聘任教师相结合的方式，开展航模、舞蹈、书法、平衡车、快板、摄影、合唱、武术、篮球、吉他等特色课程。按照学生选择为主、年级协调为辅的方式，让学生在科技、艺术、体育三大方面自主选择一门课程进行学习。通过这一形式，学校开始建立科学、艺术、体育三大课程体系。随后，学校大力推动"阅读工程"和学生"一文一武"项目，进一步丰富了精彩教育模式。

3. 成效

密云三中的"一文一武"项目发展地如火如荼。"阅读工程"在这一阶段大放异彩。密云三中联合北京十月文学出版社，为学生提供了一次高水平的文化盛宴，为密云区的语文教师提供了教育教学的新思路。以"让读书成为习惯，为学生成长奠基"为主题，努力构建课内外联系、校内外沟通、学科间融合的阅读体系，并将"阅读工程"纳入学校的课程计划。开设阅读课，制定阅读课的课程计划与课程目标及考评方案，使读书活动成为学校特色发展的基础工程。2018 年，敢打敢拼的密云三中学子代表密云区（初中组）首次闯入北京市中小学生篮球冠军赛八强。

2019 年，学校将原有三中精神的内涵丰富为"志存高远、团结协作、无私奉献、勇争第一"，在三中核心精神的引领下，最终实现"让每个人成就最精彩的自己"的办学理念。与此同时，也进一步完善了精彩教育模式的内涵。

精彩教育模式的核心即成就精彩的自己，这也是密云三中的办学理念。其具体内涵为：发挥学校的整合、引领作用，通过教育者的发现、保护和唤醒，让每位受教育者了解自己、成就自己、做最好的自己，实现教育的共生、共享和共同成长。"让每个人成就最精彩的自己"这一办学理念，充分体现了学校作为教育平台的人文关怀，关注到每个生命个体的健康成长，更是对当下素质教育的一种呼应。这个"自己"不只是学生，还包括教师、员工及家长，借助密云三中这一发展平台，充分实现自己的人生价值，成就最好的自己，实现每个人的精彩人生！

四、学校教育教学改革的主要举措——文武并进出特色

所谓"文"，是指经典阅读及各类文化艺术活动；所谓"武"，是指各项体育运动。密云三中以"一文一武"作为校园文化建设的抓手，把精彩教育落到了实处。

（一）文——经典"悦读汇"，打造一文特色，涵养心灵

密云三中中考成绩在全区遥遥领先，但语文学科优势不明显，经过论证及专家指

导，确定了通过语文教学改革带动教与学方式转变研究的课改思路，在教学场地紧张的情况下，将两间教室改造成学生阅览室，成立课改工作小组，启动"阅读工程"工作。

2017 年起，密云三中以语文学科为抓手，深入推进课程改革。采取"3+2"模式，即每周安排 3 节语文教学 +2 节阅读课。学校通过系列活动，为推进阅读搭建平台。

1. 举办"共浴书香，静待花开"家长、学生讲座

从"中国人读书的现状""孩子读书的意义""亲子阅读的益处""读什么样的书""怎样读"等角度进行介绍，并向家长发出倡议，建设"读书型家庭"，争当"学习型家长"，开展"我与孩子共读一本书"视频征集活动。学生和家长踊跃参与，掀起了密云三中阅读的"小高潮"。家长和学生纷纷发表感言，真的是开卷有益，阅读为孩子的生命加钙补锌。

2. 制订"yue"（阅、月、悦）读计划

"yue"读计划的宗旨在于：让学生每一天、每一个月都能心情愉悦地去阅读自己喜欢的书籍。通过自主阅读，依据学生推荐的好书（对书中内容、人物等的理解）和自己填写的"我的阅读书单（阅读量）"，每月评选一届"阅读之星"，让每个学生都参与到阅读中来，享受读书带来的快乐。

3. 举办"遇见花开"大型诗会

第一届"遇见花开"活动由"美的历程""守望绽放""相信未来"三个篇章组成。学生的诵读或抑扬顿挫或音韵铿锵，用青春的热情，深情地演绎着名家诗作，感受阅读名篇的独特魅力，赢得台下阵阵掌声。第一届"遇见花开"活动激发了学生诵读诗词的热情，弘扬中华优秀传统文化，从诗词的海洋里汲取营养。家长也纷纷反馈，孩子背诗的热情高涨，教材上的古诗词不用家长反复催促了。第二届"遇见花开"活动以"永远跟党走，青春在路上"为主题，由"峥嵘岁月　红船启航""英雄儿女　接续奋斗""乘风破浪　青春中国"三个篇章组成。到现场观看演出的家长，既高兴又惊叹。

4. 举办"小小百家讲坛"活动，分享学生的阅读体验

密云三中开展了基于学生阅读偏好的阅读工程。为使学生能分享交流阅读的体会，"小小百家讲坛"是序列活动的第二步。学生采取自主阅读，自愿报名，班级筛选确定，自定主题的形式来完成准备工作。首届"小小百家讲坛"的内容涵盖了《赏唐诗，品诗词》《由梦起，品红楼》《走进法布尔的"昆虫世界"》《论语》《在烈火中永生——红岩》《流浪地球》《千古词帝——李煜》《说"三"道"三"品三国》《京味老舍》《笔锋救国的呐喊者》等。每一讲都是学生认真阅读后的精心准备，每一讲都是主讲者心

灵的呼喊，每一讲都是聆听者思想上的洗礼……学生与作品对话，与作者对话，精彩演绎一个又一个的生动形象，用自己阅读的深度和广度，畅谈古今，不仅自己爱上阅读，也影响了伙伴们，让他们也爱上阅读，在分享中实现"精彩绽放"。

（二）武——篮球嘉年华，打造一武特色，健体尚德

"武"即篮球特色校项目建设，其使学校办学发展更全面、更丰厚。学校也在努力打造"北京市有影响力的学校"。近年来，学校篮球队在区级篮球联赛中多次蝉联总冠军。2017年11月，学校被教育部认定为第一批"全国青少年校园篮球特色校"，在"肯德基"三人篮球赛中获北京赛区冠军。2018年在"肯德基"三人篮球赛中获北京赛区亚军，并在北京市初中篮球冠军联赛中，作为唯一一支郊区队首次闯入八强；2019年学校再夺密云区冠军。

篮球嘉年华活动更是把篮球运动推向了顶峰。学校通过篮球特色校项目，充分挖掘篮球背后的文化内涵，带动、影响更多的学生积极参与篮球运动，享受篮球运动带来的快乐。嘉年华活动围绕"让每个人成就最精彩的自己"篮球特色校项目建设主题，带给学生篮球情怀及富有仪式感的篮球文化。篮球嘉年华活动带动、影响着更多的学生积极参与篮球运动，享受篮球运动带来的快乐，同时，学生也充分认识到健康的身体是受益终身的财富。通过篮球嘉年华，教师充分认识到体育锻炼的重要性，提高全体教师的体育素养，形成全员体育的良好氛围。学校还广泛开展各种体育活动，为学生搭建"勤练常赛"的平台，让每个学生都能积极参与体育锻炼，使其养成良好的运动习惯，并在课余时间和节假日向学生免费开放体育设施。

依托"一武"特色，学生充分利用校内外时间积极主动参与户外活动和体育锻炼，在体育运动中享受乐趣，增强体质，健全人格，锤炼意志。学校的体育工作取得了显著的成效，"小眼镜""小胖墩""小豆芽""小焦虑"少了，肥胖率、近视新发率降低了，学生体质健康水平优良率提高了。

《北京市义务教育体育与健康考核评价方案》的推出，是推进"双减"工作、落实"健康第一"理念的又一重要举措，是促进学校发展、学生健康成长的一股春风。体育活动是对健康的重视，对生命的尊重，每个人都应为青少年的身心健康出一份力；项目增多不仅提高了学生的选择能力，更是对学生个体的尊重，希望学生能根据自己的喜好、自己的特长，获得更好的发展。

习近平总书记强调："体育承载着国家强盛、民族振兴的梦想。体育强则中国强"。学校体育工作是体育强国梦的坚强基石。学校体育评价改革是教育领域综合改革的重要组成部分，是全面实施素质教育的重要突破口，直接关系着学生的身心健康成长。近年来，密云三中积极探索体教融合，坚持以体载德、以体增智、以体育美、以体促

劳的育人理念，促进学生健康成长、学校特色发展。

五、学校教育教学改革的经验

（一）做事前行——精彩教育谱新篇

1. 精微德育

关注学生在德育活动中成功的心理体验，提升学生把个人需要与社会需要整合的能力，培育学生的社会主义核心价值观。在这一过程中，学校总结出以下经验：构建精微德育体系，精心打造有仪式感的开学典礼；抓好开端，认真组织入学教育活动；外出学习，开阔视野；开展班主任、优秀青年教师校本培训；家校合作，共育花开。

2. 精致课堂

把学生的实际获得作为评价标准，提升课堂效率；优化学生在校时间分配，提高学习成绩；教备组建设强调备目标、备教法、备检测；课堂教学强调站高度、拓宽度、挖深度；教学反思强调问自己、问学生、问家长；教师发展强调骨干教师的辐射引领、老教师的传帮带。精致课堂实践探索使一节节精致精品课堂展现出来，师生在课堂上精彩绽放，教师的教育教学能力显著提升，学生成为课堂最大的受益者。

3. 精细管理

学校坚持以人为本的理念，对教师和学生的管理努力做到规范、科学、细致，在保证科学有序推进教育教学工作的同时，也促进师生全面发展。

（二）谋事发展——文武并进出特色

学校通过对弱势学科与优势学科的整合，打造文武特色项目。通过经典"悦读汇"系列"文"活动的开展，不仅整体提升学生文学素养，也促进学校文科类课程发展。通过篮球"嘉年华"系列"武"活动的开展，一方面强化了优势项目，另一方面也极大地激发了学生的运动热情，从而形成了文体互促的学校发展格局。"一文一武"特色项目的开展，不仅获得家长、社会的高度认可，为家校社共育奠定基础，同时也让学生实现了涵养心灵、健体尚德，为学校探索精彩教育模式提供了有效发展路径。

六、学校改革发展的主要成效

（一）教师层面

通过密云三中精彩教育模式所倡导的"精细管理"与"精致课堂"，教师群体在不断参与培训与教学研究活动过程中拓宽了专业视野，也逐步转变了教学观念，形成了教学特色。在自身教育教学能力获得提升的同时，增强了职业幸福感，这也正是学校"让每个人成就最精彩的自己"理念在教师层面的彰显。

（二）学生层面

学生通过各种展示平台，实现自我价值，成就精彩的自己。"一文"的特色建设，让读书成为学生日常生活中不可或缺的部分，从而促进学生多方面素养的形成。学生在阅读中，学习了知识，提升了能力，陶冶了情操，提高了自己的语文素养。"一武"的特色建设，培养学生面对困难迎难而上、永不放弃、敢打敢拼的篮球精神。作为团体运动项目，在篮球运动中，学生能充分感受团结协作的意义与价值，形成超强的意志力、良好的品格、团队精神和协作意识。

（三）学校层面

在"让每个人成就最精彩的自己"的"精彩教育"理念的指导下，在"一文一武"的带动下，学校精彩纷呈，武术、合唱、舞蹈、剪纸等项目相继脱颖而出，各项活动在市区相关活动中成绩斐然。近年来，密云三中先后获得联合国教科文组织中国可持续发展教育项目全国工作委员会颁发的"中国可持续发展教育学校"，国家语言文字工作委员会语言文字报刊社授予的"国民语文应用能力实验校"，教育部关心下一代工作委员会教育部关工委全国少年"五好小公民"主题教育活动示范学校，北京市精神文明校园，首批被认定为北京市义务教育学校管理标准达标示范校，密云区师德先进单位，密云区中小学教师校本培训"十二五"区级先进单位，教学质量区级先进单位，素质教育综合评价优秀单位，中共北京市密云区先进基层党组织等称号。学校还获密云区抗击疫情先进集体、密云区安全先进单位，以及"十三五"期间各个基层各种市区级获奖130余项。

总之，密云三中的教师精彩了，学生精彩了，学校的社会认可度提高了。密云三中再也不是只重视中考成绩的学校，学生的德智体美劳得到全方位发展，学校整体教育教学质量全面丰收。

七、学校未来改革发展的思考和展望

（一）传承创新"精彩"理念

密云三中坚持"传承、发展、创新"的工作思路和"让每个人成就最精彩的自己"的办学理念，用习近平新时代中国特色社会主义思想指导学校的教育教学实践，破解教育教学改革中的难题，精心打造"阳光润色，悦心铸魂"党建品牌，发扬"志存高远、团结协作、无私奉献、勇争第一"的三中精神，锐意进取。

（二）深化"一文一武"特色之路

稳中求进、高位发展，逐步走向特色发展之路。学校以"一文一武"特色活动为载体，以"精彩教育"体系建设为路径，落实立德树人根本任务，在整个密云区树立起了教育品牌与丰碑。

（三）探索特色和文化的融合

如何让学校特色可持续化发展？需要将特色变成学校固有的文化，以文化带动学校教学质量、特色建设的可持续化发展。因为优秀的学校文化具有其他学校不容易复制的特色。

现在，"让每个人成就最精彩的自己"正逐渐成为每一位师生的共同价值观，并形成了校园的一种文化。努力把密云三中建设成"全北京，乃至全中国的京郊名校"，是每一个三中人不懈的追求。

以人为本的卓越学校模式探索

——北京市密云区第二中学教育教学改革个案研究

刘博文　霍劲松　兰春艳　王长友[1]

一、学校基本概况

（一）学校发展起点

北京市密云区第二中学（以下简称"密云二中"）始建于 1944 年，至今已有近 80 年的历史。从 1944—1978 年，学校名称从最初的密云县立初级农业职业学校、乙化县立简易师范学校、河北省密云县第二中学到北京密云县第二中学。1978 年，密云二中被确认为北京市重点中学，随后的 20 多年中，学校的办学条件、办学质量、办学特色得到全面提升，为学校发展奠定了良好基础。进入 21 世纪以来，学校迅速发展，在扎实有特色的教育教学探索中不断前进，2004 年被认定为北京市普通示范性高中校，2011 年 10 月承接新疆和田地区对口内高班工作，彰显了学校的影响力。近几年，为了更好地推进区域优质教育均衡发展，学校主动承担教育责任，增加校额到校学生比例和招生人数。学校现有教学班 63 个，在校学生 2400 人，另有 100 名新疆和田学生。学校共有教职工 210 人，专任教师 179 人，非专任教师 31 人，其中正高级教师 7 人，特级教师 5 人，市级学科带头人和骨干教师 10 人，区级学科带头人和骨干教师 51 人。随着学校办学规模迅速扩大，学校发展也迎来新挑战，亟待转变观念、科学谋划、实践探索、不断创新，提升办学品质。

（二）卓越学校内涵的阐释

教育的根本目标在于育人，打造一所卓越学校的根本是以人的发展为中心，让学校成为师生的舞台。学校围绕"止于至善"的办学理念，确立了卓越学校的办学目标。卓越学校的内涵是优质多样化发展，优质体现在办学质量高品质，多样化体现在德智

---

[1]　刘博文：北京教育学院教育干部学院副教授、博士；霍劲松：北京市密云区第二中学校长；兰春艳：北京市密云区第二中学副校长；王长友：北京市密云区第二中学教务副主任。

体美劳"五育并举"。

卓越学校要着眼于教师的发展和学生的成长，才能实现优质多样化发展，为此，学校把不断满足教师和学生全面发展，作为建设卓越学校的出发点和落脚点。基于学校"止于至善"的办学理念——厚德、博学、善思、笃行，分别构建了学生培养目标和教师培养目标。学生培养目标为"品德高尚、学业精良、面向未来、有为担当"的社会主义建设者和接班人，教师培养目标就是打造一支"师德高尚、业务精湛、视野前瞻、境界一流"的教师队伍。

二、学校教育教学改革实践要解决的核心问题

随着北京市教育均衡化发展的需要，学校从 2017 年进行扩招，逐年提高学校招生校额到校的比例，增加教学班的数量。学生总数增加 500 多人，教学班增加 12 个班，新教师三年增加 100 名，年轻教师比例占比 51%。面对这一变化，学校发展出现了一系列问题。

第一，学生层次参差不齐，主动性不强，缺乏目标意识，学生的内驱力亟待激发。

第二，教师队伍结构出现断层，青年教师亟须快速成长。此外北京市骨干、学科带头人的教师比例也需增加。

第三，课堂形式单一，教师教授居多，学生参与不够，需要转化教师的教为学生的学，进行课堂改革，构建适合目前学情的教学模式，优化教学方法。

第四，学校课程已经不能满足所有学生的发展，需要构建一体化的课程体系，促进学生全面发展，满足学生志趣多元发展，学校多样化特色发展。

三、学校推进教育教学改革的历程

基于学校在发展中遇到的问题，学校开始尝试教育教学改革，主要经历了三个阶段。

（一）2017—2018 年：孕育期

学校通过主题调研、师生建言献策、专家引领等多渠道发挥学校师生的智慧，经过数次讨论，进行顶层设计，制定学校发展规划，确立了行动方向，明确了学校发展过程中亟待解决的问题；梳理工作思路，指明发展卓越学校的办学方向，初步确定了卓越学校的内涵。

（二）2018—2020 年：探索期

这一阶段是实践探索凝共识的内涵发展过程。学校通过文化设计引领、系列化主

题培训、系统化任务驱动等多种方式更新教师理念，凝聚共识，在全方位实践过程中丰富卓越学校的目标。

（三）2020—2022 年：成熟期

这一阶段是固化成果再丰富的反思完善过程。学校以学科研讨会、部门经验总结、优秀成果展示交流等方式在实践中及时总结与固化优秀经验，进一步丰富与完善卓越学校的内涵。

四、学校推进教育教学改革的主要举措

学校抓住"人"这一核心要素，以"赋能"为主要手段，发挥教师、学生的能动性，突出教师发展和学生成长的核心地位。以教师的专业成长为突破点，筑牢卓越学校发展的根基；以学生全面而有个性发展的方向落地为系统化的发展路径为关键抓手，激活卓越学校发展的动力；以课堂教学改革为切入点，全面提升教育质量；以丰富多元的课程供给为增长点，全面提高学校办学品质。

（一）为教师赋能，助力教师专业发展

1. 明确新时代教师队伍建设目标及高品质教师队伍特征

学校认真学习贯彻国家、北京市关于教师队伍建设的精神，立足卓越学校的办学目标，持续强化队伍建设，促进教师专业成长。建设一个"思想上先进、组织上团结、工作上踏实、业务上内行、作风上民主"的干部队伍，有民主、法制管理的意识和能力，工作有思路，善于学习，各尽其职，构建信任、合作的文化氛围。发挥党员教师在年级的带头作用，提升自身人气，引导大家积极向上，讲团结，善合作，挖掘发展潜力。落实教师分层、分类培养指标体系，积极培养青年教师，重视骨干教师队伍建设，发挥优秀教师教育影响力，缔造学校名师团队。

新时代、新要求，呼唤新教师。学校从价值认同、专业关怀、人文温暖和制度评价等四个方面推进学校新时代高品质教师的建设，致力于打造一支信念坚定、志向高远、师德高尚、动力丰沛、结构合理、数量充足、业务精深、绩效优异、适应新发展的教师队伍。引导教师们善于学习，变革传统的思维方式为新时代的思维方式，有决心、有信心、有能力、有方法、有策略，付诸实施，具体落实到每名学生身上，培育卓越密云二中莘莘学子。

2. 文化浸润引导教师自觉转变角色

全体教职工面对生源的变化、各项改革的挑战，自觉地转变观念，形成共同语言，

遵循共同理念，建立共同愿景，形成共同思路，面对共同遭遇，坚定共同信仰，达成了学校共同文化。在实施有效教育工作过程中，全面贯彻落实学校工作思路：以稳中求进、内涵发展为工作方法论，以精细管理、认真履职为工作主题，以落实常规、抓好常态、积累常型、问题推进、行动改进为基本工作思路，以精微创新为基本工作方法，推进学校各项改革，不断取得新的成绩。

3. 教研科研助力引领教师专业成长

随着新课标、新教材、新高考的到来，学校在坚持教研传统的同时，针对以往课堂教学问题，依托"大面积促进学生课堂有效学习活动发生"区级课题研究和"指向学科核心素养的大单元教学设计策略研究"市级课题，统领各学科进行大单元教学设计研究。重点是对新授课进行深入研究，依据大单元教学设计，以提高课堂教学关键环节（教学目标的制定、重点难点的确定、教学内容的优化、教学方法的选择、教学过程的设计、教学效果的反思、教学能力的体现等环节）的有效性为突破口，提高新授课的教学水平。最终，实现课堂教学综合性、递进性、关联性、实践性，提升课堂实效性，优化教学设计，改革教学方法，促进课堂质量的提升。从问题入手，从教研突破，从科研解惑，教师的研究能力得以跨越式发展。

4. 系统构建"铸魂、悟道、得法、精术"的卓越队伍培养思路

（1）铸魂——铸造崇高的精神。

学校遵循教师成长规律，致力铸造师德高尚、敬业修德、拼搏奋进的教师队伍。第一提高政治素养：邀请知名专家做政策解读报告，使青年教师们深刻领会改革方向，勇担历史使命，追求卓越。第二传承敬业精神：通过青年教师参加退休教师欢送会，传承爱校、爱生、爱岗敬业的故事。第三分享教育故事：倡导爱校敬业的职业精神，用爱心、诚心助力学生梦想的故事。

（2）悟道——感悟教育的真谛。

学校遵循教师学习规律，通过多样化学习方式增强教师自觉，感悟教育真谛。第一是培训先行，交流研讨。精心做好寒暑假的筹备工作，设计和开展改变态度、培育文化、分享智慧、提升素养、面向未来、提升关键能力、有效教学和单元教学等八个主题培训。第二是外出学习，提升素养。组织教师外出考察，通过学习考察，开阔眼界，感受教育教学新理念，亲眼目睹现代化科学管理体制下的高效益，体会各种创新教学模式的神奇效果，增强了实施改革创新的信心。第三是开展教学研讨，促进教师成长。组织以说课、片段课、汇报课为主要形式的教师职业技能和基本功校内赛课活动。讲课内容由各科教研组长提供，参赛教师自己抽签确定具体内容，参赛教师分组进行，教学干部、教研组长担任评委，分文、理科评分，最后评选出一、二、三等奖。同学科教师互相听课，虚心向同学科教师请教，改进自己的教学方式，提高自己的教

学技能。第四是读书交流，涵养素质。组织教师阅读《不跪着教书》《少有人走的路》《静悄悄的革命》等书籍，结合自己的教学，撰写"读书心得"。学校召开"读书心得"讨论交流会，让教师们在交流中学习，在交流中成长！第五是演讲比赛，树立自信。开展演讲比赛，创造机会让教师们敢说、能说、说好。组织教师开展"我的教师梦"活动，让教师畅谈梦想，以及为实现梦想而付出的行动；组织班主任开展"我的学生我的班"交流活动，让班主任畅谈班级管理方法，相互交流，相互学习，从而实现教师成长。

（3）得法——建立有效的方法。

学校在方法探寻中寻找培养教师之道。第一是践行克里斯·阿吉里斯的"分析—规划—行动—反思"行动法，抓实各项教育教学工作，不断深化课堂教学改革，不断提升学校教学质量和教师敬业精神。第二是成立密云二中"青云志"组织。"青云"意为青年或青春应该具有凌云的高远志向；"志"意为追求理想的文字，可视为行动。青年，在追求理想的道路上，既要有高远的志向，还要用脚踏实地的行动来书写自己的青春之歌。多次开展"青云志"团建拓展活动，发挥青年教师们的热情，增进大家的感情，形成一家人的亲情。第三是师徒结对指导制，充分发挥学科带头人、教学骨干、经验丰富的教师教育教学优势、示范、辐射和引领作用，通过传、帮、带、导、提、教，切实加快青年教师成长，提高青年教师的教育教学能力和教育教学研究水平。师父和徒弟做好"三带""三学"，要有师魂——敬业爱岗、无私奉献，师能——掌握教育教学基础知识与技能，师德——育德之道、为人师表。

（4）精术——归纳可行的技术。

学校在探寻有效的教师培养路径的同时，也在不断尝试归纳可行的技术。第一是发挥党员教师在年级的带头作用，提升自身人气，引导大家积极向上，讲团结，善合作，彰显发展潜力。第二是以市级课题为抓手，建设"思想上先进、组织上团结、工作上踏实、业务上内行、作风上民主"的干部队伍，促进管理干部有民主、法制管理的意识和能力，工作有思路，善于学习，各尽其职，构建信任、合作的文化氛围。第三是落实教师分层、分类培养指标体系，明确成长任务，确立多元阶梯式研修方式，入门教师"浸润式"培养，合格教师"养成式"培育，优秀教师"发展式"引领，卓越教师"自主式"助推，促进教师分层、分类主动成长。第四是以科研兴校为目标，构建"一体两翼"的科研队伍，即以全体教师为教育科研的主体，以教研组长和教学干部为两翼，完善教科研的工作机制，创建科研工作新模式。第五是以校园改扩建为契机，以提高精准服务水平为根本，改进教学服务的组织机构和制度体系，建立一支勇于担当、乐于奉献的高效保障队伍，创建并落实学校高品质教学服务。

5. 建立教师成长的方法论体系，自主定位谋发展

基于校情及调查的分析，运用霍尔三维结构理论，学校构建了密云二中教师培养

三维结构发展的指导体系（见下图）。

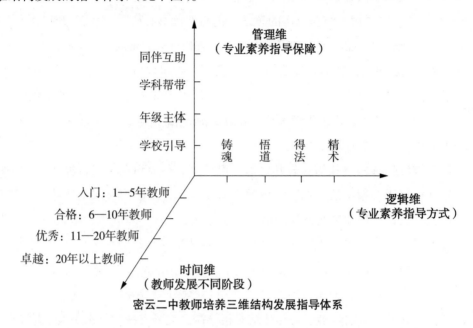

密云二中教师培养三维结构发展指导体系

时间维，即以对教师进行专业素养指导的不同阶段为时间维度。入门教师"浸润式"培养，合格教师"养成式"培育，优秀教师"发展式"引领，卓越教师"自主式"助推。逻辑维，即以对教师专业素养水平能力的指导方式为逻辑维度，确立"铸魂、悟道、得法、精术"培养目标。管理维，即以对教师专业素养发展指导提供保障为管理维度，明确不同层次人员的培养主体责任。密云二中教师培养的三维结构旨在研究教师队伍培养的规律，并以此为基础，构建具有本校特色的教师队伍专业人才的培养策略。通过实践，完善校本课程，创新管理措施，提炼培训机制，抓住教师队伍成长的几个时间点，覆盖教师成长的几个关键期，为其专业化可持续发展奠基。

（二）深耕教学改革主阵地，团队合力共提高

学校为了进一步提升课堂教育教学效果，着力推进课堂教学改革。学校围绕课堂教学"教什么""怎么教""为什么这样教"为基本问题思考，以科研、教研为指导，以丰富的案例为支撑，加快教师专业成长。

首先是专业培训引领。通过专家引领为青年教师指明方向，诊断课堂教学，提升教师专业素养，培养教师研究能力，教师们在专家的指导下进行大单元教学设计，通过教学实践、反思，教师的心态、观念也发生了改变。

其次是教学业务引领。行于万物者，道也。通过优秀教师"芳华杯"、党员"先锋杯"和学科骨干教师的示范课，用示范课引领教师体验课改给课堂带来的勃勃生机，用典型的教学案例让教师领略课堂上学生迸发出的真情实感。

最后是课改展示课。学校每学期都要开展以"大单元教学设计"为主题的课堂教

学改革优质课展示活动。展示课过程中，每位教师都是以生为本，以学定教，以激发学生思维、落实学科核心素养为目标，创新设计教学内容。展示教师授课后，教师在学科教研组长的组织下评课。评课分听课教师自由点评、教研组长点评和教学干部点评三个环节。听课教师围绕授课教师教学目标的合理性和达成性、教学过程情境性和实践性、问题设计的可探究性、学生活动设计有效性，以及是否体现学科思维等要点进行研讨，通过研讨交流，使青年教师的专业素养得到进一步提升。

（三）为学生赋能，助力学生健康发展

学生的发展与成长是教育的根本目的，学校整体规划，一方面着力细化分级成长指标，坚持方向引领活动育人；另一方面努力践行"学生的事情学生做"，最大化发挥学生组织的自我潜能激发功效。

1.科学构建学生全面成长指标体系

为了更好地激发学生的内驱力，学校科学分析学生的发展成长规律，紧密结合区域特点，深入探索"五育并举"，以培养全面发展的人为出发点与落脚点，以让学生在学校每一天留下成长的痕迹为追求，切实凸显活动育人的价值，初步构建学生全面成长指标体系。

依据学段特点，设立不同学段的教育成长分级目标，开设不同形式的教育活动内容。

密云二中学生成长指标体系

年　级	高一年级	高二年级	高三年级
总体目标	让优秀成为一种习惯，培养"止于至善"的密云二中人		
各学段成长目标	立规成习，敬畏规则	实践感悟，砥砺身心	寓德于行，担当责任
具体目标	主题：树二中正气，养文明之风 1.行为自觉，学会做人。 2.培养良好的行为习惯、学习习惯和生活习惯。 3.学会用正确的方式处理人际关系。 4.制定三年规划和职业生涯规划。	主题：养创新之气，成二中学风 1.学习自主，学会创新。 2.均衡发展，学有特长。 3.一班一品，一生一品，整体推进。	主题：立鸿鹄之志，成报国之才 1.心灵自由，学会发展。 2.合理调控身心，把握竞争与协作的关系，形成核心素养，将个人发展与中华民族伟大复兴的中国梦相结合。
共性内容	感恩教育、爱国主义教育、安全教育、卫生与健康教育、法制教育、禁毒教育、每月节日活动教育（9月：行为习惯月；10月：文化节；11月：科技节；12月：艺术节；3月：读书节；4月：体育节；5月：合唱节；6月：英语节）		

年　级		高一年级	高二年级	高三年级
学段内容	第一学期	入学教育及军训、国防教育	传统文化教育	责任担当教育
		革命传统教育	社会责任教育	竞争与协作意识教育
		传统美德教育	民主法制观念教育	民族精神教育
		诚信教育	自主管理教育	自立自强教育
		法治教育	青春期教育	人生观教育
	第二学期	文明礼仪教育	意志品质教育	报效祖国教育
		"三节"（节水、节点、节粮）、"三爱"（爱学习、爱劳动、爱祖国）教育	劳动技能教育	自律自育教育
		正常交往教育	服务社会教育	人际交往教育
		心理健康教育	劳动技能教育	健全人格教育
		热心公益教育	励志教育	抗压（减压）教育

2. 落实学生自我管理与发展为主的自组织建设

学校追求培养"行为自觉、学习自主、思想自由"的学生卓越品质，充分发挥学生的能动性与创造性，着力建设学生的自组织。即在学校党委领导、团委指导下，广大学生开展自我教育、自我管理、自我服务、自我发展、自我监督的自治组织。

（1）以学生自主管理委员会为核心全面实施学生自我管理。

为了突出学生的自我管理，密云二中成立了"学生自主管理委员会"，简称"学管会"。为了将"自主管理、主动发展"的意识深入每一位学生心中，鼓励每一位学生成为管理的主人，整体构建了从"学校↔年级↔班级↔个体"的管理体系，形成校级学管会、年级学管会、班级学管会的整体联动机制。

校级学管会负责策划、组织竞聘会，面试及反馈工作。其成员的选拔需通过竞聘演讲、面试答辩、民主评议环节，最终民主选出；其中心组成员一般为各年级学管会主席、副主席；其下设机构包括电视台、秘书处、学习部、生活权益部、艺体部、宣传部、组织部、媒体中心部等。

年级学管会设有学生会主席、副主席及各部门部长。其下设部门可依据学段特点设置相应的自主管理部门，以形成校—级—班整体一致、年级—班级特色鲜明的管理模式。

以学管会为核心的自组织建设围绕学生自己组建、自己选拔的核心理念，极大地体现了学生的主人翁地位，发挥了学生的影响力。一方面，学校的学生管理呈现了"事事有人管、人人有事做"的生动活泼局面，另一方面，学生的自我管理意识、自我管理能力、团队合作意识、团队合作能力等均得到迅速提升。

（2）稳步发展多元特色的自组织打造活力校园。

学校在筑牢学生共同成长基础上，鼓励学生建设"伙伴式"发展的自组织，如个性社团组织、学生展示交流策划组织、学科竞赛兴趣组、科技探索翱翔组等。通过自组织建设，在培养学生能力与激发学生潜力的同时，也催生了共同发展、共同激励、共同影响的伙伴式团队，由此促进学生的全面发展。

（四）创建满足学生发展的多元课程体系，激发卓越学校发展原动力

1. 课程建设概述

学校立足本校发展实际，进一步解放思想，重视校园文化的发展和提升，注重学校办学品位的升华。以先进的"水文化"为引领，坚持"止于至善"的办学理念，挖掘学校的文化底蕴和深层内涵，形成独具魅力的学校特色文化，致力于将学校打造成"师生共同成长的学园、家园、乐园"。学校按照新课程改革的部署，严格开齐国家课程，把地方课程和校本课程纳入教学的整体规划中，逐步构建密云二中"至善"课程。学校"至善"课程建设坚持秉承关注需求、尊重差异、培养特长、激发潜质的理念，以培养和落实学科核心素养为出发点，以国家课程高质量校本化实施为落脚点，以开发精品校本课程为增长点，从各领域构建层级递进的基础、拓展、研究课程。突出课程设置的结构化、多样化和特色化，提供多元化课程以满足不同潜质学生的需求。"至善"课程能够使每个学生文化基础优异，人文素养优厚，科技素养突出，为学生成为全面发展的创新人才奠定基础。

2. 整体构建学校"至善"课程结构

学校全面推进课程改革，深度融合与系统梳理基础、拓展、研究三级立体课程体系（见下页图）。一是完善适合学生发展的面向全体、促进学生全面发展的六领域（即语言与人文、数学与逻辑、科学与技术、艺术与修养、体育与健康、体验与探究）的"基础课程"；二是重构面向分层分类、满足学生志趣多元的四维度（即传承与发展、思维与方法、审美与鉴赏、重构与整合）的"拓展课程"；三是深度开发面向个体、激发学有优长的两系列（即实践与创新、潜能与特长）的"研究课程"。以特色课程为突破口，助力学生多元发展和学校多样化特色发展，卓越学校发展的品质稳步提升。

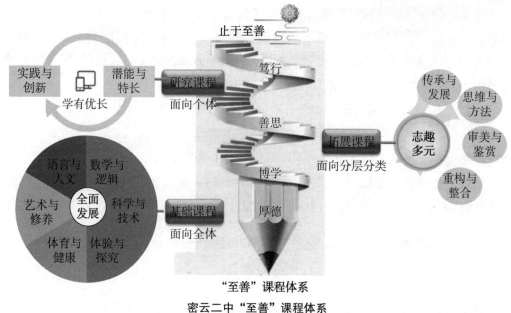

"至善"课程体系

密云二中"至善"课程体系

3.打造精品校本课程，发挥示范引领功能

学校挖掘自身优势，依据"打造精品、示范引领、整体推进"的思路有序推进校本课程建设。如特色校本课程，校园篮球在北京市具有一定的影响力，在区域内具有引领示范作用，实践效果突出。该课程整合学校体育资源，为学生篮球运动专门搭设平台，根据新课标的要求结合学生实际情况，形成"密云二中校园篮球一体化校本课程模式"，将体育课、课间操、课外体育活动、校园竞赛、篮球校本课程和学校代表队训练全部以课程形式呈现，以课堂为源头，相互关联、相互促进。该课程成果被评为2020年北京市特色课程。在一系列特色课程的辐射带动下，各学科整体联动，集思广益，校本课程体系日渐完善。

（五）探索个性化的教学策略，突出卓越学校特色发展

为了充分发挥密云二中基础教育的优势，学校启动了"1+3"贯通培养试验项目。以试验项目为契机，学校以精微创新为基本方法，有效整合课程，创新培养机制，促进学生全面而有个性的发展；设计主题鲜明的多彩学生活动，提升了学生的综合素养，促进了学生健康、持续的发展。

1.学段衔接，系统规划学段教学任务

贯通四年的试验项目在学科教学方面减少了内容的重复性，打破了初高中的学段壁垒，让学校、教师在探索过程中整体把控课程的基本教学进度与安排。具体而言，将四年划分为三个学段：第一学段即初三第一学期，主要任务为完成初三学习任

务、拓展学生的视野、指导学生逐步适应高中学习特点，以教学内容为载体，有设计地指导学法，完成初高中的过渡；第二阶段即初三第二学期至高二第一学期，主要任务为完成高中教学内容任务、特色校本课程学习、提升学生综合素养，以夯实基础共同发展为根本，兼顾多样化发展；第三阶段即高二第二学期至高三结束，主要任务为学科系统复习与学科内容拓展，依据学生的学情与发展选择，需要突出选择性与发展性。

2. 构建贯通学科纵向教研，横向学情机制

贯通试验项目每届每个学科只有一名教师，无法有效实施团队教研。随着项目的发展，学科教师人数的增加，学科教研机制逐步形成。一方面，学校要求学科教研组整体引领，把贯通试验项目作为重要研究课题，集全教研组教师的智慧与思路谋划教学工作，充分发挥集体教研的力量，协助试验项目教师有序开展；另一方面，强化试验项目学科教师间的有效教研，贯通年级设置学科教师纵向教研备课制度，每周一次，以"三定"（定时间、定地点、定主题）为要求落实教研制度。教师纵向教研以三个主题开展，一是教学内容与教学设计的研讨、细化，学科教师结合自己的教学经验、学情特点、课程要求合理规划与整合学科教学；二是教学拓展内容探索，结合学生发展需求与教师的学科专长合理拓展学科教学；三是学生发展特点的研究，结合每届学生的发展情况深入思考，提炼学生的成长阶段问题和解决策略，积累经验。

在选课走班探索中，贯通试验项目尊重学生自主选择，依据学生的选课情况实施全员走班。学校结合学生具体发展情况落实学生导师制，学生导师的安排既考虑学生意愿又结合自身发展特点，每名导师带 12 名左右学生，主要工作为日常思想交流、学法指导、学生发展规划指导、学生个体困难解决等。

3. 探索指向创新人才培养的个性化教学体系

学校在国家课程实施的同时，结合学生的发展特点有效进行课程整合，主要体现在三个维度：一是落实初、高中课程整合，具体为打破学段限制，将初三、高中课程系统设计，实现初高中的衔接，同时将高中阶段内容重新安排，整体推进；二是国家课程与校本课程有机整合，在保证完成国家课程的同时，稳步推进校本课程的建设，丰富学生的选择；三是不同学科间的跨学科整合，学校组织贯通教师调研学科间相互制约的教学内容，整体协调学科的教学内容调整与拓展，如知识上，物理与数学的相互协调，素养上，语文的传统文化认知与音乐、美术的相互支撑，英语的国外历史文化背景与历史、地理的相互补充等，学科间的整合，极大地提升了学生的学习效率与整体素养。

4. 探索指向创新人才培养的个性化学习渠道

第一是研学活动重教育。学校认识到"最好的课堂在路上"的重要性，依据学生

的发展过程整体谋划游学活动：一是贯通学生分年级系列化参加名校的励志之行、京味文化的京城之旅、传统文化的谒圣之行、延安精神的红色传承、现代科技的走进科学等游学活动。二是积极引导学生自主规划游学活动，以走进博物馆、走进名胜古迹、走进文化基因、走进科技殿堂等为主题。游学分三个阶段：准备阶段是整合学科知识，形成报告手册；实施阶段是将学与走结合，以聘请专家讲解与学生自主检索为手段，落实游学报告；汇报阶段为展示成果，以学生小组为单位交流，取长补短，共同提升。

第二是展示活动重素养。为了充分发挥学生的个性特长，学校主动搭建平台，展示学生风采与素养。开展学术讲堂引领学生，有专家大师进校园的高位引领，更多的是贯通教师指导下的学生交流，固化了传统文化、社会与科技两个主题板块；开展教师指导下的学科特色展示，初步形成名著阅读、英文原著校本剧、传统文化写春联、诗歌原创大赛、时事辩论等人文类活动。全员参与、相互促进保证了学生的全面发展，提升了学生的综合素养。

第三是竞赛活动重潜能。学校"因人而异、因学科而异"探索竞赛活动，重点设置数学、物理、科技、英语的学科竞赛活动。一方面，组织校内学科竞赛活动，打破并贯通年级学段，提升活动的竞争力，帮助学生明确发展位置，激发学生潜能。另一方面，指导学生积极参加物理、数学、化学、生物、科技、语文、英语等市级、国家级学科竞赛，通过大赛的锤炼，引导学生树立远大目标。

学校通过"'1+3'贯通培养试验项目"的探索，学生发展态势良好，更重要的是，丰富与积累了学校个性化培养学生的基本经验，在最大化发挥学校资源效率的基础上，各个年级因材施教的个性化培养模式逐步推进，学校的发展思路与培养路径日臻完善。

五、学校教育教学改革的主要成效

在不断实践与思考中，学校的卓越学校建设取得了良好的效果，发展教师、成长学生、成功教育的新局面初步形成。

（一）教师理念达成共识

用昨天的方式教育今天的孩子就是掠夺他们的明天。在卓越学校的探索和实践中，教师树立共同的教育观念和价值追求，铸造崇高的职业精神和行为准则，敬畏教育常识，尊重教育规律，不断改变心态、改变认识、改变观念，形成共同育人观——变适合教育的学生为适合学生的教育，思维观——变分割、分解思维为整体关联思维，方法观——把学生引到学的状态，而不仅仅是听的状态，从而实现教师转变观念，形成共同信仰。

（二）学校文化内涵得到发展

学校的文化直接影响学校整体发展。在探索中，"止于至善"的办学理念根植于全体教职工心中，使密云二中精神发扬光大，树立"二中兴则教师荣，二中衰则教师耻"的职业荣辱观；同时校园环境优美、垃圾分类规范、办公环境舒适、装备设施先进、教学品质良好的现代化文明学校初步形成；组织文化彰显，全体教师共通语言以实现共同的教育愿景，始终坚持在集体不断地探索前进中找到自己的位置，始终坚持为了集体目标，同心同德、同舟共济、同甘共苦，坚守教育理想，不忘初心，立德树人。

（三）课堂效率大幅提高

教师们首先转变育人观念，其次积极参与课堂教学改革，以提高课堂教学效益为核心。教师全员参与"指向学科核心素养的大单元教学设计策略研究"，全校形成了"老教师上'芳华杯'，党员教师上'先锋杯'，优秀教师上示范课，骨干教师上优质课，青年教师上汇报课"的良好态势。仅2020学年，学校获得区级以上奖励480人次，其中论文共200篇，市级一等奖以上有50篇；课例共200节，市级一等奖以上有40节，区级以上课题20余个。

（四）教师队伍阶梯发展

教师在教育教学能力提升过程中，既更新了理念，也提升了专业素养。学校原有正高级教师2人，市级骨干教师和学科带头人5人，特级教师3人，区级学科带头人和骨干教师36人，现在正高级教师7人，特级教师5人，市级学科带头人和骨干教师10人，区级学科带头人和骨干教师51人。20位骨干教师承担市级课题研究，在北京市第一、第二、第三届"启航杯"比赛中，学校7位青年教师获得一等奖，另有11位教师分获二、三等奖。

六、学校教育教学改革的特色与经验

改革的终极目的是固化经验，形成成果。学校通过三个阶段的不断探索与实践，在教育教学上形成了学校特色与品牌。

（一）五支卓越队伍引领学校卓越发展

一是发挥党员教师在年级的带头作用，打造了一支卓越的党员队伍；二是提升教学干部教学领导力，建设一个"思想先进、组织团结、工作踏实、业务内行、作风民主"的干部队伍；三是确立多元研修阶梯成长的教师队伍，落实教师分层、分类培养指导体系，重点打造青年教师成长学堂；四是构建"一体两翼"的科研队伍，完善教科研的工作机制，创建了研培一体新模式；五是建立一支有责任担当、有奉献吃苦精神的团结、和谐、高效的保障队伍。

（二）学生发展指导体系引领学生卓越发展

通过完善学生发展指导体系实现年段文化和课程育人的渠道。高一年级以"融文化"引领，开展立规成习，敬畏规则活动，培养良好的行为习惯、学习习惯和生活习惯，制定三年规划；高二年级以"自文化"引领，开展实践感悟，砥砺身心活动，学习自主，学会创新，均衡发展，学有特长；高三年级以"赢文化"引领，开展寓德于行，担当责任活动，合理调控身心，战胜自己，立鸿鹄之志，成报国之才。

（三）能动学习课堂推动学校卓越发展

学校通过打造能动学习课堂转变了育人观念——由适合教育的学生向适合学生的教育转变，真正把学生引到学的状态；以单元教学实现课堂教学综合性、递进性、关联性、实践性；改变思维方式，变分割、分解思维为整体关联思维，提升课堂实效性，优化教学设计，改进教学方法，推进教与学方式的变革。

（四）"至善"课程体系提升卓越课程品质

学校从最初无课程体系到有课程体系，再到形成"至善"课程体系，使国家课程高质量校本化实施、校本课程精品化提质，提升了课程育人的质量，提高了课程品质。

七、后续改革的方向

教育发展无止境，密云二中在取得阶段性成果的基础上，将继续深化学校教育改革。第一，将牢牢抓住教师的与时俱进的观念转变，主动应对适应时代发展的教师专业素养提升，打造有教育情怀、有学术影响力的卓越教师团队；第二，继续深入挖掘课程建设的活力，着力培育适合学生发展的精品卓越课程，源源不断地助力学生全面发展；第三，积淀学校的文化内涵，完善学校文化建设，更大限度发挥文化的"润物细无声"的作用，打造"人和是学校最美风景"的靓丽风景线，形成密云二中的品质文化。

未来，密云二中在以人为本的卓越学校探索之路会进一步落实国家和北京市教育教学改革的相关精神，精微创新，稳中求进，抓住"四新"机遇，落实教师培养，做好学生培育，全面提升教育质量，奋力开启新征程，办好人民满意的教育。

"萤火精神"促质量提升，自主教育唤生命自觉

——首都师范大学附属密云中学教育教学改革个案研究

陈　丹　李文平　王　锐　王又一[1]

一、学校基本情况

作为密云区独立建制的重点高中校，首都师范大学附属密云中学（以下简称"首师大附属密云中学"）始建于 1951 年，前身为密云区第一中学，2004 年，与首都师范大学合作办学，更名为"首都师范大学附属密云中学"。2021 年，加挂北京市密云区外国语学校校牌。学校现有 46 个教学班，1860 名学生，住宿生近 400 人；现有 230 名教职工，其中，特级教师 2 人，正高级教师 2 人，副高级教师 72 人，市、区级骨干教师和学科带头人 48 人。教师专业水平高且结构合理，普遍拥有扎实的专业能力、较强的科研意识、高尚的教育情怀和追求卓越的教育理想，敬业奉献精神突出。

自建校以来，学校始终秉承"激发生命潜质，奠基智慧人生"的办学理念，坚定"建设教育品质一流的自主发展、实践创新的现代学校"的办学目标和"培养品德高尚、智慧生长的现代萤火青年"的学生培养目标。学校先后获全国生态文明教育特色学校，全国校园足球特色校，教育部基于教学改革、融合信息技术的新型教与学模式实验校以及北京市中小学科技教育示范校，北京市科研先进校，北京市教师教育基地学校等荣誉，教育教学成绩卓越，形成了"学生健康成长、教师进取创新、学校蓬勃发展"的良好局面，成为老百姓家门口"学生喜欢、家长信任、社会满意、同行敬佩、领导放心、教师舒心"的优质学校。

---

[1]　陈丹：北京教育学院教育干部学院副教授、博士；李文平：首都师范大学附属密云中学校长；王锐：首都师范大学附属密云中学副校长；王又一：首都师范大学附属密云中学教师发展中心副主任。

二、学校教育教学改革实践要解决的核心问题

（一）学生核心素养与关键能力需进一步提升

2001 年，教育部颁布《基础教育课程改革纲要（试行）》，为高中课改提出了总的指导方针。2020 年，北京市颁布《北京市关于深化育人方式改革推进普通高中多样化特色发展的意见》，强调指出，"加强课程整体建设""学校根据办学基础、特色优势、发展方向制定具体课程实施计划，丰富课程选择，合理满足学生选课选考和个性化发展需求"等。

面对这些改革呼声，面对学校"60% 的学生来自乡镇学校，具备良好的思想素质和朴实的品质，但在知识见识、学以致用以及个性发展程度等方面亟须进一步提升"的现状，学校更加明确定位，即将课程建设作为学校改革的重中之重。

（二）课堂教学方式需进一步优化

课堂教学是教育工作的主阵地，思考学生"为什么学""如何学"等问题是深入推进课程改革的核心。《基础教育课程改革纲要（试行）》要求："改变课程实施过于强调接受学习、死记硬背、机械训练的现状，倡导学生主动参与、乐于探究、勤于动手，培养学生搜集和处理信息的能力、获取新知识的能力、分析和解决问题的能力以及交流与合作的能力。"

对于首师大附属密云中学来说，自 2007 年以来，高考本科上线率由最初的 50% 到 65%，到 75%，再到 85.8%，并在 90% 的水平上稳定下来，实现了连续跨越式提升。但学校所取得的进步，主要是通过增加课时、增加课外辅导、增加学生练习和考试训练实现的。代价是，教师工作量大大增加，学生上课时间延长到无法再延长，作业任务过重，师生都感觉到疲劳，身心得不到放松。

教师的工作幸福感降低，多数学生迫于高考升学压力被动学习。教师的课堂教学仍然固守着学科本位和知识本位，在这种教学观和知识观的指导下，以教师为中心、书本为中心、课堂为中心的现象仍占主流，学生被动式学习、机械记忆、题海训练的状况还普遍存在。

新课改所倡导的理念没有真正转化为教师的教学行为，课堂教学效率没有真正提高，学生的学习方式没有真正改善，学生的能力培养没有真正落实，而人格和情感态度与价值观方面的教育被弱化。教师对学生学习结果的关注远远大于对学习过程和方法的关注是导致学生学习方式没有真正改善的原因。学生的学习状态不理想，积极性不高，情绪不高涨，思维不活跃，注意力不集中，课堂气氛沉闷，学习效果不佳……这些都制约着学生的学业成就和综合发展。

三、学校推进教育教学改革的历程

2001 年新课改以来，学校启动教育教学改革的研究，围绕"办学理念—教学改革—课程建设—保障支持"这条线索，先后经历了三个发展阶段。

第一阶段（2002—2008 年）：改革初探期

学校自 2002 年启动学校课程改革，进行课程改革的初探。学校基于一直以来秉持的"自主教育"理念，即围绕让学生能够自信自尊、自我认知、自我实践的成长的自育，让教师能够围绕自我负责、自我修正、自觉践行的专业的自觉以及实现学校自我管理、自我更新、自主创新的管理的自主，探索师生自主学习能力、协作能力以及实践创新能力，开发既涵盖传统意义上的校级、年级、班级乃至班委的上下级别的管理，又彰显学生之间的自主、平等、扁平的平行化管理，即"学生双层管理"的德育课程，同时，开发多门选修课，开始在学校推行课程和教学改革。但在此阶段，学校的办学理念、课程、教学和教师队伍培养方面的探索还处于起步阶段。

第二阶段（2008—2017 年）：深入推进期

这一阶段，学校开始深入探索办学理念，在秉承"激发生命潜能，奠基智慧人生"的办学理念和"自主教育"的办学特色基础上，将"自主发展"变成师生共同追求的核心价值，以崇高的德行引领人，以先进的理念铸造人，以创新的精神发展人，开发并推进教育教学改革朝着多元化、融合化、特色化、精品化的方向发展。

参照《教育部关于全面深化课程改革落实立德树人根本任务的意见》，学校将立德树人作为学校教育的根本任务，同时，依据未来社会对教育的要求和未来人才的标准，组织干部、教师、学生、家长、领导、专家等充分讨论研究，梳理学校的教育传统，探索学校特色建设，聚焦学校发展方向。

教育改革的理念要想真正落实在学生身上，必须让学习在课堂中真正发生。为此，从 2008 年开始，学校进一步开发、探索形成了以"自主教育"为特色的"自主－互助"课堂教学模式，并获得 2017 年北京市基础教育教学成果二等奖。此外，在 2009 年《北京市教育委员会关于加强义务教育课程管理推进课程整体建设的意见》的指引下，学校又积极探索三级课程建设，开发了以"绿水青山"课程群为特色的系列课程，成立了多个可供学生个性化选择、自主建设的社团。

同时，在教师培养方面，学校积极探索科研引领教师发展的方式，通过项目研究、教研组建设等促进全体教师变"工作思维"为"科研思维"，为改革提供强有力的队伍支撑。学校还通过革新课程空间环境，建设了"格致苑"阅读教室、"燃创空间"戏剧教室、生物实践基地、"慧萤"科技创新教育基地、"匠心"创意坊、机器人教室、舞蹈教室、篮球馆等，让"自主教育"的萤火光照亮学校的多元空间、多元领域。

第三阶段（2017—2021 年）：建构完善期

随着《普通高中课程方案（2017 年版）》《北京教育委员会关于实施教育部〈普通高中课程方案（2017 年版）〉的课程安排指导意见》和北京市新高考改革方案的下发，学校对已有工作进行系统梳理与建构。

在办学理念上，最终明确了学校教育价值观——"崇德尚智，筑梦萤火"。简短的一句话，昭示着学校"回归教育本真，实现教育价值"的教育理想与追求。

在课堂教学改革上，基于新高考、新课标、新教材的大背景，学校与时俱进，加入北京师范大学思维联盟、邀请专家入校培训、派遣教师外出参赛，引进来与走出去相结合，逐渐构建起致力于发展学生学习力、实现学生思维进阶的"思维发展型课堂"。同时，开发培养学生的自主性、创造力，并以"五证评价机制"调动学生的内驱力，实现其真正的自我管理、自我选择和自我实现。

在课程建设上，学校进一步梳理课程目标、课程结构、课程内容、课程实施与课程评价，形成了顶层设计方案，构建了三层五领域的"格智"课程体系，并获密云区"基础教育课程建设先进单位"荣誉。

在支持保障机制上，学校变革组织架构，先后成立教师发展服务中心、学生发展服务中心、后勤保障服务中心以及信息技术支持中心，成立由部门负责人及年级主任、教备组长为组员的教科研指导中心，成立学校审查、评价与指导委员会，改革学校科研管理结构，创新科研管理与评价模式。同时，通过开展课程、教师、学生、管理等多元评价体系研究，建立了一支研究型教师团队，通过保障经费投入和相关激励制度的调整，完善了支持保障系统。

四、学校推进教育教学改革的主要举措

（一）萤火精神引擎学校发展

美国当代杰出的教育管理学家托马斯·J·萨乔万尼提出：价值问题是学校领导的根本问题。学校教育价值观，是深植于学校教职工心灵深处的精神诉求，是所有成员对学校一切人、事、制度等各方面进行判断的价值标准，是一所学校教育哲学的根本，也是凝聚学校全体成员的根本。遵循这一思想，学校以立德树人为根本办学任务，以"崇德尚智，筑梦萤火"为教育价值观，这是学校课程建设与实施的行动纲领，是指导学校课堂教学改革的核心观念，更是评价教育行为的内化标准。

"崇德尚智，筑梦萤火"包含了学校两个层面的思考：一是学校的育人观，二是引领学生成长、教师发展的教育发展观。其中，育人观表现为培养品行端正、人格健全，信念坚定、敢于担当，具有自主发展、实践创新精神的社会主义建设者和接班人；教育发展观表现为可持续发展是教育高质量发展的重要体现，自主发展是可持续发展的核心能力，也是学校的教育传统。

为了让教育价值观可感可寻可悟，学校以"萤火虫"为文化标识，以"萤火精神"（自主教育）引领学生成长、教师发展和学校管理（见下图）。萤火虫作为自然界微小的生命，却具有像太阳一样自发光的能力。希望看似平凡、普通如萤火虫的教师、学生都能成为自发光的生命体，主动发光，而不是等待照亮。作为自主教育的文化标识，"萤火精神"的本质是育生命自觉。正如叶澜先生所说，教育就是"教天地人事，育生命自觉"，这正是一个人自主发展的核心力量。

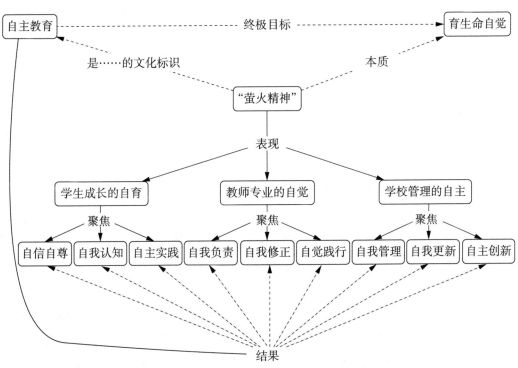

首师大附属密云中学"萤火精神"概念及要素关系

（二）"格智"课程促进整体育人

《国务院办公厅关于新时代推进普通高中育人方式改革的指导意见》和《北京市关于深化育人方式改革推进普通高中多样化特色发展的意见》强调，要改革高中育人方式，促进高中多样化特色发展。为此，学校践行"培养德智体美劳全面发展的社会主义建设者和接班人"的教育使命,构建了"格智"课程体系(见下图),打通"课程—教学—评价—管理"各个环节,从全局出发,对课程进行顶层设计,构建出丰富而多样的课程体系,致力于变革高中育人方式,落实国家高中课程改革的要求,促进学生全面而有个性的发展。

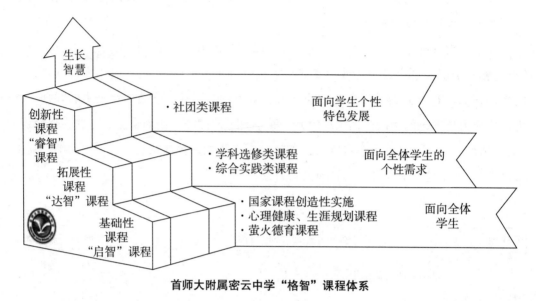

首师大附属密云中学"格智"课程体系

"格智"课程体系依据学生核心素养,横向涉及品格与社会、体育与健康、数理与科技、语言与人文、艺术与鉴赏五个领域,纵向涵盖"启智"课程、"达智"课程和"睿智"课程三个层面。

1. 聚焦德智体美劳全面发展,做实"启智"课程

"启智"课程是面向全体学生的基础性课程,是每位在校学生的必修课,主要包括国家课程创造性实施,心理健康、生涯规划课程和萤火德育课程。它侧重在学习中获得知识与经验、策略与反思、智谋与坚毅,是学生智慧生长的基础,是学生全面发展的基石,是学校课程体系的核心。

"启智"课程肩负着培养一个人成长应具备的基础知识、基本技能和基本价值取向形成的重任。为此,学校探索落实国家课程,以《深化新时代教育评价改革总体方案》中"改革学生评价,促进德智体美劳全面发展"的要求为指导,构建了具有学校特色的四层五维的"萤火德育"课程体系,并形成相应的"萤火德育"评价体系,改革原有组织架构,变原来的德育处为学生发展服务中心,全面引领学生成长。

依托学生发展服务中心、学生、全体任课教师、家长、社区等多元化的评价,尤其是学生的自我评价,引领学生不断在认识自我、提升自我中成长。同时,教师、学生、家长、社会形成的四维体系对学生"五育并举"的经历做出更准确的评价,强化了学生过程中的实际获得,对终结性评价起到很好的补充和完善作用。

2. 以自主选择和实践活动为路径，做强"达智"课程

"达智"课程是为满足学生的多元需求而开设的拓展性课程，主要是学科选修类课程和综合实践类课程，如生物高端实验探究课、生物实践基地作物生长探究课、合唱课程、篮球、足球、学生讲堂、艺术课程、戏剧课程等。通过学生的实践与活动，促进协作和交流能力的提升，是学生智慧生长的途径。"达智"课程是在国家课程的基础上，为进一步满足学生兴趣爱好、开发潜能、增长见识，深化拓展知识范围，加深学生认识见识所开发的校本课程。

"达智"课程建设，包括校本化的课程开发和校本化的课程实施。学校不断创新校园文化，让"崇尚自主发展、实践创新"成为学校的文化品格，并努力在全校培育"支持、主张并引领学生在最有兴趣、最具潜力的领域自由探索，保护并鼓励自主发展思想和创新精神的蓬勃生长"的文化氛围。学校建设"格致苑"阅读教室、"燃创空间"戏剧教室、"慧萤"科技创新教育基地、"匠心"创意坊等，为学生全面而个性化的培养提供了有力保障。

同时，学校整合校本资源，开发了"生成性"学科特色类课程、多样化实践体验类课程和个性化专项类课程。以丰富多彩的展示活动为例，从2015年至今，学校已举办多届戏剧节暨戏剧课程成果展示；2018年，学校开始举办萤火文化节暨校本课程展示周，同年，学校承办了密云区科技节，展示了学校的科技课程成果；2019年，学校举办科技嘉年华暨科技课程展示活动……对学生来说，既张扬了个性，也展示了才华，并且将课上的收获真正融入到学生的日常生活之中。对学校而言，潜移默化地为校园文化增添了勃勃生机，也使学校在高考改革的道路上又向前迈出了一步。

3. 以持续发展和创新思维为目标，做精"睿智"课程

"睿智"课程是主要面向有天赋、有专长、学有余力的学生并以社团形式开设的创新性课程，如科技类课程、探究类课程、辩论与演讲、学生领导力课程、实事评论。主要发展学生的批判性思维、逻辑与推理能力，促进学生的智慧生长。

在学生基础素养和兴趣爱好得到充分发展的前提下，"睿智"课程为有天赋、有专长的学生提供了更多发展的平台。经过不断完善发展，学校打造出一批名誉全区乃至全市的特色课程——"绿水青山"课程、戏剧课程和足球课程，擦亮了学生生命的亮色，衍生了课程建设广阔的边际效应。

（三）课堂教学推进思维发展

立足学生思维进阶和发展，学校一直在探索课堂教学的变革和教学策略的改进。从2004年新课程改革开始1.0版的提倡"教以学为本"的课堂观念，到2010年开始的2.0版"自主－互助"课堂教学模式，再到从2018年起持续至今并将长期坚守的3.0版

"思维发展型"课堂的构建，围绕新高考改革、高中新课程改革，在培养学生核心素养的前提下，学校一直稳步、坚定地走在基于学生思维发展、学习力提升的课堂教学策略的研究之路上。

1. 创建"自主-互助"课堂教学模式

"自主-互助"课堂教学模式是通过导学案引导学生自主学习，主动参与、交流、合作、探究等多种学习活动，以及教师点拨提升和更具针对性的课后训练等一系列教学活动，固化形成适合本校学生学情的一种新型课堂教学模式。该模式实现了学习方式和教学方式的两大转变；实现了学生在"合作"中学习，在"探究"中创新，在"活动"中培养自主学习能力和创新能力，从而提高课堂效率和效果；实现了教师备课方式、研修方式、课堂教学方式的改进，促进了教师专业水平的提高，形成了具有本校特色的教师文化、学生文化、学校文化。

2. 建立"思维发展型"课堂

学校本着"基于整体、基于情境、高效互动、高阶思维"的两基两高原则，以思维可视化工具、策略性工具以及批判性、创造性思维等培训为驱动，建构独具特色的思维课型（见下图），实现学生的隐性思维显性化、显性思维工具化和高效思维自动化，促进学生学习力的大幅度提升，促进学生核心素养的针对性培育。

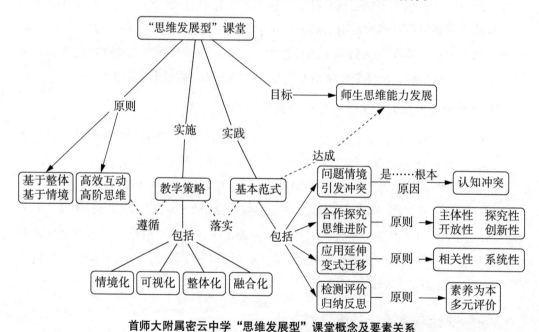

首师大附属密云中学"思维发展型"课堂概念及要素关系

具体表现为，一是通过直接思维课和融入式思维课促进思维工具的内化。学习工具是基础，应用工具是手段，提升能力是目的。直接思维课以通用思维技能为教学和训练内容，如八大思维图示、思维导图、概念图、核心思维工具等；融入式思维课是在学科教学中，根据学科对思维能力的承载特征，将通用思维技能运用其中，实现学习者对学科教学内容的深入理解和对通用思维技能的娴熟运用，从而达到提升学习者思维能力和学习能力的双重目的。二是整体化策略指导下的（大）单元教学促进思维发展。整体化有三个方面的意思：联系、组织、整合。从课程的角度而言，整体意味着统整，学校各教研组在思维发展型课堂策略研究中探索以知识联系为纲、以主题为纲、以核心素养为纲三个层级的统整，如英语组基于情境化、整体化、融合化策略，探索大单元教学，实现单元内整合、单元间整合、跨年级整合和跨学科整合。

五、学校教育教学改革实践的主要成效

（一）促进了学生成长的自育

"格智"课程体系涵盖了德、智、体、美、劳各领域。学生在日常的耳濡目染下，"五育并举"的理念在内心扎根、发芽。思维是智力的核心，学生思维能力的发展是未来教育教学的核心方向之一，包括思维图示在内的思维可视化工具是促进学生思维能力提升的一把利器。实践中，教师备课针对学生的认知冲突，设计合理的思维融入点。学生依据自己的需求，独立或合作寻找恰当的思维工具，帮助自己整理信息和分析问题等。思维图示作为教学设计的工具，用于概念性知识教学；作为创造性思维工具，用于解决问题的教学；作为知识整合的工具，用于整理复习教学。学校近年来共有100余人获市级及以上科技竞赛一等奖，论文成果类29项，实践调研类44项，参与区级及以上科技竞赛并获奖学生300余人，《红岩》《英雄母亲邓玉芬》《雷雨》等多个经典剧目获市区级奖励。

（二）激发了教师专业的自觉

在课程建设的过程中，教师深钻教材、互相交流。学科内外的"统整"过程，使教师在精进专业知识的同时，也涉及其他领域的知识。越来越多的教师将个人价值的实现作为工作的动力与目标。近年来，学校教师先后获得创新大赛国家级"优秀辅导员"、市区级"优秀指导教师"40余人次，教学设计、课例、论文获奖100余例。孕育了以戏剧课程的剧本开发、生命科学学科的河湖生态系统研究、水质调研等一批特色精品校本课程系列教材。校本教材《行走在绿水青山间》已由东北师范大学出版社正式出版。

（三）树立了学校育人的品牌

学校在课程建设、课题研究、生态文明教育、生命科学教育等方面创造了丰富的研究成果，2021年4月，生命科学分团被成功认定为北京市学生金鹏科技团。"'行走

在绿水青山之间’多元融合校本实践课程"被北京教育科学研究院基础教育课程教材发展研究中心认定为"北京市普通高中特色课程"。通过教育教学改革的持续推进，形成了具有学校特色的多元、融合、创新、发展型课程文化。学校先后被认定为北京科技示范校、全国生态文明教育特色学校等。

六、学校推进教育教学改革的特色与经验

（一）前瞻领航：科研为教学改革提供智力基础

近年来，在可持续发展理念的引领下，学校锐意进取，一方面推动全体教师变"工作思维"为"科研思维"，转变教育教学观念；另一方面以科研课题、科研项目为抓手，深耕课堂改革。在"科研思维"的带动下，在科研课题的实施中，学校建设工作不断开辟新篇、绘就宏图。无论是在科研课题申报与开展，还是在课程建设开发与推进，抑或是在以"自主教育"、"自主－互助"课堂教学模式和"思维发展型"课堂为代表的教学改革的探索中，学校始终坚持整体育人、全面育人。

第一，科研引领学校发展新篇，课题唤醒师生内在潜力。学校牢牢抓住教育科研在为学校发展谋新篇、开新局、换新颜上的引领作用，营造良好的科研氛围与环境的基础上，从宏观规划到中观建构再到微观执行，以方向引领，提升师生科研素养与技能；从教备组、学科、年级为切口，以行动引领，开展课题研究，搭建展示平台。充分发挥教科研在深化教育教学改革、改善教育工作管理、促进教师专业发展、完善相关评价机制、助力教学质量提升上的引领作用。据统计，"十三五"期间，学校承担了国家级课题3项、市级课题5项、区级课题24项、校级课题若干，涉及各个学科，不仅辐射高考9门文化科目，还囊括体育、信息、德育、校本选修等。

第二，加强组织管理，清晰体系架构。为确保学校教科研工作的有序开展与有效实施，学校成立了以校长直接领导、科研指导部具体负责的教科研指导中心，改革了学校科研管理结构，创新了学校科研管理与评价模式。同时，学校以《首都师范大学附属密云中学教科研工作五年规划》为引领，在队伍建设、科研管理、课题实施、奖励激励等方面制定了完备的科研工作制度体系，使得科研工作的推动和发展有蓝图、有策略、有制度、有资源、有评价、有激励。机制详实、方式灵活、成果卓越，彰显了学校科研工作的全局思维和宏阔视野，加速了学校科研工作的质变，展示了学校教科研工作的实力与底气。

第三，全员培训，精优科研教师团队。教师始终是课题开发和实施的主导力量。因此，如何深挖科研工作在精准把握学科核心素养、引领学校持续发展、带动广大教师专业成长上的作用力，成为一个非常关键的问题。为此，学校凝神聚力，对原有的

科研机制进行二次解读、多次完善，科研指导部组织教师深度学习，让教师了解学校科研工作的基本理念和思路，把握课题申报、实施的流程与步骤。此外，依靠高校的智力资源、专业资源，提升教师专业水平及学校科研活动的质量，在课程规划类、学科类、课题类、实践探究类和技术指导类等方面分别聘请专家会诊、把脉、跟进、指导。

第四，形成三"yan"（研、严、言）文化，完善激励评价。发展至今，学校已形成三"yan"（研、严、言）文化。师生针对课堂上生成、生活中衍生的实际问题进行理论探究与寻求，开展深入性研究，研读、研讨、研究，"研"味十足；各级各类课题按照学校梳理的流程，无不以严谨的科研态度、严格的管理制度、严明的课题要求开展，"严"味弥漫；学校鼓励师生将自己的研究过程、研究成果说出来、表达出来，将研究过程中的启发、收获、感悟撰写成文，在能表达、表达清的基础上，高效输出，实现无"言"不在。

学校尤为注重对教师在科研课题上跟进过程性评价和成果性激励，尤为重视对研究型教师的评价。在多元评价、尊重个性的前提下，学校本着"尊重师生个性，达成专业评价"的原则，从教师专业评价、校本课程建设评价、项目组课题组评价、学生反馈评价等角度，制定了整体化、多维度、多元化的科研评价机制。通过系统循环的梯队培养，科研课题"从少到多，由多到精，由精到强"，呈现"组组有课题，人人做研究"的欣欣向荣的科研风气。

（二）筑基把舵：顶层设计为推进改革提供重要保障

深入调研，问题诊断。通过深入课堂、教师、学生，借助第三方评价诊断等，对学校教育教学情况进行深入调研和问题诊断；依据 SWOT 分析方法，对学校的教育、课程、教学、管理等问题进行全面分析和诊断；参照国家和北京市政策方向，精准定义现阶段教育教学改革的问题和难点，开展教育教学改革。

全面规划，顶层设计。在对学校教育教学工作进行全面规划的基础上，依据国家和北京市最新的课程改革政策，要求结合学校存在的实际问题，有计划、分步骤地针对某一阶段存在的难点问题进行顶层设计，形成问题解决方案。例如，为解决学生探究能力薄弱的问题，建立生命科学社团，组织教师开发相关的研究项目，通过社团活动的方式，促进学生探究能力的提高；为解决教师课堂教学目标定位不准的问题，加强教研组备课和课题的引领，通过教学设计模板，促进教师深入思考教学目标，规范表达。

先锋带动，引领示范。学校的一部分骨干教师先行动起来，开发相关案例，经过集体研讨、磨课后，在各个教研组进行推广，通过引领示范的方式，让全体教师行动起来。同时，对在教育教学改革中积极踊跃、表现突出的教师，制定相应的激励政策，形成良好的研究氛围和制度文化。

形成范式，积累策略。通过全体教师的不断探索，积累相关的经验和案例，形成一定的范式，并提炼基本的策略。例如，生命科学社团初步构建了社团的课程体系、内容结构和实施策略，形成了若干学生研究项目案例。通过不断积累案例，边做边梳理，逐渐形成可以进一步推广应用的策略和范式。

模式提炼，理论提升。进一步将策略和范式在更大范围、更多学科进行推广，逐渐形成在某一领域的模式。例如，学校已经初步形成了"格智"课程体系、"自主－互助"课堂教学模式等。这些模式再进一步从理论上提升，进而将新理论在更多的领域进行推广和实践，促进教育教学实践更好地落地实施。

七、学校教育教学后续改革的思路和方向

（一）教育评价的深入改革

"双减"政策落地后，就如何"提质、增效、减负"做好校内的"加法"、做准校外的"减法"，倒逼学校围绕提高课堂教育教学质量进行更为全面、合理的建构课程管理和评价机制。如建立不同层面、不同课型的课堂评价方案；建立多元的管理和评价方式，促进学生个性发展，满足学生的多样需求。

（二）课程进一步构建与深层落地

学校将进一步丰富学生课程体系内容，如建立课程群、跨学科课程、个性发展需求课程等。同时，探索如何将课程理念进一步深层落地，转化为教师的实际行动，转化为备课质量、课堂质量、作业质量的有效提升，坚守住"双减"工作的主渠道和主阵地。

（三）学习理论的有力支撑

学校还将深入研究学习理论，探索学习是如何发生的，把握学生学习的基本规律，特别是对各学科学生的学习力探究，对学生思维发展的基本规律探究，对师生深度学习的探究。

（四）教师科研的深入探索

学校将持续探索教师培训课程实施路径，如任务驱动式、主题研究式等，推动教师课程体系有效实施，同时建立多元的、系统的管理和评价机制，促进教师队伍整体质量提升。

后 记

　　本书是 2018 年北京市教育科学规划重大课题"基础教育教学改革的'北京模式'和发展战略研究"（课题编号：AMAA18001）的系列成果之一，包括北京市海淀区、东城区、通州区和密云区四个区共 24 所中小学推进基础教育教学改革的个案研究，每个区各选取六所学校作为个案研究的样本学校，包含小学、初中、高中，涵盖北京市不同地区、不同学段，兼顾普通校和示范校，旨在通过对这 24 所学校教育教学改革实践探索的深入系统研究，洞悉北京市基础教育教学改革的实际发生和真实获得，全面、切实呈现北京市基础教育教学改革在基层学校实践层面的真实样态和生动表现。

　　学校个案的研究团队包括北京教育学院课题组成员和 24 所学校的学校管理者。由北京教育学院研究团队牵头组织，充分发挥调研学校管理者的深度参与。为了有效推进研究开展，课题组组建了四个研究小组，每个小组负责一个区六所学校个案研究的实际推进与成果总结，以及针对学校管理者、教师和学生家长的大样本问卷调研。东城区研究小组包括刘姣（北京市西城区教育研修学院）、高山艳（北京教育督导评估院副教授，职成教育与专项教育督导评估所所长）和柴纯青（《北京教育学院学报》主编）。海淀区研究小组包括刘胡权（北京教育学院副研究员、博士）、钟亚妮（北京教育学院副研究员、博士）和张祥兰（北京教育学院思想政治教育与德育学院副研究员、博士）。通州区研究小组包括胡佳怡（北京教育学院教育干部学院副教授、博士）、曹杰（北京教育学院教育干部学院讲师、博士）、李娜（北京教育学院教育干部学院副教授、博士）和王聪（北京教育学院教育干部学院讲师、博士）。密云区研究小组包括陈丹（北京教育学院教育干部学院副教授、博士）、刘博文（北京教育学院教育干部学院副教授、博士）和张玉静（北京教育学院思想政治教育与德育学院副教授、博士）。24 所学校的研究团队主要包括学校校长、副校长和中层干部等。学校个案研究主要采用现场调研、参与式访谈和文本分析等方法，研究成果在研究团队充分讨论的基础上形成。刘姣、钟亚妮、胡佳怡和陈丹承担了四个区学校个案研究的组织实施和成果集结，李雯、钟祖荣负责全书的统稿和审定。

在学校个案研究和大样本问卷调研的过程中，得到了东城区、海淀区、通州区、密云区四个区教委领导的大力支持。四个区教研、培训部门的主管，东城区北京市第二中学副校长季茹，东城区教育科学研究院教师培训部主任束旭、课程室主任张芮，海淀区教师进修学校校长罗滨、师训部主任刘锌，通州区教师研修中心主任孙翠松、副主任全斌、师训部主任肖月、干部部主任张春明、课程部主任李凯，密云区教师研修学院院长赵向东、教科室主任项启江等，为研究开展提供了切实帮助。四个区24所中小学的校长、管理干部积极参与，共同研究，分享和贡献了学校持续推进教育教学改革的鲜活经验和教育智慧。北京市教育科学规划办公室在管理服务方面给予了诸多指导和帮助，北京教育学院领导给予了大力支持，北京教育学院教育干部学院在研究力量上充分投入。在此，对各位领导、专家、同仁的支持和贡献表示衷心的感谢！

学校教育教学改革是一个复杂多变、持续推进的过程，涉及不同时期、不同层面的诸多因素，学校个案研究要在纷繁复杂的实践之中厘清教育教学改革的发展脉络和独特经验，需要细致、深入的研究。本研究还存在诸多不足，恳请专家、教育同仁和读者批评指正。

李　雯　钟祖荣

2023 年 3 月

图书在版编目（CIP）数据

基础教育教学改革"北京模式"的学校样本／李雯，钟祖荣主编.
—上海：华东师范大学出版社，2023
ISBN 978-7-5760-3826-2

I.①基 ... II.①李 ... ②钟 ... III.①基础教育—教学改革—研究—北京 IV.① G639.21

中国国家版本馆 CIP 数据核字（2023）第 072556 号

大夏书系｜教育新思考

基础教育教学改革"北京模式"的学校样本

主　　编	李　雯　钟祖荣
策划编辑	任红瑚
责任编辑	薛菲菲
责任校对	杨　坤
封面设计	淡晓库

出版发行	华东师范大学出版社
社　　址	上海市中山北路 3663 号　邮编　200062
网　　址	www.ecnupress.com.cn
电　　话	021-60821666　行政传真 021-62572105
客服电话	021-62865537
邮购电话	021-62869887
地　　址	上海市中山北路 3663 号华东师范大学校内先锋路口
网　　店	http://hdsdcbs.tmall.com/

印刷者	北京密兴印刷有限公司
开　本	787×1092　16 开
印　张	19.5
字　数	393 千字
版　次	2023 年 6 月第一版
印　次	2023 年 6 月第一次
印　数	2 000
书　号	ISBN 978-7-5760-3826-2
定　价	79.80 元

出　版　人　　王　焰

（如发现本版图书有印订质量问题，请寄回本社市场部调换或电话 021-62865537 联系）